U0632103

城市价值创造

"多规合一"与城市运营模式

林 竹 著

中信出版集团 · CHINACITICPRESS · 北京

图书在版编目（CIP）数据

城市价值创造："多规合一"与城市运营模式／林
竹著 . -- 北京：中信出版社，2016.10
ISBN 978-7-5086-6254-1

I.①城… II.①林… III.①城市管理－研究－中国
IV .①F299.23

中国版本图书馆 CIP 数据核字〔2016〕第 114617 号

城市价值创造

著　　者：林　竹
策划推广：中信出版社（China CITIC Press）
出版发行：中信出版集团股份有限公司
　　　　　（北京市朝阳区惠新东街甲 4 号富盛大厦 2 座　邮编　100029）
　　　　　（CITIC Publishing Group）
承 印 者：北京楠萍印刷有限公司

开　　本：787mm×1092mm　1/16　　　印　　张：19.75　　　字　　数：300 千字
插　　页：8
版　　次：2016 年 10 月第 1 版　　　印　　次：2016 年 10 月第 1 次印刷
广告经营许可证：京朝工商广字第 8087 号
书　　号：ISBN 978-7-5086-6254-1
定　　价：66.00 元

版权所有·侵权必究
凡购本社图书，如有缺页、倒页、脱页，由销售部门负责退换。
服务热线：400-600-8099
投稿邮箱：author@citicpub.com

《新型城镇化 PPP 系列丛书》
总序言

改革开放 30 多年来，我们在快速发展中积累了丰富的具有中国特色的实践经验。如何将这些经验从理论上进行总结和发展，形成具有中国特色的社会主义发展理论体系，是摆在我们面前的重大课题。中信改革发展研究基金会自成立以来，一直致力于推动中国改革发展问题的研究，力图以中国实践推动中国理论的创新，以中国理论阐释中国实践，坚持实事求是，践行中国道路，发展中国学派。

党的十八大开启了具有中国特色的"新型城镇化"的大幕。之所以称其为"新"，在于它不同于我国前面 30 多年的城镇化道路，也不同于国外的城镇化道路，而是基于当下我国独特国情下的城镇化发展运营的探索。也正是因为其"新"，所以更加需要我们从现实出发，探索中国本土的城镇化理论。

作为大型综合性央企，中信集团不仅肩负国有企业理应承担的经济责任和社会责任，也肩负着践行国家战略的使命，必须在实践中不断探索城市发展运营之道，在新型城镇化的创新改革上提供政策供给的理论和实践支撑。

近年来，中信集团在积极践行新型城镇化战略的市场运作过程中，逐步摸索出一种符合国家新型城镇化战略方向、基于市场运作导向的创新商业模式——城市运营，并在近年来结合 PPP（公私合作）的模式予以发展融合，形成了系统的理论体系。可以说，这是在特定的中国国情下，探索具有中国特色的城市供给侧变革的经验和理论的尝试，非常值得关注。

中信出版社推出的这套《新型城镇化 PPP 系列丛书》，系统阐述了新型城镇化战略背景下，应转型而生的"城市运营商"应如何面向城市发展的未来，以人的城镇化为最终目标，搭建起新型城镇化与 PPP 模式之间具有商业意义的市场桥梁；如何在兼顾政府、市场、公众"三因子"利益的情况下，实现区域产业、文化、交通、生态、人居环境"五位一体"的系统目标。

当然，作为一种创新和尝试，城市运营的理论内涵和实践价值尚需在实践中不断检验、完善和拓展。但无论如何，本套丛书作为我国系统论述新型城镇化、PPP 与城市运营关系的"开山之作"，既有从中观层面系统阐释城市运营模式的《城市运营：面向未来的城市供给侧变革》，又有从微观层面论述城市运营如何操作的《城市价值创造："多规合一"与城市运营模式》；既有理论上的深度阐述，又有实践案例作支撑。相信本套丛书既可以为关心中国未来城市发展的中国学派带来启发，也能为谋求在新型城镇化进程中有所作为的各类机构提供有益借鉴，故而非常值得一读。

是为序。

2016 年 6 月

CONTENTS
|目 录|

| 序 言 |

　　在经历了 30 多年的持续、快速发展之后，中国正在一个变革的内外部环境中进入一个全新的城市化发展时期，传统的城市发展理念、模式和思维方式受到全面挑战，城市规划作为一门具有重要实践指导意义的学科，迫切需要在价值观、方法论和编制技术等方面进行全方位的变革探索。其中，"多规合一"就是一项迫切需要创新理论支持的实践性课题，具有重要的政策导向意义和市场指引价值。

　　从 2013 年年底中央城镇化工作会议习近平总书记提出积极推进市、县规划体制改革，探索能够实现"多规合一"的方式方法，到 2014 年 3 月《国家新型城镇化规划（2014—2020 年）》明确"推进有条件地区的'多规合一'"，再到 2015 年 12 月中央城市工作会议再次强调推进"多规合一"，可以说，"多规合一"作为中国特色的规划管理实践，已引起了全社会自上而下的高度关注，并逐步成为各级城市政府开展新时期城市规划工作的新抓手。但事实上，由于目前我国独特的城乡规划管理体制的弊端，"多规合一"在不同区域的政务环境中使用方法不一，表现形式各异，缺乏科学的规划理论指导已经成为一个普遍性问题。

　　本书立足于城镇化发展战略变化和规划管理实践的最新动态，开展了以规划整合模式研究为命题，以"多规合一"的实践为实证基础，以市场主导的城市运营为前提的跨专业综合研究，既着眼于解决现实问题，又带有探索目的，兼具理论研究和实践指导的双重意义。

　　本书源于林竹先生关于规划整合研究的博士生毕业论文，在对国内外相关学术文献进行细致梳理的基础上，有效吸纳了欧美国家城市发展各种流派的理论精华，通过与国内城市发展和经营理论的比较，以及对国内外典型的城市综合开发与运营管理相关实践案例的深入分析，剖析了我国规划理论发展状态和现实症结，最后结合国家政策导向，以"市场主导、政府引导"的新型城镇化 PPP 模式为突破口，寻求基于"城市运营"模式特征的关联规划要素和规划制约条件，提出具有可操作性的"多规合一"策略和具体实施方案，思路清晰、系统。

本书在论证中围绕"城市运营"和"规划整合"两条主线，开展了大量卓有成效的策划及调查工作，并以中信滨海新城综合开发运营为实证案例，在总结城市运营模式特征的基础上，系统提出了以新型城镇化战略为目标、以市场导向的城市运营模式为前提、以"五规合一"为核心的"四阶段"规划整合模式理论体系，在规划整合的理念、方法论和执行操作层面，明确了战略发展概念规划和控制性详细规划的组织编制模式，以及规划整合价值后评价模式等一系列流程、方法和理论。我认为，本书所提出的"多规合一"规划整合模式理论体系不仅具有理论创新价值、实践操作价值，而且具有城市公共政策供给的变革参考价值。

本书虽以规划研究为主题，但实际上以城市价值创造为终极目标，涉及专业知识横跨城市学、规划学、管理学、经济学等学科，思维开阔，案例丰富，纵论中国城市规划和综合开发运营历程数十年往事，又展望了中国城市蓬勃发展的未来，相信读者在通读本书之后，将受益于作者的新视角、新观点、新思维，共同在中国新型城镇化进程中，创造并见证中国城市发展的新价值。

2016. 6. 15
于广州五山

| **前　言** |

　　城市的价值如何创造？创造的基础是什么？创造的方法和途径又是什么？这些是人类城市化历史进程中永恒的课题。城市作为人类文明发展的载体和结晶，充分体现了城市所在地人民的智慧、劳动以及城市各种资源要素综合形成的成果和财富。

　　诚然，答案是多解的。基于不同的地域、文化、信仰、资源禀赋等客观条件的差异，城市的形成进程不同，城市价值的累积和实现途径也不同，但人们对城市价值的理解正在形成趋于一致的认识。纵观古今中外知名或不知名的城镇发展历程，可以发现一个客观共性，城市的资源禀赋仅仅构成了城市的价值基础，规划作为人类文明的重要工具创造了城市价值，劳动和投资实现了城市价值。

　　鉴于中国特殊的国情和城镇化发展路径，规划创造城市价值的方式在过去30 多年的中国城镇化进程中得到充分的演绎。体现政府政策意志的城市规划推动了人类历史上最大规模的城镇化进程，中国走出了一条具有中国特色的城镇化道路，同时也为城市规划、城市建设、城市管理等与城镇化相关的领域创造了前所未有的实践探索和理论创新机遇。

　　2013 年 12 月，中央城镇化工作会议召开，会议明确提出新型城镇化的国家战略；2014 年 3 月，《国家新型城镇化规划（2014—2020 年）》出台，阐明了"市场主导、政府引导"的城市发展方向；在一系列的新型城镇化创新政策驱动下，基于市场化运作理念的城市运营模式应运而生。然而，中国的城市运营实践目前缺乏充分的学术关注和理论指导，基于城市运营模式的规划理念、规划方法和规划编制技术的理论研究总体上是落后于实践发展的，尤其是基于城市运营模式的"多规合一"，目前仍是一个相对空白的学术和理论研究领域。

显然，国家从战略层面已经意识到，规划体系与编制技术现状滞后于城镇化发展目标的事实。中国独特的城乡空间规划管理体制形成了多个部门的"多规"局面，并因此产生诸多城市不协调发展的弊端。党的十八大确定城镇化为国家战略后，李克强总理在 2013 年年初提出了城镇化过程中的"三规合一"（社会经济发展规划、土地利用规划和城市总体规划）的问题，逐步引起各地方政府和学术界的高度关注。《国家新型城镇化规划（2014—2020 年）》也明确提出："推动有条件地区的经济社会发展总体规划、城市规划、土地利用规划等'多规合一'"。2015 年 12 月召开的中央城市工作会议指出："要提升规划水平，增强城市规划的科学性和权威性，促进'多规合一'"；2016 年 2 月 6 日国务院发布《中共中央　国务院关于进一步加强城市规划建设管理工作的若干意见》，明确提出"改革完善城市规划管理体制，加强城市总体规划和土地利用总体规划的衔接，推进两图合一"等一系列新观点、新措施。我们可以从上述一系列政策层面的信息中解读出一个共同点——"多规不合一"向"多规合一"转变是新型城镇化发展的必然要求。越来越多的省市相继在政府的规划管理层面进行了"两规合一""三规合一""四规叠合"等一系列实践探索。可以说，这是中国城市规划界的一场深刻的大变革。然而，在变革实践的背后，有诸多的深层次问题需要进行深入探讨："多规合一"是否就等于规划整合？规划整合的内涵和方法是什么？新型城镇化究竟需要"多规合一"还是需要"规划整合"？可以说，无论在政府管理层面还是理论研究层面，"多规合一"引发的规划整合问题正在逐步成为新型城镇化战略目标下的核心问题之一，规划如何为新型城镇化服务、如何为城市创造价值，是所有城市管理者和城市规划从业者面临的挑战和难题。

目前，围绕规划整合主题的绝大多数实践和最热门的学术讨论基本上集中在以政府为主导的城市经营模式下进行，而各种类型的规划，则更多扮演着自上而下的规划行政推手角色。究其原因，在中国现行的独特城乡管理体制下，"政府推动、政府主导"的城市规划、建设与管理一直是多年来中国城市发展的主流模式，这种模式也因此成为城市经营理论与一系列规划编制技术和管理理论的研究及发展基础。随着新型城镇化战略提出"进一步发挥市场在资源配置中的主导地位"的目标，推动基于城市运营模式的规划整合实践和理论研究已经成为市场、政府以及理论界的当务之急。

本书以探求城市价值最大化的创造与实现为目标，力求在探索总结中国特色城市运营实践模式特征的基础上，阐述规划整合的理念和方法论，进而提出以"五规合一"（"五规"为国民经济和社会发展总体规划、土地利用总体规划、城市总体规划、交通规划、环境保护规划）为核心的规划整合模式的创新理论体系。

笔者期望，借助本书的研究成果，城市决策者、城市规划管理者、职业规划师以及城市综合开发运营和房地产投资开发领域的从业人员，可以更清晰、更深入地认识新型城镇化战略下城市运营的模式特征和运行机制，能够参考运用本书总结提供的规划整合技术与方法，更科学地实现政府、市场与公众的利益和目标平衡，更高效地整合土地、产业和资本等城镇化发展的关键要素资源，在每一个项目、每一个城镇、每一座城市开发建设与运营管理的具体操作中创造更大的价值，实现更高的新型城镇化发展目标，将"创新、协调、绿色、开放、共享"的发展理念落到实处。

01 第一章
绪论

CREATION OF CITY VALUE • A Planning Integration Method based on Urban Operation • • •

第一节　理论基石

一、城市运营的相关理论

中国的城市运营实践脱胎于中国的"城市经营"理念和模式，是在以"市场主导、政府引导"的新型城镇化大背景下产生的创新型城市综合开发运营模式。城市运营作为中国特色的社会主义市场经济转型时期出现的一种符合市场发展规律的城市运作模式，正在被越来越多的城市政府和企业关注和重视，并逐渐成为被市场广泛接受、面向未来的重要城市发展方式之一。由于城市运营实践在我国刚刚起步，理论研究尚处于初级探索阶段，因此，要开展城市运营理论体系的系统梳理，必须先从城市经营的理论及其理论渊源入手，进行系统回顾和探索总结。

20世纪90年代中期，随着中国城镇化发展的体制和机制的改革深化，城市经营的提法开始出现于报纸、杂志，并逐渐成为学术界的跨学科研究热点，有关城市经营的跨学科学术成果也出现在国内较高层级的学术研究领域。总体而言，城市经营可以概括为在"政府推动、政府主导"背景下，以政府为主角、市场为配角，按照城市发展战略和城市规划要求，运用一定的市场手段，对城市资源进行经营管理，实现城市资源的重新配置和城市总体价值的提升，从而达到改善城市环境、提高城市综合竞争力的城市综合开发管理目标。

2002年前后，我国城市策划学者最早提出"城市运营"概念，尽管之后我国学术界与实践层面对城市经营与城市运营的理解与表述不一，但究其根源，均来自城市发展（Urban Development）理论及城市管理（Urban Management）与经营理论，以及构成上述两者的其他学科理论。城市管理和城市经营均对应同一个英文词组 Urban Management，国内表述各异的城市管理理论和城市经营理论实际上都源于欧美国家的 Urban Management 理论。

城市发展理论包括城市经济理论、城市化理论和增长极核理论等重要理论分支，是阐述城市的"生"与"死"的理论，是深入研究城市管理与经营的理论基础之一。其中，城市经济理论重点阐述城市基本经济活动与非基本经济活动，是研究分析城市管理与经营的重要依据。从我国城市经营产生的时代背景分析，当时国内城市主要面临城市建设资金短缺、全球化、城市竞争加剧等问题。学者王勇、李广斌等指出，城市经营可以从经营资产、经营资本和经营公共物品的角度来进行定义。因此，对城市发展理论以及城市经济理论进行回顾是对城市经营理论基础挖掘的范畴之一。

城市经济学对城市经营的理论贡献主要在于经营对象和原则两方面。国外城市经济学者夏玛（Sharma）认为，城市经营是为促进城市发展而提供公共物品和公共服务的一系列行为。城市经济学的公共物品理论是研究公共事务的一种现代经济理论，为城市综合开发管理中的可经营性资源也就是对象提供了判别和分类的理论基础，使城市经营和城市运营并非无的放矢。公共物品理论也提出政府职能需要转变，要将市场机制和私营企业引入公共物品领域——这为市场参与城市综合开发建设提供了可能性。而城市综合开发建设的"整体、综合"效益原则，在城市经济学的福利经济学中得到了体现。福利经济学的"帕累托最优"是公平与效率的理想状态，也是本书阐述城市运营的模式特征时表达的追求城市综合效益最大化目标的理论基础。

城市经营与城市运营的理念和模式也与"城市竞争力"密切相关。学者王斌斌指出，城市综合开发管理的手段包括运作城市资源、平衡社会经济效益、营造城市环境，其最终目的是提升城市竞争力、促进城市可持续发展。然而，运作机制本身是影响城市竞争力的重要因素，科学合理的城市管理制度会节约成本，提高工作效率，从而影响城市竞争的成败。因此，城市管理学也为城市经营和城市运营奠定了相应的理论基础。

城市管理学对城市经营及城市运营理论均有重要支撑，主要是关于伴随其理论发展过程中政府在城市管理中角色变化的论证。城市管理是在 20 世纪 20

年代美国的城镇化进程中，为了满足公众对市政管理提出的更高要求，以及不断涌现的基础设施、交通、电力等方面的问题而产生的。联合国人类住区委员会在《关于健全城市管理规范建设"包容性城市"的宣言草案》中指出，城市管理是个人和公私机构用以规划与管理城市公共事务的众多方法的总和。这是一个协调各种相互冲突或彼此不同的利益以及可以采取合作行动的连续过程。

20 世纪 50 年代，城市管理学因城市科学与现代管理科学相结合而发展为现代城市管理学。现代城市管理学更强调综合化、系统化和强化城市管理职能，研究城市管理学的学者们强调将城市的规划和建设与经济学、行为科学及管理科学相结合，并提出多元的城市治理理论，即多元城市管理主体依法管理或者参与管理城市地区公共事务。可以说，在现代城市管理学中，城市的治理模式受到了现代企业的治理模式和城市民主政治理念的双重影响，正在逐步朝着更多元、更民主、更高效的方向变革，在依然以政府为城市管理主体的治理结构中，市场主体、非政府组织、社会团体、市民等参与城市管理的权利和行为受到关注和重视，这是改变政府作为单一主体来经营城市在理论上的一大突破。

从 20 世纪 70 年代起，伴随旨在提高行政管理效率、完善公共服务而进行的一系列行政改革，新公共管理理论（New Public Management，简称 NPM）逐渐兴起。其主张建立企业型政府，即将市场导向、竞争、责任、顾客至上等新理念导入政府经营理念。引入竞争机制的政府再造运动成为新公共管理理论领域的核心内容，也是城市经营的基本理论依据之一。在新公共管理理论指导下的城市管理中，政府职能也相应发生了转变，且市场机制首次被引入到政府管理的体系中来。

在美国，城市经理制伴随美国城市经济和社会管理的发展成为美国城市经营的主要模式。城市经理制提倡城市政府管理企业化运作。具体来说，就是将企业化、科学化引入地方政府，同时重视各种非政府组织的补充和协助作用。城市经理制中政府不仅不是单一的管理主体，还在根源上强调公众参与和市场调配在城市规划、建设当中的重要作用，同时强调效率与公平。

20 世纪 80 年代，私有化政策兴起，其提倡引进市场激励取代对经济主体随意的政治干预，从而促进国民经济发展，彻底而全面地为政府的运作提供深刻变革的思想基础和策略。而在政府公共服务和公共物品提供的领域内，受私有化影响而产生了公私合作理论，即当下热门的 PPP 模式理论——在高度市场化环境下，引导公共机构与私人机构在城市公共设施领域的投资合作，并避免由于市场失灵而造成的投资和建设运营失败。在 PPP 模式中，政府不再是城市管理的单一主体，企业和个人也不仅仅处于参与城市管理的地位；此时政府、市场和个人可达成伙伴式的合作关系，成为城市经营和管理的共同主体，从而实现城市综合开发建设中多方利益诉求的平衡，达到整体价值提升的目的。

我们可以看到，在城市管理学理论体系中，政府在城市管理中的职能由最初的单一管理主体，到引入市场机制，再到市场、公众参与管理，再升华为 PPP 模式，这一系列发展为城市经营及城市运营的主体创新奠定了理论基础。

基于城市竞争力理论、城市发展理论以及城市管理理论，我国学术界将这种在政府主导下的中国式城市综合开发管理模式称为城市经营。笔者认为，城市经营是城市管理的一种实现模式，却不能等同于城市管理，它是我国"政府推动、政府主导"城镇化管理体制下的城市综合开发管理模式之一。1998 年"城市经营"的概念首次被公开正式提出，迄今为止，学术界对其还未有统一的准确定义。经归纳总结，主要观点集中于三个方面：第一，将经营企业的观念引入到城市开发管理中。第二，强调利用市场经济手段来实现对城市内资源的优化配置。第三，城市经营的主要目标是要实现城市建设的投资主体和公共事业管理者的多元化，提高城市基础设施系统的整体运营效率。

我国的城市运营①实践是在新型城镇化的宏观背景下，基于城市经营实践和行为逐步转型演变而形成的一种基于市场运作的新型城市综合开发运营模式，目前尚未发现成熟的理论表述和学术成果。新型城镇化战略的提出，使中国社会各界、资本市场、各类经济主体以及学术界期望的城镇化转型成为可能，中国的城镇化从前 20 年的"政府推动、政府主导"型逐步转变为"市

---

① 城市运营，即 Urban Operation，在国外尚未发现明确的定义和成熟的学术理论成果，最接近的领域 Urban Management 和 Urban Development 有部分关联研究成果可供参考。

场主导、政府引导"型的城镇化，从而提高效率，减少盲目开发建设，节约资源，在市场的资源配置机制下走向以人为本、绿色低碳的城镇化可持续发展道路。在这种可持续的城市发展观的主导下，脱胎于城市经营的城市运营模式逐渐成为政府和市场广泛接受的合作和交易方式，并逐步引起中国学术界的关注。迄今为止，对城市运营的相对完整的表述来自中央党校的城市运营课题组——"城市运营是指政府和企业在充分认识城市资源基础上，运用政策、市场和法律的手段对城市资源进行整合、优化、创新而取得城市资源的增值和城市发展最大化的过程"。经笔者检索，目前国内关于城市运营的理论研究尚处于局部、零碎的状态，未成体系。总体而言，关于城市运营（Urban Operation）的理论研究是目前国内外理论研究与学术领域的一个相对空白地带。

二、规划整合的相关理论

"整合"一词在中文中是指"通过整顿、协调重新组合"，对应的英文单词 Integration 原义为"结合，整合，一体化"。在自然领域，整合与分化是两个相对立的方向。在政治与管理学上，整合是指"通过非强制性的手段使社会中的个体或共同体形成发展的统一体"。"规划整合"或"整合规划"的提法在实践中已经出现多年，作为学术与理论研究的题材也已经相当广泛。尽管出于背景、目的、角度和方法的不同，研究者对"规划整合"的理解和认知也不同，但从总体上看，规划整合是指通过符合城市发展规律的理念与方法，非强制性地引导不同类型、不同层级的规划，在逻辑、内容、空间和时间上最大限度地有机统一到城市发展目标上的过程或方法论。

规划整合的研究必须从规划整合的理念开始，追溯至现代城市规划的理论与学科源起和演变。自18世纪英国工业革命引发世界城镇化浪潮以来，在欧美国家高度市场化的城市环境下，城市规划对城市发展一直发挥着重要引导作用；同时，现代城市规划理论的演变和发展总体上也主要来自城市的资本和产业驱动，当然，还有政治和社会因素。纵观欧美国家和国内新兴的城市规划理论及其管理体系变化历程，核心价值是科学、理性。追求整体价值、综合协调的规划整合理念一直是现代城市规划不断成长发展的重要思想基础，也是现代城市规划理论的科学观、理性观的直接体现。

可以说，现代城市规划的理论和理念发展大致分为两个阶段。

第一个阶段是从霍华德提出"田园城市"起至 20 世纪 60 年代，以《雅典宪章》为代表。从 19 世纪末霍华德提出"田园城市"起，即提倡将城市作为一个整体来研究，除在物质形态上对城市规划外，还从社会角度对人口、经济、绿化提出了见解；而作为其理论的发展，卫星城理论在 1928 年被用于大伦敦规划中，规划将伦敦置于超过其行政边界的大区域中并作为一个整体进行考虑；卫星城的规划从多角度考虑了城市的社会就业平衡、交通便捷、生活接近自然等问题，注重社会、交通、环境等综合效益。现代建筑大师勒·柯布西耶（Le Corbusier）主张将工业化思想带入城市规划，在"明日的城市"中，他重点关注了就业、居住、交通等方面的共同发展，同时强调了各要素之间的协调与配合。但另一位建筑大师赖特却提出反集中的空间分散的规划理论和"广亩城市"模式，他的规划理论强调建立一个"社会"。作为勒·柯布西耶和赖特思想的折中，1942 年沙里宁发展了"有机疏散理论"。"有机疏散理论"虽然倡导分散的城市结构，但依然是将区域和城市作为一个整体来对待，并且使空间规划同时与交通规划、环境规划等相互支持和促进。1933 年的《雅典宪章》可以说是对此阶段规划中心思想的总结，认为城市规划的目的在于综合城市 4 项基本功能——生活、工作、游憩和交通，其解决办法就是将城市划分为不同的功能分区，同时，功能分区之间通过交通网进行平衡。这是在规划中把城市看作一个整体，侧重在物质规划层面进行协调、平衡的体现。

20 世纪 60 年代至今，以 1977 年 12 月的《马丘比丘宪章》为代表，是现代城市规划发展的第二个阶段。《马丘比丘宪章》指出，过于追求功能分区会忽略城市的有机组织和城市中人与人之间多方面的联系，而城市规划的目的应是创造一个具有综合效益的生活环境。可以看出，《马丘比丘宪章》关注的不只是城市功能的整体性，还关注城市内部人文、土地和资源的协调发展，以及城市与周围地区、生活环境与自然环境的协调共生。这也是西方当代城市规划倡导的主要理念。

　　而中国的城市规划理念在 20 世纪 50 年代从苏联引进，自改革开放以来又受到欧美国家规划理论的影响，因此中国的城市规划理论都是源于国外的理论，还没有属于中国的当代城市规划理论。由此，我国当前城市规划在理论上基本是受西方思想同化，关注城市内部的有机协调发展。而另一方面，回顾中国的城市规划体系的发展可以看出，规划体系始终随着规划的行政管理体系的演变而演变，从最先的统一到多部门分离，大一统的行政部门设置形成了规划的整合，而后期的行政部门分离又直接导致了规划的系统性破碎。就目前大部制改革的趋势来说，部门之间的整合已是必然，不同部门主导的规划整合也势在必行。

　　从国内外的规划理论体系发展可以看出，规划的发展趋势是越来越整合，主要目的是在唯一的城市空间资源上，统一各种破碎的规划，协调和整合空间发展，协调多方利益，提高效率，促进城市综合效益的发展。在新型城镇化的可持续发展的目标下，规划整合即成为实现这一目标的核心手段，同时也逐渐成为学术界讨论的热点。

　　早在 20 世纪 80 年代，欧洲为在更大尺度范围内寻求解决可持续发展的问题，就已提出"空间规划"，在广域范围内对空间要素进行调节的规划整合手段。刘慧等学者认为，以"空间规划"为代表的欧洲规划整合的职能不再局限于用地空间的安排，更多的是整合各种部门政策与跨界合作的工具，以及对个人及地方各利益主体的利益进行协调，以保证整合后区域利益最大化。

　　在我国，已有大量学者和城市管理者发起和参与了规划整合的实践及理论研究。学者黄叶君从上海、深圳、武汉、广州、重庆等大城市的实践中，总结论述了行政机构合并和职能调整，以及对各规划内容本身的协调与对接两方面的方式是有效进行"三规合一"的途径。学者丁成日通过对中国规划体系与城市发展不符的问题分析，提出"三规合一"需要通过市场原则对城市的要素进行配置，核心是对土地供给、需求及空间分配进行分析。在党的十八大后，国内开始出现了"多规合一"的实践和研究浪潮，《国家新型城镇化规划（2014—2020 年）》明确提出了"多规合一"的倡议，广州等多地城市陆续开始了"三规合一""四规合一"乃至"五规合一"的实践以及理论研究。

不难发现，目前国内对"多规合一"的研究大多是针对"多规"体系中某一特定技术层面，"多规"相互之间的要素深度分析和全方位的交叉整合研究尚未出现系统成果。此外，目前多数实践和理论探索是在以政府为主导的现行规划管理体制的基础上进行的，而针对市场主导模式的规划整合的系统理论研究及实践则处于萌芽状态，需要市场的大胆实践和理论界的充分关注。

第二节　创新与逻辑

一、创新和期待

（一）创新

本书在以下 3 个方面进行创新性探索：

（1）以具有中国特色的新型城镇化战略为研究背景，首次从理论上系统阐述了城市运营实践的理念和模式特征，对"市场主导、政府引导"下的城市综合开发运营模式具有理论和实践层面的指导意义。

（2）从特定地区新型城镇化背景下的城市运营实践切入，深入剖析了市场主导下的城市运营与中国特色的"五规"之间的辩证关系，从实践与理论层面论证了规划整合对中国城市运营模式的必要性、重要性和可行性；创新性地提出了以特定地区新型城镇化战略为目标、以市场导向的城市运营模式为前提、以"五规合一"为核心的规划整合模式的理论体系，这是对《国家新型城镇化规划（2014—2020 年）》提出的"多规合一"在理论和学术层面上的系统响应。

（3）以实证分析法归纳、提炼、总结出对应 4 个阶段的规划整合操作模式与方法，包括创新性地建立了"五规"比较分析方法和研究工具，形成了"三因子"分析比较法，以及定性与定量相结合的动态数据分析模型；创新性地建立和运用"市场校正机制"和"投资平衡机制"的分析和实操方法进行"五规"的要素和逻辑整合；创新性地提出规划整合价值的综合评价方法，为确保规划整合效果提供了有效的评估和监测工具。上述规划整合方法有利于"进一步发挥市场在资源配置中的决定性作用"，对新型城镇化的实践具有现实的指导作用。

（二）期待

鉴于本书理论与实务紧密结合且兼具学术性和实操性，笔者期待在以下领域和方面对读者有所裨益：

（1）系统性阐述了城市运营模式特征，可以有效指导各地城市政府探索基于新型城镇化的 PPP 发展模式创新，实现以市场为导向的新型城镇化可持续发展。

（2）"五规合一"的要素分析方法和工具对我国"五规"的理论研究、编制技术、审批管理和实施后评价有纠偏和修正的现实指导作用。

（3）以"五规合一"为核心的规划整合模式理论和方法，可以有效指导地方城市政府正确发挥规划在新型城镇化发展中的重要作用，减少规划决策和应用的失误；指导各地城市政府和城市运营商快速高效进行"五规合一"的具体操作，改善未来新型城镇化的规划管理效果，提升城镇化发展的总体质量。

二、总体框架

鉴于本书的研究对象是一个以规划学为主目标，涵盖城市学、经济学、管理学和实证研究等范畴的跨学科综合研究领域，本书所选取的论据材料、所推演出来的论点之间呈现出以下网络状的逻辑关联。

（一）逻辑框架

如图 1－1 所示，本书围绕"城市运营"和"规划整合"两条主线展开综合论述：

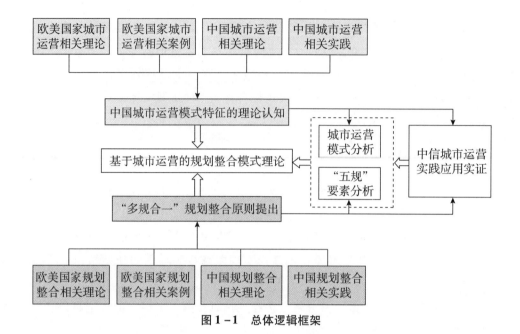

图 1-1 总体逻辑框架

在"城市运营"主线研究中,主要通过欧美国家的城市运营相关理论与案例梳理、中国城市综合开发运营的相关理论与实践的总结,推演出现阶段创新型城市运营的模式特征。

在"规划整合"主线研究中,主要通过欧美国家的城市规划整合相关理论与案例梳理、中国城市规划的体系演变与规划整合实践的总结,推演出现行体制下"多规合一"模式特征。

上述两条主线通过建立要素比较关联进行交汇,最后通过实证案例进行印证并形成最终的理论总结,即"基于城市运营的规划整合模式理论"成果。

(二) 学科关系

如图 1-2 所示,本书的理论基础研究围绕"城市运营"和"规划整合"两条主线深入展开,涉及多个学科的理论,其中主要包括城市发展理论、城市经济学理论、城市管理学理论、城市规划学理论以及其他相关的交叉学科。

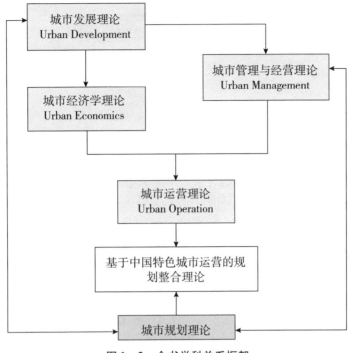

图 1 - 2　全书学科关系框架

（三）技术路线

图 1 - 3 为本书的技术路线。本书是以新型城镇化战略为目标，以市场导向的城市运营模式为前提，对以"五规合一"为核心的规划整合模式的创新理论体系的探索与实践。

三、概念辨析

本书涉及一些重要概念，其中部分概念在媒体报道、政府文件或学术研究中出现频率较高，但其内涵和定义随着语境和写作的目的不同而有所差异，本书对这些容易产生歧义和多解的概念特别做了界定和解读，希望对读者理解和阅读本书有所帮助。

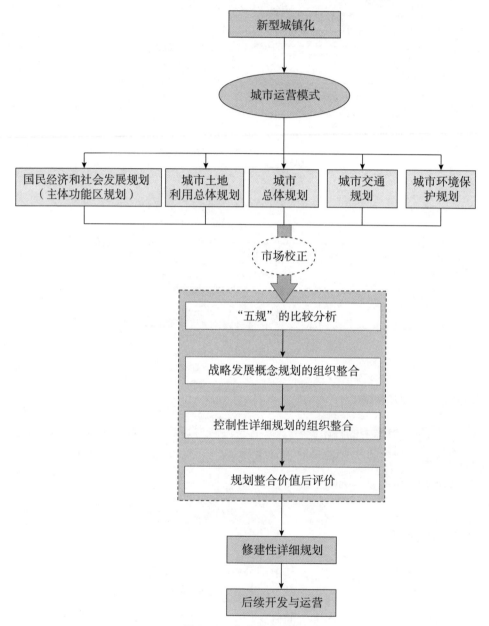

图1-3 本书技术路线

1. 新型城镇化

新型城镇化是 2012 年 11 月 8 日在北京召开的中国共产党第十八次全国代表大会确定的城镇化国家战略。与以往"政府推动、政府主导"的"传统城镇化"相比较，新型城镇化在发展目标、主导力量、规划模式及融资模式等方面都发生了重大转变，最显著的特征为"市场主导、政府引导"，即明确政府与市场在新型城镇化过程中的角色分工，让市场充分参与城市规划建设运营决策；充分发挥市场的资源优化配置作用，通过城市规划统筹指导城市综合开发运营，运用市场化融资方式解决城镇化的资金需求，从而达到推动以人为本的城镇化和经济社会可持续发展的目的。

2. 城市综合开发运营

城市综合开发运营是相对于城市政府主导的、以"城市规划、建设与管理"为特征的城市发展过程而言的，泛指市场环境下城市的策划、规划、投资、开发、运营和管理等综合性城市开发与管理行为。城市综合开发运营应该积极发挥市场在城市资源配置中的重要作用，统筹整合目标区域内的各种要素资源，通过前期的策划、规划，中期投资、开发，以及后期的运营、维护、管理等市场化行为，高效提供城市公共产品，提升城市全生命周期的发展质量。

3. 城市经营

城市经营是指在"政府推动、政府主导"政策背景下，以政府为主角、企业为配角，按照城市发展战略和城市规划要求，运用一定的市场手段，对城市资源进行重组、经营和管理，实现城市资源的重新配置和城市总体价值的提升，从而达到改善城市环境，提高城市综合竞争力的城市综合开发管理过程。

4. 城市运营

城市运营是指在新型城镇化战略的引导下，以土地运营为基础，以产业运作为保障，以资本运作为核心，以构建产业、文化、交通、生态和人居环境等城市综合系统为目标，通过"市场主导、政府引导"的 PPP 市场化运作方式，企业与政府建立平等契约伙伴关系，以前瞻性的城市发展策划和规划、土地整合、城市公共基础设施建设以及城市产业投资等一系列的资源整合运作，提升目标城市的功能规模和资源价值，从而共同获取城市整体资源溢价和投资增值收益的城市综合开发运营过程。

5. "三规合一"

"三规合一"是由住建部、国土资源部共同牵头,通过自上而下的行政手段将国民经济和社会发展规划、城市总体规划、土地利用总体规划中涉及的相同内容统一起来,并落实到一个共同的空间规划平台上,各规划的其他内容按相关专业要求各自补充完成的规划整合模式[①]。"三规合一"主要强调的是对二维用地空间的整合,整合表现形式为"一张图"。

6. "五规合一"

"五规合一"是相对"三规合一"而言的"多规合一"表述方式。在本书中,"五规"具体是指国民经济和社会发展规划、城市土地利用总体规划、城市总体规划、交通规划和环境保护规划。"五规合一"是指由城市运营商牵头建立整合协调的平台,以市场为导向,自下而上地将"五规"中的关键要素进行比较分析、筛选、整合于"战略发展概念规划"和"控制性详细规划"两个层面的空间规划中的过程。"五规合一"强调的是"五规"要素的有机整合。

7. 规划整合

规划整合是指通过符合城市发展目标和规律的理念与方法,非强制性地引导不同类型、不同层级的规划在逻辑、内容、空间和时间上最大限度地有机统一到城市发展目标上的过程或方法论。规划整合不等于"多规合一","多规合一"是规划整合的实现方式之一。本书提出的规划整合理论是基于城市运营模式、以"五规合一"为核心的"四阶段"规划整合过程和方法论。

8. 战略发展概念规划

本书所指的战略发展概念规划有别于常规意义上的概念规划,它是基于城市运营模式的规划整合的重要工具,是本书创新提出的以"五规合一"为核心的规划整合模式体系的第二阶段主要内容。在城市运营模式下,战略发展概念规划的整合组织是依据上一阶段"五规"比较分析的结果,同时运用"市场校正机制"和"投资平衡机制"整合各项要素形成类法定的规划成果,是一个在表达政府意志的同时体现市场导向的城市运营策划过程。这一概念深入体现在本书第六章的全部论述中,以及第八章的部分论述中。

---

① 资料来源:http://www.china-up.com/hdwiki/index.php?doc-view-255

9. "三因子"比较分析法

"三因子"比较分析法是指在研究分析"五规"要素的差异度、倾向度中创新运用的比较分析法,其核心内容是观测研究对象在"政府、市场、公众"等三个因子的利益平衡和倾向度。该方法分别运用于第五章对中信滨海新城项目(以下称"中信城市运营项目")所在城市"五规"的量化分析,第六、七章对实证研究案例实施的规划整合工作的总结,第八章为"规划整合价值后评价"体系提供了政府、市场、公众三项评价维度。

10. 市场校正机制

"市场校正机制"是指在对"五规"要素的分析整合过程中创新性运用的筛选、过滤和校正方法,其核心内容是通过市场定位调查发现和判断"五规"要素中是否存在政府意志表达过度且严重偏离市场实际需求的方法和机制,具体操作方式是多层次、多目标的市场调查分析。该机制的运用为市场在城市资源配置中发挥重要作用提供了现实基础,是规划整合得以合理实施的重要工具,同时也是城市运营模式"以市场为导向"特征的具体体现。该机制分别运用在第六章的战略发展概念规划的组织整合,以及第七章的控制性详细规划的组织整合。

11. 投资平衡机制

"投资平衡机制"是指在实证案例的研究中,用以描述实证案例在规划的编制整合过程中创新运用的一个经济测算专业方法和机制。具体地说,就是通过建立项目动态数据模型,从项目经济投资的角度对项目不同阶段的规划成果进行评估,并通过模拟各种可能的开发运营策略,对投资收益、资金峰值、回收周期、融资需求以及风险平衡等进行现金流模拟、动态预测与投融资评估,统筹考虑以寻求投资效益与其他效益(政府诉求、公众诉求)的相对平衡的方法和机制。相应,"五规"中的规划要素可以在概念规划和控制性详细规划中量化为具体指标和数值,作为输入参数导入数据模型后进行投资平衡测算。该机制分别运用在第六章的战略发展概念规划的组织整合,以及第七章的控制性详细规划的组织整合。

12. 控制性详细规划

本书所指的控制性详细规划有别于常规意义上的法定控制性详细规划,它是基于城市运营模式的规划整合的重要工具，是本书创新性提出的以"五规合一"为核心的规划整合模式体系的第三个阶段的主要内容。在城市运营模式下，控制性详细规划需要在国家法定的规划编制内容基础上，转变规划理念和编制程序，依据上一阶段战略发展概念规划的成果，同时运用"市场校正机制"和"投资平衡机制"整合各项要素，通过法定程序形成法定规划成果，是一个在表达政府意志的同时体现市场导向的城市运营策划和规划落地过程。本概念深入体现在第七章的全部论述中，以及第八章的部分论述中。

13. 规划整合价值后评价

"规划整合价值后评价"是指本书专门设定的用于客观评价创新型规划整合的综合价值的系统方法和体系。其核心内容是通过评价体系的建立，以城市整体功能的提升和项目投资平衡的综合考量为目标，以政府、市场、公众三因子为 3 个评价维度，对以市场导向的城市运营模式为前提，以"五规合一"为核心的 3 个阶段的规划整合实施结果进行客观评价。该概念和方法运用于第八章的全部论述中。

第三节　启示

在以市场为导向的城镇化发展观的引领下，脱胎于城市经营的城市运营逐渐成为未来中国城市综合开发运营的重要模式之一。尤其在新型城镇化的战略目标和要求提出后，城市运营成为地方城市政府和城市运营商进行政企合作、探索推进新型城镇化市场运作的 PPP 商业模式。因此，城市运营模式具有实践和学术研究双重价值。

城市经营与城市运营有共同的理论渊源，可追溯至欧美国家的城市发展理论、城市规划学理论、城市经济学理论、城市管理学理论以及其他相关的交叉学科。但城市作为一个实践性极强的被研究对象与独特的研究领域，创新的理论更多来自实践的需求和引导。目前，"城市运营"是一个国内外学术界进行系统理论研究的"空白领域"。

纵观国内外城市发展过程中规划的理论发展与实际发生的作用，规划的综合性、协调性是城市发展对规划功能的内在需求，规划整合的意识和理念一直是引领规划学科理论发展和实践的重要方向。

"多规合一"的实践和学术讨论目前仍偏向于政府主导的城市经营模式，而基于市场导向的城市运营模式的"多规合一"规划整合学术研究仍较为少见。有鉴于此，本书根据"进一步发挥市场在资源配置中的主导地位"的新型城镇化战略，选择以市场导向的城市运营模式下的规划整合模式理论作为重点研究方向，期望发挥规划整合在实施新型城镇化战略中的积极作用，推动我国城市规划学科中规划整合理论的创新发展。

02 第二章
城市运营相关理论与实践

CREATION OF CITY VALUE ● A Planning Integration Method based on Urban Operation ● ● ●

第一节　城市发展与城市管理

中国的城市运营实践脱胎于中国的"城市经营"理念和模式，是在以"市场主导、政府引导"的新型城镇化大背景下产生的创新型城市综合开发运营模式。城市运营作为中国特色的社会主义市场经济转型时期出现的一种符合市场发展规律的城市运作模式，正在被越来越多的城市政府和企业接受，并逐渐成为一种被市场广泛接受、面向未来的重要城市发展方式之一。由于城市运营实践在我国刚刚起步，理论研究尚处于初级探索阶段，因此，从城市经营入手，对城市运营理论体系进行系统梳理，可以说是一个捷径。

一、城市发展

（一）城市发展理论

我国"城市经营"和"城市运营"的提法和概念分别于20世纪90年代和21世纪初出现，尽管之后我国学术界与实践层面对城市经营与城市运营理解与表述不一，但究其根源，均来自城市发展理论，城市管理与经营理论，以及构成上述两者的其他学科理论。事实上，我们可以发现，城市管理和城市经营均对应同一个英文——Urban Management，国内表述各异的城市管理理论和城市经营理论实际上都属于 Urban Management 理论的研究范畴，其理论根源同样可追溯至城市发展理论学说。

城市发展理论包括城市经济理论、城市化理论和增长极核理论等重要理论分支，是阐述城市的"生"与"死"的理论，是深入研究城市管理与经营的理论基础之一。我们从文献中寻找到与城市发展内涵相关的描述如下：武文霞指出，城市发展包含着复杂的社会运动过程，与政治、经济、社会等多方面联系密切，而城市发展理论即研究城市的形成和发展的理论。朱铁臻、赵理尘也均有相关阐述，他们指出，城市发展理论是一门跨学科的综合性的新兴城市理论，是以城市发展及其运行为对象，研究城市经济社会、规划建设及生态环境发展的规律，是一个多门类交叉的学科。从我国城市经营产生的时代背景来看，当时国内城市主要面临城市建设资金短缺、全球化、城市竞争加剧等问题。土勇、李广斌等学者则指出，城市经营可以从经营资产、经营资本和经营公共物品的角度来定义。因此，对城市发展理论包括城市经济理论进行回顾是对城市经营理论基础挖掘的范畴之一。其中，城市经济理论重点阐述城市基本经济活动与非基本经济活动，是研究分析城市管理与经营的重要依据。

（二）城市经济相关理论

1. 公共物品理论

公共物品理论是研究公共事务的一种现代经济理论。"公共物品"概念最早由林达尔提出，并由萨缪尔森进一步深化。根据商品的竞争性和排他性属性，可以将产品分为 4 类：纯粹的公共物品、纯粹的私人物品、公共资源（竞争性和非排他性）和准公共物品（非竞争性和排他性）。其中，纯粹的公共物品必须由政府提供，纯粹的私人物品由企业和市场运作，而公共资源和准公共物品处于混合类，即为城市经营中可经营的部分。除了少数纯粹的公共物品外，大部分公共物品的有效供给须由社会成员按自己从公共物品中的受益来负担相应的成本。然而在现实中，要实现公共物品的有效供给并非易事，原因是大多数人不愿如实承认从公共物品消费中获得的真实收益。因此，政府提供的产品中大多数并非纯粹的公共物品，而是具有公共物品部分特征的产品，如在不同程度上具有非竞争性的产品和排他性的准公共物品。

城市公共物品分为城市纯公共物品和城市准公共物品。城市纯公共物品主要包括由城市政府提供的无形公共物品，具有较强的外部性。城市准公共物品一般与市民的生活紧密相关，具有规模经济效益，同时，若使用者过多也会造成拥挤，如供水、供电、工期、通信、医疗和教育等，具有一定程度的竞争性和排他性。

可以看出，公共物品理论为城市综合开发管理中的可经营性资源提供了判别和分类的理论基础。政府在经营混合类的公共资源和物品时，即可按照公共物品理论将原来只由政府提供的产品通过引导、剥离、衍生和培育等方法挖掘出存在于其中的可经营部分，交与市场运作；市场以保障公共物品公平、公正为前提，同时维持其正常运转——这为市场参与城市综合开发建设提供了可能性。

2. 福利经济学

1920 年，英国经济学家阿瑟·塞西尔·庇古在《福利经济学》中明确提出了"外部性"概念，深入阐述了社会成本与私人成本之间的差异。在《福利经济学》中，边际净产量区被分为边际社会净产量和边际私人净产量。这两种净产量是否相等的主要决定因素为外部条件，即在两方交易过程中，其交易行为给第三方带来了收益或造成了损害，但未相应地得到第三方的支付或补偿。庇古认为，这种偏差由于涉及交易之外的第三方，其"外部性"无法通过修改交易合同内容得到纠正，而只有通过政府对该领域的投资进行"特别鼓励"和"特别限制"来消除这种偏差。当边际私人净产量大于边际社会净产量，就通过对其征税的方式来弥补第三方的损失；反之，则采取对其产品或服务给予补贴的方式，以鼓励其多提供，这就是著名的"庇古税"。

帕累托作为新福利经济学的代表，很大程度上延续了庇古等人旧福利经济学的思想和分析方法。帕累托采用一般均衡分析方法，对社会资源的最优配置进行研究，他认为福利经济学的核心是效率而非公平。徐敏娜将其实质解释为，如果某种经济变化的结果可以在不使他人境况变得更坏的情况下，使一些或至少一个人的情况变得更好时，社会福利就会得到改善——这一衡量社会福利改善与否的标准被称为"帕累托最优标准"。在经济主体的偏好被良好定义的条件下，带有再分配的价格均衡都是帕累托最优的。在完全竞争的市场条件下，经济要素自由流动，促使城市政府之间产生竞争，从而推进了政府改进效率。政府所要做的事情是改变个人之间禀赋的初始分配状态，其余每一种具有帕累托效率的资源配置都可以通过市场机制实现。福利经济学强调"公平"与"效率"并举，体现了对城市综合效益的关注。

二、城市管理

20 世纪 20 年代，美国城镇化率突破 50%，与此同时，城市在基础设施、电力、交通等方面涌现出越来越多的问题，使得市民对市政管理提出了更高的要求。在这种情况下，城市管理应运而生。帕尔（Pahl）在他的著作《谁的城市》中提出城市管理（Urban Management），即是将城市的各种匮乏资源进行分配的过程；夏玛（Sharma）将其定义为"一系列可以指导城市范围内基础设施建设、社会和经济发展的行为"；克拉克（Clarke）偏重于城市经济发展的角度，认为其是一项促使资本更加高效流动的重要工具。可以说，城市管理是有效使用城市的资源以实现城市生活水平持续提高和综合效益长期稳定发展的活动①。联合国人类住区委员会在《关于健全城市管理规范建设"包容性城市"的宣言草案》中也提出，城市管理是个人和公私机构用以规划和管理城市公共事务的众多方法的总和。这是一个调和各种相互冲突或彼此不同的利益以及可以采取合作行动的连续过程。

在我国，Urban Management 对应的另一种提法是城市经营。城市经营是我国改革开放以后，在推进城镇化过程中出现的关于城市规划、建设和管理的新的理论和实践模式。城市经营理念一经提出，立即引起国际上众多关于城市的理论和实践工作者的关注和讨论。

笔者认为，城市经营是城市管理的一种模式，却不能等同于城市管理。在学术界，其归根到底是对城市开发建设进行综合管理营运和协调的理论与实践的研究，属于城市管理学范畴。在上述范畴内，其理论基础主要来自以下四个方面：

（一）现代城市管理理论

顾名思义，现代城市管理理论是城市科学与管理科学融合的结晶。现代城市管理理论日益强调综合化、系统化并强化管理职能，这标志着现代城市管理学的诞生。这一时期，研究城市管理学的学者们普遍强调将城市的规划、建设

---

① 资料来源：http：//baike. baidu. com/view/649265. htm？fr = aladdin

与经济学、行为科学、管理科学相结合，提出多元的城市管理主体依法管理或者参与管理城市公共事务。国内外影响较大的现代城市管理理论主要有：生态城市管理理论、新城市主义管理理论、城市营销理论、经营城市理论、城市竞争力理论和数字城市理论等。可以说，在现代城市管理学中，政府依然是城市管理的主体，但已经开始明显显示出对非政府机构、社会团体、市民等参与城市管理的行为做出协调的关注——这是改变政府作为单一主体经营城市的理论根源。现代城市管理理论的繁荣也促进了城市管理科学向更深层次、更高层次发展。

（二）新公共管理理论和政府职能转变

自 20 世纪 70 年代开始，世界各发达国家普遍被一股新的部门改革浪潮所席卷，随之而来的是新公共管理理论的兴起和发展。学者们一致认为"新公共管理"运动的核心特征是：政府不再包揽公共管理中的所有事务，而是学习私人部门成功的管理方法和经验，并在公共管理部门引入市场机制，利用市场的规则和竞争压力来提高政府公共管理部门的效率和效益。

"新公共管理"运动起源于英国，继而全面推行于美国、英联邦国家乃至整个西方世界。"新公共管理"运动具有以下六个方面的特征：第一，强调管理的专业化，即将管理权下放，重视管理人员的管理者身份而非命令的执行者身份；第二，制定明确的绩效评估标准，将绩效评估结果与个人职业发展和待遇挂钩，这与传统公共行政学重视管理的过程有所不同；第三，将项目预算、战略管理与长远目标相结合，有利于资源进行更好的配置；第四，提供公共物品和公共服务时重视消费者需求，引入市场化机制，提供多样化的公共物品和服务；第五，通过"一站式服务"取得规模经济效益；第六，引入市场机制来提高公共物品和服务的供给效率。

可以看出，新公共管理理论将"管理主义"和"新管理主义"运用于公共部门，是以提高行政管理效率、完善公共服务为目的进行的一系列行政改革。其中，政府再造运动成为新公共管理理论领域的核心内容，也是城市经营的基本理论依据之一。

20 世纪 80 年代以来，针对越来越激烈的国际竞争，各国政府争相开始了大规模的政府改革——"政府再造运动"。其中，最具代表性的当属撒切尔夫人推行的"缩减国有的疆界"和克林顿推动的"新政府运动"。政府再造的核心理念是引入竞争机制，建立企业型政府。例如，奥斯本在《改革政府》中提出，政府提高公共服务的数量和质量的方式是引入市场机制进行城市管理，如在提供公共服务方面，政府自身仅专注于其必须做的领域，其他领域则与民间协同以降低成本，从而达到提升城市竞争力的目的。具有代表性的是克林顿推动的"新政府运动"，其主导理念将顾客导向、结果控制、简化程序和一削到底的原则运用到政府管理中，通过精简政府机构、裁减政府雇员、放松管制、引入竞争机制以及推行绩效管理的方式，最终建立一个少花钱、多办事的政府。

受到新公共管理理论的影响，20世纪80年代后期城市管理的研究重点从"单维度"转为"多维度"。例如，奥斯特瑞（Osteria）指出，城市管理不只是指代一个单核的管理系统，而是一系列的、多元的、服务于城市发展的相互影响的活动；布拉梅兹（Bramezza）认为，城市管理作为一项系统的、详尽的工作，需要由社会各界共同参与；肯尼斯·戴维（Kenneth Davey）则更具象地指出城市管理的关键点在于"政府、规划师、投资者等各方的工作程序能够有机结合，且各自的利益可以在城市的发展中得到实现"。

不难发现，在新公共管理理论指导下的城市管理中，政府职能也相应发生了转变。这种转变不是在政府的管理模式和管理方法上的微调，而是基于政府角色的定位以及政府部门与民众之间关系的根本性变革，市场机制首次被引入到政府管理的体系中。具体来说，体现在以下3个方面：（1）政府职能范围选择的市场化，它解决的是政府"做什么"的问题；（2）政府职能实现的优化，它解决的是政府"如何做"的问题；（3）确保消费者"用脚投票"权，在不同主体的公共物品和服务供给部门之间进行选择，这有利于竞争机制和市场力量发挥作用。

（三）城市经理制

城市经理制（City Manager System）是美国三大市政体制之一，其发展主要来源于进步主义时期美国地方政府的自治改革。根据学者金怒江的研究，城市经理制目前已分布在美国各种规模的城市之中，成为最普遍的市政体制模式。城市经理的一般工作职责为：（1）以专家的角色向市议会提供关于市政决策制定的意见；（2）作为议会通过之法律和政策的执行者；（3）城市经理享有各行政部门官员的任命权；（4）负责总管全市行政事宜；（5）准备预算及就城市财政事务向市议会提供意见。这种制度的确立基于以下原则：政治职能与行政职能相分离，城市经理须保持政治中立，追求效率。张卫国的研究指出，我国的城市管理体制可以学习城市经理制等具体组织形式，将企业化、科学化引入地方政府，同时要重视各种非政府组织的补充和协助作用。

城市经理制全面推动了美国城市政府管理企业化运作，有效降低了政府运作的成本，提高了城市公共资源配置和政府服务的效率。因为美国城市已进入城镇化的成熟阶段，其在城市管理领域的"企业化"倾向更多属于治理（Governance）和维护（Maintenance）的范畴。可以看出，城市经理制中政府不仅不是单一的管理主体，而且在根源上强调公众参与和市场调配在城市规划、建设当中的重要作用；同时也强调效率与公平。城市经理制可以说是美国城市经营的主要模式。

（四）私有化与 PPP 理论

私有化不仅是一个管理工具，更是一个社会治理的基本战略。私有化起源于弗里德曼、图洛克等人的研究。20 世纪 80 年代，以萨瓦斯的经典著作《民营化与公私部门的伙伴关系》为代表，彻底而全面地为政府的运作提供了深刻变革的思想基础和策略。萨瓦斯指出，作为一种政策，私有化可以通过引进市场激励，改变政府对经济主体随意的政治干预以改进国民经济，也就是说，政府将放松规制以鼓励民营企业提供产品和服务，通过合同承包、特许经营、凭单等形式把责任委托给在竞争市场中运营的私营企业和个人。其中，美国和英国是私有化和公私合作在市政领域的实践方面最有成效的国家。笔者认为，私有化理念的实践使得政府的运作方式和职能发生了根本改变。

而在政府公共服务和公共物品提供的领域内，受私有化影响而产生了 PPP理论：旨在高度市场化环境下，引导公共机构与私人机构在城市公共设施领域进行投资合作，并避免由于市场失灵而造成的投资和建设运营失败。PPP 模式通过对社会公共资源和非公共资源的结构化协作和综合利用，在涉及公共利益的投资领域有效地平衡了市场的过度运作所带来的负面影响，同时也克服了公共管理部门由于脱离市场而带来的效率和效益上的缺失，成为以市场经济为主导的欧美国家的一项有效的项目创新模式。一般来说，PPP 模式将部分政府责任以特许经营权方式转移给社会主体（企业），政府与社会主体建立起"利益共享、风险共担、全程合作"的共同体关系，政府的财政负担减轻，社会主体的投资风险减小。PPP 模式比较适用于公益性较强的政府公共事务或其中的某一环节。这种模式需要合理选择合作项目并考虑政府参与的形式、程序、渠道、范围与程度，这些是值得探讨且令人困扰的问题。

从目前的实践来看，政府和市场在城市建设方面合作的方式通常有四种：一是政府出资、企业建设，在城市政府公开招标的情况下企业公平竞争，由中标者建设，政府履行监督管理的职责；二是政府委托企业经营，例如城市道路，政府出资建成后将其委托给公司管理，政府则负责制定相应的政策和标准，履行检查监督的职责；三是政府出政策委托企业经营，例如城市中自来水等自然垄断行业，是由获得政府特许的企业生产经营并提供，政府履行严格的监督职责；四是政府协调企业建设，当有多家企业参与同一工程时，城市政府履行协调职责，建立企业协调制度，统一协调各个企业在工程进行中的矛盾，避免由此引发的效率低下。

在 PPP 模式中，政府不再是城市管理的单一主体，企业和个人也不仅仅处于参与城市管理的地位。在此种模式中，政府、市场和个人可达成伙伴式的合作关系，成为城市经营和管理的共同主体，从而满足城市综合开发运营中多方利益诉求的平衡，达到整体价值提升的目的。

第二节　城市经营与城市运营

一、城市经营

20 世纪 70 年代，时任日本神户市市长的宫崎辰雄可以说是城市经营理论的先驱者，其早在 1971 年，就在所著的《神户的城市经营》一书中对"城市经营"有了较为详细的阐述："高效地提供城市公共服务，涵养税源以确立城市的财政基础，与市场经济所导致的外部负效应相对抗，维护公共利益。"

1978 年，城市经营又一次作为经纪人业务理念被研究人员发掘，被定义为"社会力量通过操纵权力对官僚机构拥有的待分资源进行分配，以提供基础设施和公共服务的模式"。随后的 20 世纪 80 年代到 90 年代，欧美国家关于城市经营理论的研究则聚焦于 3 个方面的主题：（1）城市经营的利益相关者是谁，仅仅是政府部门还是城市建设过程中的所有参与者，包括普通民众；（2）城市经营是应当分部门进行还是跨部门进行，这是从制度的维度来考虑；（3）如何权衡城市经营过程中的战略必要性与操作灵活性之间的矛盾。然而，城市经营概念提出以来，虽然其内涵被不断充实，但一直缺乏统一的定义。

通过深入研究国外关于"Urban Management"的原义以及对大量案例进行对比分析后，笔者认为，由于国内外市场发育程度的不同，尤其是城镇化的背景和城乡管理体制的差异，我国目前的城市经营模式并不能完全等同或直接对应欧美国家的城市经营理论，但从某种意义上，可以借鉴"Urban Management"的概念进行有限度的表述。其中笔者较为认同的是斯特恩（Stren）的观点，他认为 Urban Management 的目标是提升城市的人居环境，增强城市综合竞争力，根据运用范畴的不同，它可以是一种理念、一个框架或者一系列方法。

总体来说，城市经营是在国内新城开发建设范畴内的一种实践形式。在市场经济发展实践的基础上，我国的"城市经营"理念是在传统计划经济体制向社会主义市场经济体制转变、政府职能相应调整的大环境下，基于现代企业经营的理念发展而来的。20 世纪 80 年代末，我国经济学专家和学者便提出了"城市基础设施的经营与管理""城市土地有偿使用"等城市建设管理方面的新观点，成为我国"城市经营"理念的雏形；随后，国内部分大城市开始积极探索在城市建设管理中的新理念，提出和实施了"以路带房""基础设施建设带动旧城改造""市政设施专营权有期限转让""发行城市债券"等模式，从实践上进一步巩固了"城市经营"理念的基础。1998 年 9 月，在上海召开的纪念党的十一届三中全会召开 20 周年的研讨会上，"城市经营"的概念被公开正式提出。近年来，关于"城市经营"的学术讨论也越来越多地出现在各种学术杂志上,如张敬淦的《城市经营提升城市竞争力》、赵燕菁的《从城市管理走向城市经营》、徐巨洲的《"城市经营"本质是对公共物品和公共服务的管理》、金经元的《我的城市经营观》、陈虎等的《关于城市经营的几点再思考》、刘文俭的《城市经营概论》等。但从目前国内的研究成果来看,学术界至今尚未对城市经营有统一的准确定义。

以学者徐惠蓉关于城市经营的观点为例,其认为城市经营:(1)类似于城市营销,即将经营企业的理念运用于城市中,将城市中有形和无形的资源通过与市场经济体制接轨加以包装整合,作为产品来经营,实现经济效益最大化;(2)强调对市场经济手段的利用,以此为工具优化配置城市资源,提高现有资源的使用效率,完善城市功能,以提升城市整体竞争力和可持续发展;(3)从城市经营的主体来说,实现城市综合开发管理主体的多元化,放弃政府大包大揽的行为,引入竞争机制,允许民营和私人资本投资和参与管理城市公共事业建设,提高城市基础设施系统的整体运营效率。

相对而言,中国的城市经营概念和实践有其相对的独特性。我们可以看出,城市经理制度是城市经营在美国城市管理范畴内的实践形式,在一个高度市场化和民主化的环境中,通过公众、企业的深度参与,市场机制被运用到城市整个经营的各个环节。而中国的城市经营是在一个不充分、发育不健全的市场体系下运行的,城市经理制只能为市场的引入、公众的参与提供可能,并不是充分条件。国内的"城市经营"是我国改革开放以后在推进城镇化过程中出现的关于城市规划、建设和管理的新的理论和实践模式。根据以上城市经济与城市管理相关理论的回顾,以及对国内外城市经营理论的对比研究,笔者将中国城市经营的主要内涵归纳为以下4点:

(1)政府职能的转变。在计划经济时代,政府既是"裁判员",又是"运动员",大包大揽一切的城市开发建设活动,对市场机制甚至显现出排斥。随着经济体制的改革,政府逐步向后退一步,更多的时候充当"裁判员"的角色,让企业及个体参与到城市的开发建设中来,更高效地经营城市物品和服务中可经营的部分。

(2)市场的参与。在城市经营模式下,政府对市场不再排斥,而是引入企业经营的理念对城市进行经营和管理,利用市场经济手段来实现对城市内资源的优化配置，以提高城市的整体效率。然而，市场并未与政府有平等的地位，更非作为主导，只能作为"配角"参与其中。

（3）政府是城市经营的主体。可以说，城市经营是政府在意识到自身的弊端后，主动提出的自上而下的、在政府的引导和控制下社会各方面参与城市建设和发展的产物。另外，政府作为城市经营的主体，在市场失灵时可对城市中物品和服务的"公平"及可持续发展进行宏观把控。

（4）城市资源的优化配置是城市经营的实质。在"政府推动、政府主导"背景下的城市经营，是以政府为主导、企业为配角，按照城市发展战略和城市规划要求，运用一定的市场手段，对城市资源进行资本化的集聚、重组和营运，实现城市资源的重新配置和城市总体价值的提升，从而达到改善城市环境，提高城市综合竞争力目标的过程。

总的来说，随着城镇化的迅速发展和新型城镇化的提出，城市建设和管理等城市发展相关问题日益凸显，而在我国的城市经营研究中，理论研究有余，而实证研究不足，这是本章接下来采用实践研究作为理论基础探索的重要原因之一。

二、城市运营

近年来，党的十八大提出了新型城镇化的战略要求，2014 年出台了《国家新型城镇化规划（2014—2020 年）》，2016 年 2 月，《国务院关于深入推进新型城镇化建设的若干意见》也正式发布，中国社会各界、资本市场、各类经济主体以及学术界期望从前 20 年的"政府推动、政府主导"型的城镇化逐步转变为"市场主导、政府引导"型的城镇化，从而提高效率，减少盲目开发建设，节约资源，在市场的资源配置机制下走向以人为本、绿色低碳的城镇化道路。

在这种可持续的城市发展观的主导下，脱胎于城市经营的城市运营模式正在逐渐成为城市综合开发管理中所推崇和热议的话题，并逐步引起中国学术界的关注。2002 年前后，我国城市策划学者最早将"城市运营"概念作为房地产开发进行到一定程度的经营模式提出。但是我们在实践中得出，城市运营完全是基于中国特色的城镇化发展土壤，是"后城市经营"时代的产物，是我国学者在城市发展实践中对"城市经营"理念的升华，属于创新型的中国城市综合开发运营模式，目前只在市场化较高的区域和市场环境下探索性、小规模开展。

城市运营之所以称为概念或模式，是因为城市运营实践是完全具有自主创新意义和中国特色的城镇化发展市场模式，在国内外学术界尚未有明确的定义并建立相对应的理论体系。截至目前，经全面检索城市运营对应的英文 Urban Operation 一词，尚未检索到相关的国外理论表述和学术成果。

关于城市运营的定义，到目前为止，相对完整的表述来自中央党校 2011 年所成立的城市运营课题组，具体表述为："政府和企业在充分认识城市资源基础上，运用政策、市场和法律的手段对城市资源进行整合、优化、创新而取得城市资源的增值和城市发展最大化的过程。"这个课题组同时指出，城市运营的最终目标是提高城市综合竞争力，增加城市财富，提升城市居民生活质量和幸福感；而实现目标的方法是优化、积累城市资源并将其推向市场，这其中包括土地、山水、植被、矿藏、物产、道路、建筑物等物质资源以及历史文化遗产、社会文化习俗、城市主流时尚、居民文化素质、精神面貌等人文资源。

如众人所认同的，城市运营的实施者是城市运营商。与传统的房地产开发商不同，城市运营商能够自觉围绕城市的总体发展目标和发展规划，充分运用市场化机制和手段，通过发挥企业产业优势和资源优势，结合城市发展的特殊机遇，在满足城市居民需求的同时，使自己的开发项目能够成为城市发展建设的有机组成部分。中央党校城市运营课题组在给城市运营定义的同时总结了其操作主体——城市运营商的五大特点：第一，城市运营商对城镇化和城市发展具有前瞻力；第二，城市运营商具有较强的社会责任感；第三，城市运营商是城市综合功能的提供者；第四，城市运营商是各种资源的整合者；第五，城市运营商与政府保持良好的合作关系。

同时，国内还有一些零星的非系统性的研究，多数将城市运营作为开发过程中的一个概念名词提出或只是讨论城市运营的理论片段。学者洪开荣、刘元林提出，可通过引入城市运营商摆脱城市开发中先行投资困境，同时也可很好地解决城市规划执行不力等难题。而对于城市运营的主体问题，学者许保利认为在社会主义市场经济体制下，必须改变政府行政手段主导的城市开发建设模式；城市运营必须借助企业和市场的力量，在政府的指导下具体配置和运作城市资源。学者张赟、张威则运用"价值链工具"对城市运营商内部创造价值的活动进行了分析，并且探讨了城市运营商在其价值链的关键环节上所应具备的核心能力：（1）政府公关能力；（2）项目融资能力；（3）市场营销能力；（4）资源整合能力。学者徐卫、柴铁峰通过研究我国城市发展现状，提出城市运营应以地域文化为"魂"，塑造城市自身特色，提高城市综合竞争力，最终实现可持续发展。

笔者认为，从实践层面，城市运营具有明显的中国特征，是产生于中国城镇化体制和机制的城市（城镇）综合开发运营发展模式；从理论层面，城市经营和城市运营都是由起源于 20 世纪 50 年代欧美国家的城市管理理论和实践发展而来。城市运营直接来源是欧美国家与国内有关"城市经营"的理论基础，而又不同于目前国内现行的城市经营的主流观点和理论表述。城市运营与城市经营最大的区别在于实施主体，城市经营的主体是政府，其占绝对主导地位，市场只是作为一种被借助的手段或理念；而在城市运营中，市场（企业）的地位明显得到提升，与政府一起作为城市综合开发运营的主体，甚至处于主导地位。

第三节　国外案例

在对城市经营的起源和理论进行回顾后可以看出，欧美国家的城市管理与经营活动与我国现阶段最大的不同在于，欧美国家处于高度市场化的体制和社会环境下，强调公众参与和市场调控，最大限度提高政府在向公众提供公共产品过程中的效率。本节选取了两个国外城市综合开发运营类案例作为相关的论据支撑：美国圣何塞市和希腊雅典奥运城。这两个案例代表了两种不同的力量主导的城市综合开发，前者为产业推动、市场主导，后者为大型赛事推动、政府主导。经过对比总结，笔者发现不同的要素推动和不同主体主导的大型城市综合开发运营模式存在差异，对我国城市运营的实践和理论形成极具借鉴意义。

一、美国圣何塞市：产业推动、市场主导的高科技现代城市

（一）城市发展背景

圣何塞市（San Jose）位于圣弗朗西斯科湾南的圣克拉拉谷地，旧金山湾区南部，临凯奥特河，西北距旧金山 64 公里，人口约 95 万（2009 年），为美国第十大城市，加州第三大城市。

第二次世界大战前圣何塞市的主要经济来源以农副产品为主，1950 年起逐渐转变为以半导体为代表的高科技产业。如图 2-1 所示，在 1950—1980 年期间，圣何塞市经历了历史上最快的人口增长，平均年增长率为 8%，远高于全美平均水平，随之而来的还有源源不断的资本涌入。由于计算机行业发展放缓，1985 年后人口增长趋于平和，但此时圣何塞市仍然占有着全美 20% 的半导体产品份额。可以说圣何塞市是由高科技产业的集聚以及产业资本的推动而形成的现代城市。

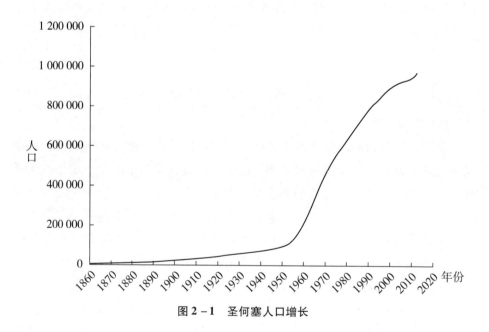

图 2-1 圣何塞人口增长

（二）产业发展特色

随着整个硅谷科技产业的不断革新，当地的主导产业经历了从基础半导体到电子芯片，到个人电脑，再到现今软件和互联网研发的转变。如图 2 - 2 所示，圣何塞市就业的增长随着四次产业的革新呈现阶梯状，即跳跃式的增长。驱动行业由高科技产品生产转为研发和创意产业。

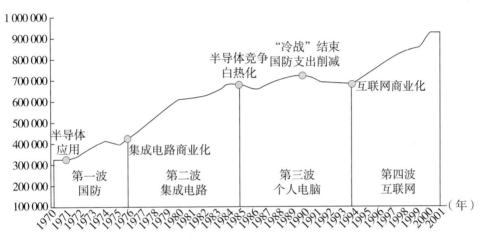

图 2 - 2　圣何塞地区就业人口的增长

但是，圣何塞市的总体产业结构变化甚微，其高科技类作为绝对的产业主导，具有极强的外向性，区位商（Location Quotient）均值接近 1.5，电子芯片研发的区位商甚至达到了 5.7。就 2008 年的数据来看，就业人数排名前三的行业为：计算机与通信，软件研发，创意服务类，分别占 8%、4% 和 4%。其余所有产业（如商务服务、顾问咨询、物流等）皆作为主导产业的配套支持，具有极强的依附性。

（三）规划的历程和控制手段

圣何塞市的规划、产业、城市发展具有动态演变的明显特征。圣何塞市的城市发展大致可以分为五个阶段：极速增长阶段（1950s—1970s）、控制增长阶段（1970s—1980s）、城市中心更新阶段（1980s—2000 年）、用地功能转换阶段（2000—2008 年）和工业重振阶段（2008 年至今）。

在 1950—1980 年期间，圣何塞市人口增长率年均达 8%，远高于以造城迅速著称的拉斯维加斯（年均增长率为 6%），资本大量涌入，被称为"投资者的天堂"，这些都得益于当时以城市的发展作为首要目标的城市经理哈曼（Hamann）先生，但同时也造成了无序的城市扩张，带来了交通拥堵、配套缺乏等问题。1969 年，诺曼（Norman）先生提出对城市的扩张进行适度的控制，圣何塞市的第一份具有实际意义的总体规划（General Plan）于 1974 年出台，明确提出了城市增长边界（Growth Boundary）的概念和规定，希望以此对人口和城市的增长产生有效的控制，并认为在边界范围内的现有住宅和设施可以满足所预测的人口需求。

很快，增长边界的控制与就业人口的不断增长凸显出巨大矛盾——集中表现为房价快速上涨。由于土地供应的紧张和高科技产业在硅谷的迅速发展，1976—1990 年，圣何塞市的房价上涨 365%。工业用地的边界与城市增长边界在很多地区已经完全重合，工业用地的日益紧缺和租金的飞涨直接导致了部分高科技企业的外迁。面对新的问题，市议会和城市经理仍然坚守 1974 年划定的城市增长边界，试图通过对旧城区的更新增加工业用地量，吸引投资。得益于 20 世纪 90 年代互联网和软件产业的兴起，圣何塞市的经济情况得到些许改善。然而，2000 年互联网泡沫的破灭给正在复苏的圣何塞市带来了沉重的打击，圣何塞市工业基础衰退，城市总体规划为了顺应眼前的市场需求，强调高科技产业在当地经济中的主导地位，强化对工业用地的保护，并对用地进行大范围的修编，以减少废弃工业用地的存量。

（四）启示

1. 市场在城市产业资源配置中的决定性作用

优越的交通区位，怡人的气候条件是圣何塞市崛起的关键因素。然而，圣何塞市自 20 世纪 50 年代开始的飞速发展，并不归功于所谓具有前瞻性的城市建设，产业的发展亦非倚靠当地政府的"招商引资"，而是弱监管下市场机制选择的结果。更重要的是，美国资本流动的高效性加上投资者敏锐的市场嗅觉，使得丰富的市场资金能够及时地给产业以支持。另外，即使区域内有雄厚的产业基础，只要投资环境不能顺应市场的走向，这只"无形的手"便会对资源进行重新配置，几乎不受规划意志的影响。

2. 规划决策体现各方利益平衡

城市规划决策实质上是各方利益的平衡。圣何塞市发展过程中的波动性体现了产业和城市发展变化过程中的互动作用，以及各相关利益方的动态博弈。20 世纪 80 年代出现的城市增长边界导致地价上涨、企业外迁，以及之后对产业发展的重新调整，都集中体现了政府（城市经理）、市场和公众三方的利益诉求平衡过程。因此，城市规划作为区域的政策性指导和法律规定，应根据市场环境的转变对各规划要素进行调整，以发挥规划在城市发展中应具有的前瞻性和统筹性作用。

二、希腊雅典奥运城：政府主导、大型赛事推动、忽视市场需求的城市经营

（一）城市发展背景

雅典作为希腊的经济、政治和文化中心，拥有 380 万人口，占希腊总人口的 1/3 左右，市域范围 412 平方公里，其中市区内面积 39 平方公里。在过去的 20 年里，雅典的经济、工业以及综合竞争力远远落后于欧洲其他大型城市，主要原因在于当地产业和经济的内向性和极度落后的基础设施。即便如此，雅典仍然贡献着全国近 1/4 的 GDP。在这样的背景之下，2004 年奥运会的举办被赋予了特殊的使命：不仅要展现这座城市的文化风貌，更是带动全国产业结构调整、经济崛起的历史契机。

（二）规划性质与特点

由于希腊政府对雅典奥运会的期望极高，其战略规划明显不同于常规的奥运项目，除奥运场馆本身的修建之外，还对两方面进行了重点建设：（1）通信系统和交通基础设施。自 20 世纪 90 年代末到 2004 年奥运会开幕，希腊政府对雅典市的基础设施进行了"不计成本"的投入，兴建的大型项目包括雅典市区环路、雅典地铁和连接市郊的快速铁路等。希腊政府认为基础设施的提

升能够拉动城市整体经济的发展。（2）"旅游"城市的打造。希腊政府希望借助奥运会的机会，向全世界展示其城市风貌，以古老的地中海建筑景观吸引全世界的游客，全面打造旅游型都市。于是，希腊政府花费巨资用于城市的翻新和建筑风格"标准化"，该项投资高达 1 000 亿欧元，是场馆类建设投资额的 5 倍。

（三）启 示

在奥运会以后，由于全球金融危机特别是欧洲整体经济下滑的影响，希腊政府的奥运战略规划受到了沉重的打击。再加上金融危机导致的国内政局动荡，希腊外向型旅游经济的发展受到了极大的不利影响。雅典奥运城目前各类场馆大多闲置，没有后续的产业活力及人口聚集，前期基础设施的大量投入成为政府沉重的财政负担。相对于美国圣何塞市以市场为主导的城市运营，雅典奥运城可以说是一个失败的城市经营案例。笔者总结主要原因如下：

（1）过分依靠政府意志的规划，缺乏基于市场需求的经济性考虑。雅典奥运城是典型的完全由政府主导的区域综合开发案例。面对主办奥运会的机遇，在产业基础薄弱的情况下，当地政府依然坚持基础设施建设先行的陈旧理念，认为短期的投资刺激将带来相关产业的长期发展。然而事实印证了脱离市场的规划并不能带来城市的发展，规划是资源配置中的重要工具，但其本身并不能产生资源。

（2）投资规模过大，融资结构过于单一。雅典奥运会基本花费高达 150亿欧元。如上文所述，除基本的场馆建设之外，政府对各类基础设施和以美观为目的的旧城改造投入了更高额的资金。这些投入 80% 以上来自政府税收，直接导致 2004 财年希腊赤字达到当年全国 GDP 的 6.1%，政府负债总额也一举超越全年 GDP。政府在对大型赛事活动的筹备中缺乏理性的思考，导致对资本的考虑不足，不计风险，盲目投资。

（3）对赛事场馆远期利用缺乏预先规划。雅典奥运会结束后，各类场馆大多处于空置状态，几乎没有场馆被移交至所属社区作为公共设施使用，只有少数配套设施，如媒体馆被转让给私人机构。究其原因在于：①场馆前期设计不够灵活，导致使用对象过于专一；②场馆分布零散、偏僻，未考虑市民后续使用的便利性。这说明规划需要解决的不仅是当下短时间内的问题，还需要近远期结合，具有前瞻性。

第四节 中国实践

我国的城市经营及城市运营作为20世纪90年代末期兴起的城镇化发展模式，是在计划向市场、粗放向集约、单一向多元转变和城镇化加速发展条件下产生的。在本章第二节中笔者已经提及，在城市经营模式中，除资本要素来自市场之外，市场并没有实质意义上的主导或者主动参与。也就是说，城市经营模式未能发挥市场的资源配置效率以及专业管理等优势，而在城市运营中，市场机制由于占据主导地位所以有可能得到更大的发挥。本节选取了3个国内的城市综合开发建设案例，即广州亚运城、鄂尔多斯康巴什新城和苏州新加坡工业园区的综合开发建设。其中，广州亚运城作为大型赛事推动、政府主导的城市经营类项目，由于对市场有意识的兼顾和高水平的整体规划，带动了整个广州新城的健康发展；鄂尔多斯康巴什新区由于缺乏产业资源的整合，并且规划建设好高骛远、不切实际而成为著名的"空城"。另外，城市运营是在我国社会主义市场经济转型背景下出现的综合城市开发模式，中新合作的苏州新加坡工业园区作为国内实践较早且较为成功的城市运营模式项目，是研讨国内政企合作的模式下的城市运营特征的最佳案例。园区因引入新加坡的先进管理理念，利用市场机制对产业进行导入与整合升级，并配合动态、弹性的规划手段，成为我国具有最高竞争力的工业园区。

一、广州亚运城：大型赛事推动、政府主导、兼顾市场的城市经营

广州亚运城的开发，是我国以政府为主导的城市经营模式的典型案例。项目由政府进行土地一级开发，由政府担保专门机构负责建设。土地二级开发则由世茂、富力、雅居乐、中信城市运营团队、碧桂园等组成联合体按照完全市

场化的方式进行整体策划、融资、设计、施工、销售。项目由政府统一实施建设、管理，在亚残会结束后，才最终移交给开发商。

（一）项目发展背景

广州亚运城位于广州市番禺区，项目用地范围 2.74 平方公里，是为 2010 年亚洲运动会专门建设，同时也是广州新城的启动区。广州新城总用地面积约 228 平方公里，其中城市建设用地面积约 148 平方公里。

亚运城开发初期，主要依托广州中心城的经济辐射，利用政府为亚运会打造的包括地铁、医院和学校在内的各项配套基础设施，实现先期建设营运。在亚运城开发的中后期阶段，其发展则主要依赖政府对广州新城的产业引导和政策倾斜，依托广州新城的人口、产业的聚集，实现城市综合开发效益。

（二）产业发展特色

广州亚运城的产业规划充分考虑了大型赛事的需求、赛会设施的赛后利用、周边产业及广州市产业发展与亚运村产业发展的双向关系。从市域范围看，广州以亚运会为契机，投入 2 200 亿元提升城市水平，并完成"十年一大变"工程，包括城市建设全面升级。从区域产业发展来看，广州新城是番禺片区的重点发展区，是广州发展南拓轴的核心节点，珠三角的中心，产业发展的脊梁，承接周边日益升级的产业支撑，有较好的产业发展前景。亚运城北部的高新技术产业及服务业园区密集，可以聚集高素质产业人口。

在场馆及设施再利用方面，广州为亚运城配套的广州新城体育馆、亚运博物馆、亚运公园、医院、学校等均一次到位。通过对赛事的投资带动区域基础设施的建设和整个区域的价值提升。赛后亚运城的大型场馆和公建则作为区域配套，通过活动、会议和房地产开发带动周边区域的发展。

（三）规划的性质和特点

亚运城的规划定位是服务珠三角的重要节点、广州南拓节点、番禺片区中心之一，以商务办公、生态宜居、文化旅游、特色产业为基本功能。亚运城赛时定位为满足运动员、教练员、媒体居住，承担比赛、娱乐和交流等功能，赛后则定位为集居住购物、文教医疗、运动休闲为一体的城市综合生活区。规划从区域角度出发，结合城市总体布局，综合考虑赛时需求、赛后利用和市场需求，采用"高规格、高配置、统一规划、配套先行"的独有开发模式。

项目用地范围2.74平方公里，规划人口12.3万。亚运城与赛事相关的总建筑面积为148万平方米，主要分为运动员村、技术官员村、媒体村、媒体中心、后勤服务区、体育馆区及亚运公园等七大部分。

项目规划布局十分强调赛后对未来广州新城的引导作用。它充分考虑了广州"南拓北优"的策略，将亚运城作为新城的启动区，结合赛时场馆和公共建筑建设，打造赛后体育和公共服务设施板块，并将公共服务设施和生态住宅区域与南侧的板块结合，带动城市向南滚动发展。具体规划内容如下：（1）亚运城赛时公共设施区域规划在总用地范围南侧，有利于将来带动广州新城的发展；（2）公共服务设施分布于河湾南岸，赛后可直接转换为各类公建配套设施，面向未来新城服务；（3）道路网北部对应组团式功能形态规划为自由式，南部考虑与广州新城的衔接规划为规则式。

（四）启示

亚运城作为政府主导的城市经营项目，对广州新城的土地价值及区域活力有很好的提升带动作用，可以说是比较成功的，主要原因在以下两个方面：

1. 政府主导、兼顾市场

亚运城建设并非完全是政府意志的体现，在其开发建设前期进行了充分的市场调研，建设运营达到了投资收益的平衡，具体是通过亚运城的土地出让收益来平衡所涉及的基础设施建设投资、场馆建设与改造投资，以及亚运会运营等费用。同时，亚运城的开发建设充分尊重发展商所代表的市场利益，通过适当提高容积率，保证项目的经济效益。

2. 规划引导区域整体价值提升

亚运城偏心式的功能布局充分考虑到对周边区域的带动作用，带动城市向南滚动开发。"高规格、高配置、统一规划、配套先行"的独有开发模式，超前规划，配套先行，也进一步提升了区域的整体价值。

　　总体而言，政策风险对这类政府主导的城市综合开发项目来说是非常值得注意的。在《广州城市总体发展战略规划（2010—2020年)》中，广州新城留了空白，说明此区域的发展在将来存在不确定性，而广州市政府领导班子的调整也在某种程度上对城市重点发展方向的改变造成影响。由于政策背景的影响，亚运城的区域价值可能会产生变化，目前亚运城的房地产市场已经有一定的下滑趋势，其对广州新城所显现出的带动作用也尚待进一步论证。

二、鄂尔多斯康巴什新城：政府主导、忽略市场机制缺失的城市经营

（一）城市发展背景

　　鄂尔多斯位于内蒙古自治区西南部，是内蒙古的新兴经济城市，总面积8.7万平方公里，2010年户籍人口达到194万，2013年GDP为3 965亿元，人均GDP达到197 381元。鄂尔多斯三产结构比例为2.5：59.9：37.6，产业以煤炭、化工、羊绒、天然气为主。受益于能源资源储备丰富和西部大开发战略，鄂尔多斯城镇化率长期保持在70%以上，城市建成区面积呈爆发式增长，但总人口增长较为缓慢。

　　康巴什新城是鄂尔多斯市政府近年重点打造的城市新区，规划面积近32平方公里，定位为鄂尔多斯的政治、文化、金融、科教中心以及轿车制造业基地，总投资目前已经达到50亿元。

　　康巴什新城的建设采取政府主导的城市经营模式。鄂尔多斯市政府以700亩土地作为注册资本成立国有独资的城投公司，作为新区开发建设的主体，按照企业化经营的理念，承担新城的开发、建设融资以及经营等任务；同时陆续通过建设—转让（BT）、建设—经营—转让（BOT）、发行城市建设债券、向银行融资等方式，筹措新区建设资金，城投公司通过新城的土地一级开发，以获取收益还本付息。

（二）产业发展特色

鄂尔多斯的产业结构单一，长期以煤炭业为主，产品初级化严重，且煤炭产业对其他产业的扩散带动效应较小，导致资源产业的主导功能缺失，不成结构。2001—2011年，重工业的工业增加值占全部工业增加值的比重由52.7%增至94.3%，以煤炭为主的采矿业占全部工业增加值的比重由31.2%增至64.6%。可以看出，近年来鄂尔多斯以煤炭采矿业为主体的重工业发展迅猛，轻工业发展比较滞后。煤炭产业的高盈利能力使企业的投资方向单一化，在一定程度上排斥技术创新，使得地区经济产业结构单一，抗市场风险能力低。

鄂尔多斯2005年提出了产业转型的口号，在康巴什新城规划中，政府希望新城以高端制造业和房地产业为主导，因此加强了对基础设施和生态环境的打造，且对应规划了10平方公里的工业用地；同时，将鄂尔多斯市政府、行政办公、企业办公、教育医疗等机构迁入新区，并超前、高标准进行基础设施建设，通过政府公共投资吸引社会资本、引导新区的开发。

（三）规划的性质和特点

康巴什新城定位为鄂尔多斯的政治、文化、金融、科教中心以及轿车制造业基地，在项目规划初期即确定了"高水平、高标准建设"的原则，城市规划建设极为超前。目前，已投资建成的大型公共建筑都采用高标准建设，道路、公交系统、市政基础设施也是超前规划、一次性建设到位。在严重缺水的情况下，鄂尔多斯市政府为建设作为形象工程的景观喷泉，投入上亿元巨资开凿运河，并计划在运河北岸建设上千座高楼，形成康巴什中央商务区。

然而，政府不准确的产业定位，致使规划与新区自身条件不匹配，导致出现严重的资源浪费现象。例如花费40多亿元建造的装备制造业基地，目前的情况是进驻企业少，开工不足，效率低下。不计成本的规划建设严重透支了地方财力，同时也暴露出产业配套体系欠缺、挤出效应显著和要素资源缺乏等问题。

（四）启示

受近几年房地产调控和经济环境的影响，康巴什新城的房地产业出现了停滞现象。目前新城内常住人口仅有 2.8 万，除了最早新建的两三个小区入住率略高，其他小区的入住率不满 10%。这座耗资 50 多亿元建设的豪华新城，由于人口的匮乏和产业的单一，导致房价暴跌和民间借贷业的崩溃，所以现在的鄂尔多斯不仅在各类媒体上被称为"鬼城"，同时也是"债务之城"。康巴什新城经营失败的主要原因在于：

（1）产城发展不融合。政府对产业发展的定位超前，不符合当地产业发展的特点与资源条件；产业配置单一，以至于新区规划的高端制造产业不能产生集聚效应，产业升级转型失败，经济抗风险能力下降。而且，由于新城缺乏人口的聚集，也无法支撑商贸、餐饮娱乐等城市服务业的发展，导致新城进一步"空心化"，难以实现产城融合。

（2）城市开发建设由政府全面主导，好大喜功、盲目投入，没有充分尊重市场规律。在主导土地一级开发和引导房地产二级开发的过程中，过于超前规划；在高标准、超前进行基础设施和大型公共建筑建设的同时，进一步推动房地产开发市场的盲目发展，导致新城房屋空置率较高，房地产市场泡沫问题严重。

三、苏州新加坡工业园区：政企合作的早期城市运营模式

（一）城市发展背景

苏州位于江苏省东南部、长江三角洲中部，是中国华东地区特大城市之一，总面积 8 488 平方公里，2012 年常住人口达到 1 065 万，城镇化率达到 75% 左右，2013 年苏州市 GDP 全国排名第六位，三产结构比例为 1.7：52.6：45.7，以电子信息、装备制造、纺织、轻工、冶金、化工为支柱产业。

苏州新加坡工业园区位于苏州主城区东部，于 1994 年 2 月经国务院批准设立，同年 5 月启动。园区总面积 288 平方公里，其中中新合作区 80 平方公

里，合作区内常住人口达到 72.3 万。在苏州市新拟定的城市总体规划中，明确了把园区建设成为长三角地区重要的总部经济和商务文化活动中心之一的发展目标。

2013 年，苏州新加坡工业园区 GDP 达到 1 910 亿元，并连续多年名列"中国城市最具竞争力开发区"排榜首，综合发展指数居国家级开发区第二位，在全省国家级高新区中排名位居第一。

（二）产业发展特色

苏州新加坡工业园区具有外资导向型的特点，整体产业发展经历了以下 3 个阶段：

（1）20 世纪 90 年代初，中国跟新加坡政府开始合作开发苏州新加坡工业园区，由新加坡协助招商，1992 年到 1994 年间，引入多项总投资超过 1 亿美元的大项目，奠定了园区发展的基础。

（2）2000 年以后，园区进入快速发展阶段，园区以国际性大规模投资为主，77 家世界 500 强企业在区内投资了 124 个项目，其中投资上亿美元的项目达 100 个（如图 2-3 所示）。主导产业发展势头良好，先进产业高度集聚，包括电子信息制造和机械制造产业、以金融产业为主的现代服务业和以纳米技术为引领的新兴产业。2008 年，高新技术产业产值占工业总产值比重比上年提高 0.8%，服务业增加值占国内生产总值比重比上年提高 2.1%。产业快速发

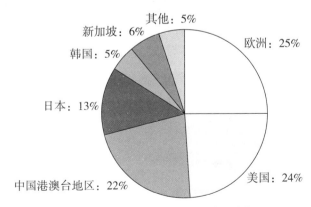

图 2-3　2000 年后投资项目地区结构

展也带来了人口的聚集，在中新合作区80平方公里范围内，常住人口72.3万，而户籍人口为32.7万，一半以上为外来人口。

（3）2008年以来，由于外资导向型模式带来的产业结构比例的失衡和国际金融危机造成的进出口下滑，园区进入转型发展期。目前，园区产业正处于优化第二产业，并逐渐向第三产业转型的阶段，希望逐渐淘汰或往外疏散原来的低端产业，升级制造业，并引入高新科技和现代服务业，同时优化整个区域的生态及居住功能。

（三）规划的性质和特点

苏州新加坡工业园区总规划面积288平方公里，其中中新合作区80平方公里。在2005年通过的新一轮苏州市城市总体规划中，确定了以园区为主体的东部新城是未来中心城区的首要发展方向。其还对园区内部用地性质做了一些置换，完成了部分"退二进三"的工作，并且根据园区当前的发展状况制定出了一套新的转型机制，加速了园区产业向"三二一"发展的进程。从用地结构来看，规划分为3个片区：西部公建配套区、中部居住配套区和东部工业组团区，并分为3期开发。园区内45%用地已经变成居住、商业及公共设施用地，29%为工业、科技及会展仓储等产业发展用地。可以看出，园区从规划上已经定位为以居住、商业为重点的城市综合片区，基本脱离原工业区定位。

园区的规划借鉴了新加坡的城市管理经验，引入"白地""灰地""弹性绿地"等弹性空间布局理念，作为短期内不明确用途的地块的有效控制手段。弹性、合理的空间结构可保证园区各种功能活动和经济运转实时高效、保证土地集约利用、保证城市环境优美，以打造舒适宜居的城市空间。同时园区也引入了新加坡的先进生态和环境保护理念，以及先进的环保方式和较高水平的整体基础设施，很大程度上保证了园区未来"优二进三"转型工作实施的可能性。

（四）启示

2013年，园区实现新兴产业产值2213亿元，成为中国最具竞争实力的开发区，总结其成功经验有以下3点：

（1）产业和城市发展具有良性互动的态势。与新加坡的合作带来了先进运营理念和先进的技术资源，国际合作也带来了优良的招商资源和高端制造业产业聚集效益，从而推动了人口集聚和城市发展。同时，苏州市政府对土地与房地产市场较强的管控力度，使土地和房地产价格适度，有效地吸引了周边人口的集聚。人口的集聚反过来又推动了园区发展定位的变化，从制造业向现代服务业、高新技术产业和文化创意产业中心发展。产业的优化提升推动了城市的良性发展。

（2）动态、先进的规划保障。"白地""灰地""弹性绿地"等先进规划理念被广泛运用于园区的规划中，对于短期内不明确用途的地块实施弹性控制，有效提高土地开发效益和集约利用水平。同时，开放性的空间结构也为区域未来的发展转型提供了空间上的可实施性。

（3）多种规划相互协调。一方面，园区范围内城市规划、土地利用规划、环境保护规划和交通规划相互协调；另一方面，园区发展目标与苏州市社会经济发展规划也是相互协调一致的。从规划实施建设效果来评价，苏州园区的规划表现为利好，原因在于项目启动时便同时配套建设邻里中心，很好地带动了房地产和其他产业的发展；产业结构和配套设施的完善，又反过来促进了房地产市场的繁荣，体现为良性的互促互进。

第五节　启示

经过对国内外正反两方面的城市运营及城市经营案例的对比分析后，可以总结出以下四个方面的宝贵历史经验，在城市综合开发运营过程中对保障城市可持续发展具有重要的参考价值。

一、市场配置：决定性的作用

城市的持续健康发展不是仅仅依靠城市管理者的主观意志或者职业规划师的主观规划蓝图就能保证的。城市的发展依赖于城市资源与人口的集聚，还依赖于城市产业的发展，是政府弱监管下的市场选择，而市场选择的背后，是产业资本的偏好和动力。城市的发展应该以市场为导向，综合运营土地、产业、资本等关键要素，土地空间、产业支撑、资本推动，三者缺一不可。在产业和土地要素不具备比较优势的情况下，城市更加需要投资者带来的资本驱动，对产业和土地空间的发展给予支持。即使区域内有雄厚的产业基础，只要投资环境不能顺应市场的走向，市场这只"无形的手"便会对资源进行重新配置，几乎不受规划意志的影响。

二、产业驱动：城市可持续发展的保障

本章所述案例从正、反两个方面证明，产业和城市发展具有动态的互动关系，城市的长效健康发展需要适宜的产业持续支撑。由于多数新区都采用规划在前，基础设施先行的开发模式，容易发生产城发展不融合问题。如果对产业发展的定位不准确，不符合当地产业发展的特点或产业配置单一，就无法形成产业的集聚和人口的集聚。新城缺乏人口集聚，无法支撑现代服务业，又会进一步导致"空心化"，难以实现城市健康可持续发展。

三、资本运作：城市可持续发展的核心

无论从城市经营还是城市运营的实践中都可以看出，城市要持续、长效发展，资本是原始的推动力。无论是基础设施的提升、产业的优化还是土地价值的提升，都需要资本的投入，否则一切都只是纸上谈兵。当然，也并非只要有资本的推动城市就可以健康发展，当产业基础薄弱、规划不当的时候，"空城"往往就会诞生。

四、规划整合：城市可持续发展的重要手段

作为城市政府重要的公共政策工具之一，城市规划对实现城市战略经营、空间环境与社会的协调发展至关重要。在城市综合开发与管理运营过程中，规划必须与土地使用、公共财政、基础设施、环境、产业等政策紧密结合、协调

运作，形成完善的政策体系，以综合调控城市的综合开发管理。在城市开发建设理念方面，要充分利用城市公共政策的综合协调引导作用，如采用 TOD（Transit-Oriented Development，以公共交通为导向的开发）、SOD（Service-Oriented Development，服务导向开发）等模式，即将交通设施、社会服务设施与土地利用进行整合规划，以此发挥公共政策的引导作用，通过市场化方式先导建设配套交通、市政、商业、旅游、公共服务和生态环境等基础设施，引导城市优先发展地区的开发。同时，作为资源要素配置的手段，规划不仅需要着眼于当下现状，更需要对未来有合理的预测，避免规划滞后或者过于超前。因此，城市综合开发与管理运营需要以规划整合作为手段，来综合协调与城市可持续发展相关的所有要素。

本章回顾了欧美国家及国内城市发展、城市经济、城市管理等与城市运营相关的理论发展，追溯分析了目前在中国城镇化发展过程中处于主导地位的城市经营模式以及正在兴起的城市运营实践的理论根源、市场原形及其对规划体系的重要依赖关系，并通过国内外实践案例分析的方法对中国特色的城市运营的模式特征进行了总结。

在过去 30 多年的中国城镇化的宏观背景下，中国建立了以政府为主导的城市经营管理体系以及与其相对应的理论体系。从理论根源上看，我国的城市经营与城市运营均起源于欧美国家的城市发展和城市管理理论学说，具有相似的理论基础和运作规律。

城市运营与城市经营拥有相近的理念和相同的客体，最大的区别在于实施主体的差异：城市经营是以政府为主导的城市综合开发管理模式，强调政府作为城市经营的实施主体地位；城市运营是在新型城镇化战略背景下产生的、以市场为导向的城市综合开发运营创新模式，强调城市运营商作为市场实施主体的地位。然而，有关城市运营的研究至今未形成完整的理论体系，本书将在理论层面对其进行系统梳理。

纵观欧美国家城市发展历程和城市综合开发运营案例经验，事实证明，城市化的发展必须遵循市场主导资源配置的规律，在产业保障、资本运作、土地空间支撑上协调发展，以形成城市综合资源和人口的集聚，而理性、系统、整体的规划整合理念和方法是城市运营持续良性发展的最终保证。

03

第三章
规划整合相关理论与实践

CREATION OF CITY VALUE ● A Planning Integration Method based on Urban Operation ● ● ●

"整合"一词在中文中指"通过整顿、协调重新组合"，对应的英文单词 Integration 意为"结合、整合、一体化"。在自然领域，整合与分化是两个相对立的方向。在政治与管理学上，整合是指"通过非强制性的手段使社会中的个体或共同体形成发展的统一体"。规划整合的理念和实践由来已久，作为学术与理论研究的题材也已经相当广泛，但国内外学术界始终未有达成共识的规划整合理论成果面世。尽管背景、目的、角度和方法不同，不同研究者对"规划整合"的理解和认知也不同，但本书倾向于认为：规划整合是指通过符合城市发展规律的理念与方法，非强制性地引导不同类型、不同层级的规划在逻辑、内容、空间和时间上最大限度地有机统一到城市发展目标上的过程或方法。

基于此，本书力求从"整合"的原义入手，追溯"规划整合"的国内外实践和理论根源，最后在空间上回归到中国现阶段的"多规"现状，剖析以"多规合一"为主要内容的中国特色的规划整合实践和理论研究，分析归纳出基于新型城镇化战略、以市场为主导的规划整合的必要性、可能性以及发展方向。

第一节　欧美国家城市规划理论与体系发展演变

一、规划整合理念与理论的发展

纵观城市规划的学科和理论源起及其演变，基本上都与城市发展实践密切相关，即使在高度市场化的欧美国家城市发展历程中，城市规划也一直发挥着对城市发展的重要牵引作用。我们发现一个至关重要的事实：各个历史时期中对城市发展发挥重要影响的城市规划理论始终存留着一条追求系统、协调、综合的主线，或隐或显，其核心价值是整体、系统、理性。所以，可以直言不讳，规划整合的理念和思维既是现代城市规划不断成长发展的重要思想基础，也是现代城市规划理论的科学观、理性观的直接体现。本小节将以欧美国家城市规划理论发展作为线索，探索包含于其中的关于规划整合理念的发展过程。必须说明的是，欧洲与美国的城市规划理论与体系在时间、空间和内容上都呈现出重大差异。欧洲作为经典城市规划理论的发源地，对全球城市规划的理论与实践都产生了重大影响，而美国在近现代出现了引领世界的现代城市规划创新思想和体系，究其根源，仍然来自欧洲经典的规划理念和理论。

从19世纪末到20世纪70年代，现代城市规划理论陆续出现并繁荣发展。例如，霍华德（Howard）提出的"田园城市"规划（1898年）及昂温后来提出的卫星城（20世纪20年代），加里亚（Garnier）提出的线性工业城（1903年），伯纳姆（Burnham）在1893年芝加哥世界博览会上提出的"白色之城"和1907年提出的芝加哥区域性计划，勒·柯布西耶提出的"明日的城市"理想方案，赖特于1935年提出的"广亩城市"规划，以及20世纪五六十年代部分城市和地区推行的以现代主义精神为主导的大规模城市更新等理论和实践。在多学科交叉研究成果和社会学理论的指引之下，有一部分城市居住区的建设实践取得了一定的成功，例如街坊、扩大街坊，邻里、小区，特别是小区和居住区的规划和实践在20世纪60年代前后得到了蓬勃发展。

20世纪80年代后期，城市规划理论呈现出多元化的发展趋势，形态不再只是唯一的关注点。受到广泛重视的城市设计理论，为城市规划及具体的城市建设和更新等确立了新的关注点，即对城市生命力的关注、对城市文脉和肌理的关注，以及对城市内部生活的关注。同时，环境保护的意识也在规划界被逐步推崇，体现为：除了传统的城市规划外，西方各国相继提出了环境影响评估和环境保护规划的实践。此时，环境保护的规划思想逐步发展成为永续发展的思想。

20世纪90年代后，规划理论的探讨出现了全新的局面，大量对城市发展新趋势的研讨取代了对"现代主义"的关注。城市规划不再仅仅关注物质空间的规划，同时对其他相关学科也开始大量涉足。随着全球化的发展，规划的研究开始着眼于城市的信息化和网络化。同时，国际城市规划界涌现出了大量反映永续发展思想和理论的文献。这些文献分别从不同角度提出了城市永续发展模式和操作方法，例如总体空间布局、道路系统规划、工程系统规划等。此外，城市规划思想领域的新近研究重点还有规划本位的讨论、城市社区规划的讨论、城市永续规划的技术研制、城市动力机制研究、城市管治与规划的讨论，以及城镇化与全球气候变化关系的研究等。显而易见的是，城市规划理论是在多元化的基础上越来越多地强调综合性、协调性和整体性，而上述特性并非 20 世纪 90 年代后才有的，而是从城市规划理论诞生之初就可以寻见其端倪。

（一）田园城市理论、卫星城镇规划

1898 年，英国人霍华德（Howard）提出了现代城市规划理论的起源——至今仍被反复引用的"田园城市"理论，以一个规划图解方案具体地阐述了其理论：城市以一系列同心圆组成，从内向外依次分布中央公园、公共建筑、外圈公园、住宅、学院、花园洋房等，城市外围则为永久性绿地。霍华德的理论对城市规划学科的建立起了重要的作用，那时他就已经把城市当作一个整体来研究：一是提出了城市与乡村的统筹；二是强调了城市内部居住、就业、商业的协调。实质上，他并非从建筑或者形态的角度规划城市，而是从社会的角度对城乡统筹、人口密度、城市经济、城市绿化等方面都提出了见解，并对城市财政改革、土地制度、商业管理等涉及后期实施的问题进行了重点研究。

20 世纪初，大城市规模恶性膨胀，如何控制及疏散大城市人口成为一大难题。"田园城市"理论由霍华德的追随者昂温发展，并在 1922 年正式提出"卫星城"理论，提出以在大城市外围建立卫星城市的方式疏散大城市人口。同时期，美国规划师惠依顿也提出用绿地包围大城市限制其的无限发展，并在绿地外围建造与大城市以一定方式保持联系的卫星城镇，此理念和昂温的卫星城理论的核心思想高度相似。

卫星城理论的代表性实践是 1928 年编制的大伦敦规划。规划采用了在外围建立卫星城镇的方式，提出人口疏散的入手点在于大城市地区的工业及人口分布规划，这标志着建立卫星城镇的思想开始与区域规划统一考虑。1942 年，由阿伯克龙比（Abercrombie）主持的伦敦卫星城镇计划通过在外围建设相对独立的卫星城镇的方式减少了伦敦中心区 60% 的人口，这些卫星城镇内有相对完善的生活服务设施和工业产业，城镇内居民的日常生活及工作基本可以就地解决。第一批卫星城以哈罗（Harlow）新城为代表，以邻里单位的方式建设生活区，每个邻里单位有小学及商业中心，城市主要道路联系着市中心、车站和工业区，并从生活区之间的绿地穿过。英国的各新城开发公司，为吸引工厂和居民迁入卫星城镇，也创造了各种便利条件。第二代卫星城规模较第一代更大，分区不及之前严格，密度更高。第三代则以 20 世纪 60 年代英国建造的米尔顿·凯恩斯（Milton Keynes）为代表，规模更大，城市公共交通和公共福利设施也更为完善。上述卫星城规划均考虑了城市的社会就业平衡、交通便捷、生活接近自然等多方面城市综合效益的实现，方案具有灵活性和经济性。

（二）现代建筑运动与《雅典宪章》《马丘比丘宪章》

法国建筑大师勒·柯布西耶在 1925 年发表的《城市规划设计》中，创新性地提出将工业化思想引入城市规划。他所提出的"明日的城市"主张提高城市中心区的建筑高度和人口密度，并布置大量绿地及公共空间；交通方面主张提高停车场数量和道路宽度，减少街道交叉口或组织分层的立体交通，并重视车辆与住宅的直接联系。勒·柯布西耶强调了就业、居住、交通等方面的共同发展和协调配合。

与之相反，1935 年，另一位建筑大师赖特提出了反集中的空间分散的规划理论和"广亩城市"模式。他反对集中主义，强调城市中"人"的感受。虽然与勒·柯布西耶的理论处于两个极端，但这些理论具有一些共性，即都有大量的绿化空间，并关注到当时所出现的新技术对城市产生的影响。1942 年沙里宁在《城市：它的发展、衰败与未来》中阐述了由"广亩城市"发展而来的"有机疏散理论"，提倡将原来的密集区域分裂成一个个集镇，集镇之间用保护性的绿化带隔开。"广亩城市"和"有机疏散理论"虽然倡导分散的城市结构，但是依然是将区域和城市作为一个整体对待，并且空间规划与交通规划、环境规划等相互支持与促进。

1933 年，国际现代建筑协会（CIAM）在雅典举行会议，制定了《城市规划大纲》，即《雅典宪章》。大纲认为，城市规划可通过功能分区将综合城市分为 4 项基本功能：生活、工作、游憩和交通。大纲提出城市按居住、工作、游憩进行分区，并通过交通网进行平衡；城市中不同的地段人口密度不同，而居住区享有城市最好的地段；多保留空地或绿地；并有计划地明确工业与居住的关系。

1978 年的《马丘比丘宪章》认可了《雅典宪章》在 40 多年的实践中的某些原则，同时也指出《雅典宪章》中对功能分区的过分追求在一定程度上牺牲了城市的有机组织，忽略了城市中人与人之间多方面的联系，城市规划的目标应是创造一个具有综合效益的生活环境。我们可以看出，《马丘比丘宪章》关注的不只是城市功能的整体性，还关注城市内部人力、土地和资源的协调发展，以及城市与周围区域和自然环境的协调共生。

（三）城市规划的社会学批判、决策理论和新马克思主义、社会空间动力理论

20 世纪六七十年代，城市规划理论界前所未有地关注了规划的社会学问题。简·雅各布斯（Jane Jacobs）所著的《美国大城市的死与生》及其对当时的规划思想激烈的批判是西方城市规划理论发展的一座里程碑。可以说，在此之前，规划的手段与技术是规划师们所竞相追逐的目标，而简·雅各布斯让规划师们逐步开始关注是在为谁做规划，城市规划观念和关注点开始发生转变。达维多夫在研究规划决策过程理论时，对城市中各个社会群体的利益保障机制进行了探讨。20 世纪 70 年代后期发展的新马克思主义也在规划理论界对社会、经济和政治制度本质进行了深入的分析和批判。

到 20 世纪八九十年代，学术界普遍认识到研究都市史时必须将"空间与人民并举"作为分析的基础去推动都市理论的发展。较为典型的有"都市过程"（Urban Process）研究以及基于空间政治经济学"社会—空间动力"（Socio-spatial Dynamics）的概念。都市过程被解释为"产生都市形式的社会、政治、技术与艺术力量的复杂合成"，涉及城市的空间转化与历史转化，研究都市变

迁（Urban Change）与历史变迁（Historical Change），即历史中的城市转化（Transformation of the City in History）。而"社会—空间动力"的理论概念，从分析都市的现状和具体问题出发，强调都市形式与社会结构变迁的空间转化（Spatial Transformation），尤其关注社会政治过程、城市与社会变迁的关系，以及都市形式与社会变迁之间连续互动的历史演化，用以解释城市的变迁及其原因和动力。

可以看出，在城市整体发展观的影响下，对全体社会和市民的关注也成为城市规划理论的发展趋势，其中不仅包括对少数社会上层阶级利益诉求的关注，更多的是对大多数普通市民的公共利益的关注，以满足社会整体的利益诉求。

（四）现代城市理论：全球城、全球化理论和全球城市区域

进入 20 世纪 90 年代后，规划理论的探索出现了全新的局面。世界城市体系的理论随着全球化的发展而出现。沃夫、弗里德曼、莫斯、萨森等人提出了世界城市体系假说，他们认为各种跨国经济实体正在逐步取代国家的作用，使得国家权力空心化，全球出现了新的等级体系结构，分化为世界级城市、跨国级城市、国家级城市、区域级城市、地方级城市——形成了"世界城市体系"。经济全球化进一步以功能性分工强化不同层级都市区在全球网络中的作用，带来了全球范围全新的地域空间现象——全球城市区域（Global City Region）。这个概念强调从区域角度更好地解决都市区域的城市社会经济问题，达到城市要素集聚和全球化时代的新形态。

全球城市区域理论是从大区域尺度上研究城市内部要素及促进城市间协调的区域规划理论。可以看出，城市不是一个封闭独立发展的单元，而应该是处于特定区域背景下的相对独立发展的单元，以区域整体的力量进行全球合作与竞争。

二、欧美国家规划管理体系的演变

现代城市规划管理体系包括规划法规体系、规划行政体系、规划运作体系

三方面，其中，规划法规体系是核心，为其他两方面提供法定依据和法定程序。著名城市规划教授孙施文认为："世界上的城市规划按大类至少可以分为三种类型：英国、欧陆和美国，其起因与渊源各不相同，尽管'二战'后都使用'城市规划'这样的词语，比如：英重行政、欧陆偏建筑，美则在公共规划和对私人开发控制的区划上区分得很清楚。它们之间有相互借鉴，但均在自身制度上补充，与此相关的学科体系也不同。"本部分余文将以英国、美国和欧陆代表德国的规划体系为例，对各国和地区规划体系的特征进行梳理。

（一）规划法规体系

城市规划的法规体系包括主干法及其从属法规、专项法和相关法。规划法是城市规划法规体系的核心，因而又被称作主干法，其主要内容是有关规划行政、规划编制和开发控制的法律条款。主干法具有普遍适用和相对稳定的特点，某些特定议题则不宜由主干法来提供法定依据，在这种情况下，针对这些特定议题的立法——专项法便可发挥作用。例如，英国在 1946 年制定的《新城法》和 1980 年制定的《地方政府、规划和土地法》等都是针对特定议题的专项立法，为规划行政、规划编制和规划实施等方面的某些特殊措施提供法定依据。另外，由于城市的建设和管理涉及城市的方方面面和大多数行政部门，因此，一些相关法律是城市规划实施中的重要依据。然而，在实施过程中，主干法仍是城市规划的核心法律依据，城市规划的行政及运作体系的顶层设计应该统一。

（二）规划行政体系

规划行政主体及其权利和义务是规划法的重要内容。各个国家或地区的规划行政体系可分为中央集权和地方自治两种基本体制。

首先我们看英国，其规划行政体系是中央集权体制，主要对应其三级行政管理体系：中央政府、郡政府和区政府。按照城市规划法，中央政府对地方政府的规划通过审批和抽审等方式进行统一管理，相应，郡政府主要负责结构规划，而发展规划和开发控制则由区政府负责。

美国的规划行政体系恰与英国相反，是典型的地方自治的代表。美国的行政体系结构分为联邦政府、州政府和地方政府三级，联邦政府没有规划立法权，只能借助财政手段发挥间接影响力，地方政府的行政管理职能由州政府立法授权。因此，并不是所有州都要求地方政府编制总体发展规划。

德国则属于混合类体制。德国的联邦政府和州政府都有城市规划的立法权，但州法规必须与联邦法规相符合，两者都作为发展规划和开发控制的法定依据。因此，地方政府的规划职能在内容和形式上不会差别太大，各州政府也在地方土地利用的规划协调方面起着积极的作用。

（三）规划运作体系

规划运作体系包括规划编制和实施管理。各国的城市规划编制体系较为相似，可分为战略性发展规划和实施性发展规划两个层面。

战略性发展规划是对城市中长期战略目标的规划，包括对土地利用、交通管理、环境保护和基础设施等方面拟定发展准则和空间策略，以及为城市各分区和各系统的实施性规划提供指导框架，但不能作为开发控制的直接依据。在不同国家，战略性规划的体现方法各自不同，例如英国体现为结构规划（Structure Plan），美国体现为综合规划（Comprehensive Plan），而德国的城市土地利用规划也是战略性发展规划。

实施性发展规划是以战略性发展规划为依据，针对城市中的各个分区拟定的作为开发控制法定依据的规划，因此又称为法定规划（Statutory Plan）。英国的地区规划（Local Plan）、美国的区划条例（Zoning Regulation）和德国的分区建造规划都是开发控制的法定依据，虽然形式上各有差异。例如，美国的区划条例包括全部的规划控制要求；而德国的分区建造规划，除了制定一般的区划条例，还细化到分区发展规划，制定每个特定分区的发展原则和建造控制要求。

（四）启示

基于上述分析可以发现，城市的整体、系统发展理念是城市发展各相关要素客观叠加、综合协调的必然结果，因此，城市内部各要素之间的关系、城市与区域各要素的关系应是城市规划整合关注的重点。

（1）就规划整合的理念与内涵而言，规划整合是有机整合，而不是强制整合，它是以规划为手段和载体，通过设定共同的系统发展目标，在目标、空间、时间、手段和利益诉求等方面形成不同规划的协同，从而取得比整合前更大的发展成果。

（2）就规划整合的管理与执行体系而言，不同层次的规划体系负有不同的使命，战略性发展规划的层次较高，综合性和战略性更强，强调对空间结构、社会关系、环境及交通的整合；实施性发展规划一般在地方一级运作，具有可操作性和硬约束性。上游规划对下游规划具有指导和约束意义，但一般情况下，上游规划具有宏观指导意义而不具有强制性。

第二节　中国城市规划理论与体系发展演变

一、中国城市规划理论发展概况

城市规划被定位为一门综合性的应用科学，其发展的基本特征是多级延伸、交叉综合，既涵盖了因学科交叉而产生的边缘学科，又涵盖了跨领域的横断学科。因此，随着人们对城市规划认识的不断加深，城市规划理论的发展也逐渐与相关学科进行着融合。

我国20世纪五六十年代的规划工作内容和方法深受苏联规划思想和体系影响，倾向于政府主导。1978年改革开放以后，倾向于市场作用的欧美国家规划理论逐渐进入并影响我国的规划实践与理论探索。20世纪80年代，我国城市规划的主要任务是尽可能高效地配置公共物品以解决公共基础设施的供给和保障经济的更高速发展，但这样做不可避免地忽略了城市中的某些社会矛盾。20世纪90年代末期，城市规划逐步从政府垄断型规划走向平民化的公众参与式规划，规划公示使城市规划方案透明公开成为时势所趋。城市规划跳出建筑学的襁褓，从地理学、社会学、管理学、经济学、生态学中获取辅助。然而，多数专业规划师只关注技术性的细节，过于专注城市形态与肌理，却忽视了规划工作所立足的社会、经济与政治基础，更不愿思考这些理论的内涵，以至于中国的城市规划理论无法避免地陷入了"就空间论空间"的怪圈，难以在理论上有所突破。

由于中国的城市规划理论大多直接借鉴国外的理论，缺乏本土化，忽视了城市发展阶段或城市发展的历史阶段性和特殊性，造成了"还没有属于中国当代的城市规划理论"的局面。可以说，国外的城市规划为"后城镇化时代"的规划，而中国的城市规划是"城镇化中"的规划。大发展背景的差异致使国外的规划理论不能直接运用于城镇化快速发展的中国，故亟待"有中国特色"的城市规划理论的创新。

二、中国规划管理体系的演变

与欧美国家城市规划管理体系的产生和发展机制不同，我国城乡规划管理体系产生于计划经济时代，发展于市场化初期的城市经营时代，大体上包括三个方面的内容：城乡规划法律法规体系、城乡规划行政管理体系、规划功能层级体系。

（一）法律法规体系

1984年颁发的《城市规划条例》，标志着我国的城市规划管理正式迈入法制化。2008年1月1日开始实施的《中华人民共和国城乡规划法》作为城乡规划体系的主干法和基本法，与配套的各种不同层次的行政法规，配套部门规章及规范性文件，技术标准及规范，以及相关的各不同部门的法律和行政法规一起构成了城市规划体系的庞大法律支撑系统。规划法理基础不同直接带来在法律地位上的明显差异，使得规划在实施过程中面临法律地位难以界定、法律基础缺失，直接影响实施效能。

（二）行政管理体系

我国近现代城市规划的发展演变与我国社会、政治、经济的变化密切相关。新中国成立前，国家政局不稳，致使城市规划建设受到了较大的负面影响。新中国成立后，城镇化进程加快，我国现代城市规划体系也相应逐步建立和完善起来。著名城市规划学者张庭伟教授指出，规划理论可以说是关于政府定位的理论。因此，必须将对当代规划理论的研究置于中国转型期政府职责转变的大背景中讨论，其中，转型期政府职责的定位，政府干预市场的方式和力度，政府对效率与公平的决策，都决定着规划工作内容和方法。可以说，我国城市规划运作体系很大程度上受到规划行政体系的制约和影响。

纵观中国当代规划体系发展史可以看出，从新中国成立初期到20世纪80年代初期，除了国民经济规划（计划）一直由单独的部门（从曾经的国家计划委员会到后来的国家发展和改革委员会）负责编制，城市发展均按照由建设部门负责编制的城市总体规划进行，而交通、环境、国土等方面的规划均为总体规划的组成部分。

1952年11月，国家计划委员会成立，为拟定国民经济规划和预算的最高行政机关，负责编制"五年计划"。1998年国家计划委员会更名为国家发展计划委员会，2003年改组为国家发展和改革委员会（简称"发改委"）。发改委自2006年起将"五年计划"改为"五年规划"，也就是现行的国民经济与社会发展规划，这标志着由计划经济体制向市场经济体制的转变。

城市建设在新中国成立初期便由国务院设立的建筑工程部负责。第一次城市建设座谈会在1952年9月由中央财政经济委员会组织召开，提出城市建设要根据国家的长期计划，分别在各城市拟定城市总体规划，城市建设需在总体规划的指导下进行。彼时，除了关于国民经济的"五年计划"由国家计划委员会制订，有关空间、土地、交通、环保等均由总体规划统筹规划。1956年城市建设总局被撤销，成立城建部，内设城市规划局等城市建设方面的职能局，专门负责城建方面的政策研究及城市规划设计等业务工作。这种各要素统一规划的局面一直持续到20世纪80年代初。

在国务院组成机构越来越细化的同时，环保、土地、交通等部门相继独立。同时，涉及城市发展各方面的统筹计划，分别由各部门按照各自的规划编制体系形成相对独立的成果，对同一城市空间内的不同要素各自进行安排。

例如，在交通规划方面，1949年10月交通部成立，但并未开始拟定独立的交通规划。随着改革开放的实施，国外城市交通规划思想传入国内，1979

年，在城市规划学术委员会下成立的大城市交通学组，提出了交通规划是城市规划的组成部分等指导思想。20 世纪 80 年代初前后，几个大城市相继开始了交通调查，我国城市交通规划也开始起步，逐渐从城市总体规划中脱离出来，由交通部至后来的交通运输部负责规划编制。

土地利用规划方面，1986 年国家土地管理局成立，《中华人民共和国土地管理法》颁布，启动了全国第一轮土地利用总体规划的编制。土地利用总体规划与城市总体规划也正式分开编制。

环境保护规划方面，1974 年国务院环境保护领导小组办公室成立，1982 年成立环境保护局，归属城乡建设环境保护部。1984 年更名为国家环境保护局并于 1988 年从城乡建设环境保护部独立出来。此时起，环境保护规划也相应地脱离城市总体规划，形成一个独立的编制体系。

显而易见，中国的城市规划体系始终随着规划的行政管理体系的演变而演变，从最初的统一到多部门分离，大一统的行政部门设置形成了规划的整合，而后期的部门分离也直接导致了规划的系统性破碎。就目前大部制的改革来说，住建部和国土资源部面临整合，因而不同部门主导的规划整合也势在必行。我们可以十分欣喜地认为，这是从政府层面，自上而下提高新型城镇化效率的行政改革。

（三）规划功能层级体系

纵观我国城市规划的功能层级体系发展历程，可以看出我国的规划工作体系也是以可持续发展及构建城市的整体功能为原则，逐渐从单一的物质性规划向结构复杂的综合性规划体系发展。

我国最初的规划层级体系框架是学习苏联的经验，形成"总体布局规划—专项规划—近期建设规划"的初步结构。改革开放初期，由于受西方规划理念的影响，我国增加了城镇体系规划并丰富了专项规划的内容，分区规划提上日程，规划体系的广度和深度的突破体现了区域、综合和发展的观念。20 世纪 80 年代末至今，规划体系以可持续发展及构建城市的整体功能为原则，建立了与国家、区域、地方 3 个层面相对应的"城镇体系规划—城市总体规划—分区规划—控制性详细规划—修建性详细规划"的"三阶段、五层次"的结构模式。2008 年起实施的《中华人民共和国城乡规划法》增加了乡、村规划，形成如图 3-1 所示的结构模式。同时，在建设项目选址意见书、建设用地规划许可证和建设工程规划许可证的"一书两证"制度基础上，增加了"乡村建设许可证"，形成"一书三证"许可制度，进一步完善了城乡规划管理制度。

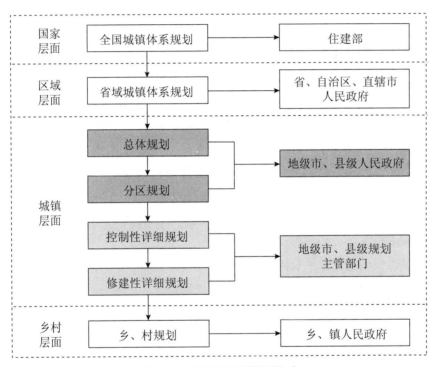

图 3-1　我国的规划体系构成

本章第一节提及的欧美国家城市规划编制体系主要分为战略性发展规划和实施性发展规划两个层面，而这两个层面对我国规划功能层级体系的影响分别体现为概念规划和控制性详细规划理论与方法在中国的落地应用。

概念规划对应英文是 Concept Planning 或者 Conceptual Planning。王春艳在综合了赵燕菁、张兵、姚凯、顾朝林等著名规划界人士对概念规划的表述后，对概念规划的表述是："概念规划是一种独立于我国城市规划法定体系之外的、具有战略指导性的规划，其主要内容是为城市社会、空间、经济、环境、交通的综合发展提供全局性的思路和发展战略，而对传统'物质规划'中的指标性规划显著淡化。"

实际上，我国的概念规划的出现始于 20 世纪 80 年代初沿海开放城市，受中国香港地区、亚太发达国家的影响，深圳、珠海等经济开发区在引进外资时，由中国港澳地区和国外投资商在其主投的项目和区域上，邀请境外规划咨询机构编制了项目发展概念规划。20 世纪 90 年代中期以后，随着国内房地产业的蓬勃发展，概念规划的编制逐步成为项目发展前期定位策划、产品研发的必要阶段和手段。自 2000 年广州率先编制《城市总体发展概念规划》以来，南京、杭州、深圳、北京等市政府也编制了城市概念发展规划。在市场经济处于主导地位的环境下，概念规划成为政府主导的战略规划、总体规划、分区规划、城市设计以及房地产商在居住区开发、新城开发、街区开发等各个层次的前导规划，普遍带有研究性、探索性和综合性。虽然概念规划不是法定规划，但多年来一直是规划咨询市场上主要的规划咨询手段，其成果也受到政府机构和私人开发投资机构的高度重视。不得不说，概念规划有效弥补了图 3 - 1 所示的我国目前法定规划编制和审批体系中的缺陷。

控制性详细规划上承总体规划与分区规划的意图，下为修建性详细规划或建筑设计提供控制与引导，是以城市总体规划或分区规划为依据，以土地使用为重点，确定建设地区的土地使用性质、使用强度等控制指标，道路和工程管线控制性位置以及空间环境控制的规划。控制性详细规划是伴随着市场经济体制的转型，适应土地有偿使用和城市开发建设方式的改变，借鉴美国区划（Zoning）的经验产生的。20 世纪 80 年代，美国女建筑师协会来华交流，带来区划的新概念，作为对城市土地切实有效的管理工具，其突出的特点是严整、细致，具有法律地位。此后，国内迅速兴起了对区划的模仿和借鉴，一些开发区甚至直接使用在私有制下针对已建成区域的"Zoning"来编制开发区规划。20 世纪 80 年代后期，规划界开始探索以地块控制性指标为核心的控制性详细规划编制方法，试图将过去的一张蓝图管理转变为指标与原则管理，此时期控制性详细规划编制模式初见雏形。20 世纪 90 年代初，我国开始明确"控制性详细规划"概念，1991 年和 2005 年建设部（住建部的前身）分别颁布的《城市规划编制办法》中，均明确了控制性详细规划的编制内容和要求，标志着控制性详细规划的法定规划地位的确立。

三、中国特色的"多规"现状

规划行政管理体系的频繁变动，造成我国在城市规划的实施和管理上一直未能按照城市发展的规律和规划学科的科学性健康发展，客观上形成我国规划类型众多的独特现象。据不完全统计，经法律授权编制的规划至少有83种，且相互关系较为复杂。从国家到地方层面，各种规划在规划目标和内容等方面缺乏统筹，在一定程度上存在功能重叠、冲突与矛盾；同时，由于各种规划起步时间和侧重点均存在差异，理论和实践的发展成熟程度则相应不同，这种情况造成了规划之间存在大量交叉和重复，造成规划资源的浪费，空间规划缺乏整合、不成体系。规划不协调的问题已严重影响并制约了其规划效率的发挥，进而成为导致土地资源浪费、空间管理无序、环境保护失控的重要原因。为了弥补自身的不足，各规划都在不断完善各自的规划体系。

党的十七大首次提出了完善规划体系，充分发挥国家发展规划、计划、产业政策在宏观调控中的导向作用，但因为受体制分割、部门利益驱使、衔接不当等因素的制约，很难有具体的研究与实践。2013年7月，中共中央提出要推进以人为核心的新型城镇化，而"多规合一"被认为是实现新型城镇化的重要途径。在此背景下，各省市相继提出"两规合一""三规合一""四规叠合"和"五规合一"等规划思路。"五规合一"在不同地区有不同的提法，譬如：重庆市、山西省等区域提出的"五规"包括国民经济和社会发展规划、城乡规划、土地利用规划、产业发展规划、环境保护规划五类，北京市"十二五"规划中"五规"包括人口规划、产业规划、空间规划、土地利用规划和城市文化遗产规划，广东省珠海市提出的"五规"包括国民经济和社会发展规划、主体功能区规划、城市总体规划、土地利用总体规划、生态环境建设规划。我们可以看到，"多规合一"尚处于自由发展阶段，在全国范围内并没有一个统一的操作模式，甚至认知模式。

四、存在问题

（一）规划公共政策属性缺失，公共利益未能得到充分保障

学者石楠曾经表达过："城市规划的社会地位提高了，但是城市规划的社会功能却存在着明升暗降的情况。"城市规划是对城市内包括建筑物、基础设施、景观等所有建设的统筹计划与安排，是城市建设的"龙头"与法律。城市规划一旦通过法律程序拟定，在实施过程中就必须严格遵守。然而，在实际工作中，城市规划经常被曲解或改变，或者迫于各方面的压力，脱离其作为公共政策的属性，沦为执行长官意志的技术工具，这可以说是我国城市规划的悲哀。为何会有如此的现象发生，主要存在以下三点原因：

第一，城市规划未能发挥其综合协调政府、市场和公众利益的职能。例如，在城市总体规划工作中，城市的总体利益很多时候被一些局部利益所掣肘，各种部门不同的专项规划也不能依循总体规划的目标，使得总体规划成了部门规划和行业规划的尾巴。较经常出现的是土地出让不按照城市规划的部署安排，开发商大量囤积土地，导致总体规划的编制受制于土地出让的局面。

第二，城市规划未能发挥其协调近、中、远期的职能。例如，不少城市的近期建设项目与城市总体规划规定的长远目标经常存在较大的矛盾，导致规划的总体战略安排不得不做出让步，从而难以达到最初的规划总体目标。同时，规划蕴含着巨大的经济利益，在执行过程中往往受到强大的外来因素干扰，这其中包括地方利益和个人利益。首先是地方利益，城市政府为了短期的城市经济快速增长，在决策时往往采取牺牲规划原则的做法，城市规划在市场面前甚至没有得到起码的尊重；其次是个人利益，某些个人或利益集团为达到经济目的操纵甚至违法诱导规划调整，从中谋利。

第三，城市规划失效的现象并不鲜见。主要原因在于国内城市规划常沦为领导意志的执行工具，"换一届领导，就改一次规划"。任期制导致本为城市长远计划部署的城市规划变更频繁，导致城市建设忽东忽西，形成恶性循环，为将来的发展埋下了巨大隐患。部分城市规划严重滞后，起点低，不能充分发

挥规划的"龙头"作用。改革开放后，城市建设发展如火如荼，城市发展的规模与水平早已远超出原规划的近期规划规模和水平，而接近或超过远期规划与水平，在这种情况下，若规划修订不及时，即会出现规划滞后的现象。许多城市规划未能系统地考虑城市的整体功能优化，致使城市问题之间的割裂。而由于城市建设速度过快以及对规划的长远战略性认识不足，规划与建设的"错位""脱节"更是屡见不鲜。

（二）规划体现政府意志，市场客观需求缺失

从前些年的"规划规划，墙上挂挂"，到近些年的"空城""鬼城"等城市建设现象盛行，城市规划行业走入一个怪圈，要么被束之高阁，要么沦为政绩工具。城市规划不知不觉已经失去了原有的公共政策属性。

首先，基于我国编制办法及编制主体的规定，规划通常由城市政府下属的规划主管部门指定的规划院主导编制，编制过程高度依赖政府领导以及规划管理部门的个人能力和部门倾向等因素。地方主要领导通过决策形式，凌驾于各项规划工作之上，规划对各区域发展意图和定位往往体现的是政府的意志。然而，规划作为统筹资源的工具，必须充分考虑社会、经济、政治等因素。在现实工作中，规划编制缺乏充分的前期调研论证，不能密切结合市场经济的发展，同时存在领导主观决策的问题，常常造成规划布局不合理的情况。

例如，在目前的控制性详细规划操作实践中，因不能适应实际操作的综合要求，不断出现"控制性详细规划修编"的现象。仔细审视控制性详细规划现状可以看出，控制性详细规划自身存在着功能定位含糊、管制内容和技术手段难以适应发展需要等方面的不足，控制性详细规划编制的缺陷与成果法定化同时也加剧了矛盾。

其次，规划编制过程未能充分采集区域发展上游需求信息，未能密切结合市场经济的发展，缺乏对产业、土地经济价值的科学和量化判断，导致土地规划、空间规划等缺乏科学性、前瞻性，造成无法与市场有效对接。这也从侧面解释了我国规划修编工作为何如此频繁，城市发展为何总是迅速突破规划控制。就规划编制的科学性、合理性而言，规划设计单位只有立足于前期充分的

调研和论证，在与市场判断充分结合的前提下，才能够形成关于区域发展的正确意图和思路。而在现实工作中，却大量存在因领导主观决策或部门之间的协同不足而造成远期规划的不足、市场需求上的错配，最终给城市的发展留下战略性的失误。

（三）"多规"主体不一，利益关系复杂

我国现行的规划体系变化繁复，导致"多规"主体之间关系复杂。规划体系存在的问题已经严重影响了城乡空间发展，如许多高速增长的大城市地区，常出现国土无序开发乃至失控，产业和空间布局混乱，社会经济发展与生态、交通、环境之间的矛盾冲突明显等现象。由于各类规划的编制主体、实施主体、编制依据等的差异，规划间的协调统筹问题尤显突出。各个规划争坐"龙头"，必然导致在规划主导内容上强调"以我为本"，使得各类规划自成体系，规划之间协调困难。由于"五规"由政府各职能部门具体执行，因此在职能设定与履行过程中，横向的部门规划存在"越位""错位"现象，部门规划协调存在"缺位"现象。虽然相关法律文件要求规划进行协调衔接，但各职能部门间并未存在较为具体有效的协调机制和措施，协调衔接的内容也不明晰。

比如城市总体规划，重点城市的总体规划编制周期基本上都在 1 年半以上，而一个不争的事实是，真正的编制时间并不长，大部分时间都浪费在了审批环节。各规划间由于编制主体不一，造成审批环节互相冲突，这时，部门间的利益协调机制就尤为重要。一个建设项目的落地涉及发改委、规划局、国土资源局等 20 多个部门的协调，流程包括项目立项、用地审批、规划报建、施工许可、竣工验收等 200 多个行政审批环节，各部门互为前置、来回调整、串联审批，常常需耗时 1 年左右，审批时限更延至 2~3 年。更甚的是，由于各部门利益关系混乱，滋生出了巨大的权力寻租空间。

（四）"多规"内容重叠，规划成果交叉矛盾

"多规"分立往往造成相互间规划内容交叉，规划结果矛盾，缺乏整合的情况，最终导致规划失效，其主要体现在以下 4 个方面：

1. 人口规模预测方面

国民经济和社会发展规划从经济发展与人口规模的关系入手，预测主城常住人口的规划目标；土地利用总体规划出于节约和集约用地要求，会进行人口规模预测；城市总体规划在人地挂钩的要求下，也会进行符合自身要求的人口规模预测。

2. 土地利用空间布局方面

土地利用空间布局与城市总体规划常在建设用地、农用地的发展方向、空间布局方面发生矛盾。土地利用总体规划从保护耕地的角度，立足土地资源的现状特征，确定土地利用的空间布局；城市规划从发展的角度，确定建设用地的空间结构和用地。两者进行土地利用空间布局的出发点不同，结果也难以避免常出现矛盾。

3. 城市发展定位与发展目标方面

行政体系的分割导致各个规划争坐"龙头"，且均从各自的分析和利益诉求出发提出城市发展定位与发展目标，致使出现一个城市有多个总体发展定位和发展目标的现象。

4. 管制分区界定方面

土地利用总体规划要划定允建区、限建区和禁建区，城市总体规划要求在市域层面划定禁建区、限建区和适建区，主体功能区规划要求划定优化开发区域、重点开发区域、限制开发区域和禁止开发区域。同时，由于统计手段、方法、口径存在差异，造成规划用地数据相差较大，规划间存在较多的冲突和矛盾。

由以上不争的事实可以想象，"五规"矛盾的问题，必然导致很多建设项目选址缺乏统筹，比如有时会造成选址在农田或生态用地，对城市生态敏感区域造成破坏。而"规划打架"衍生出的政府效率低下或"规划浪费"情况屡屡出现。例如，交通规划中的立交桥和城市枢纽站点，其选址地块可能在土地利用总体规划中是农用地，这就会导致城市交通设施无法按照时间节点建设落实，造成城市交通设施建设配套不足，产生拥堵现象，不利于城市社会经济和产业的发展。

第三节　规划整合的相关实践与理论探索

从国内外的规划理论体系发展可以发现，规划整合是规划实践与理论发展的必然趋势，其主要目的是在唯一的城市空间资源上，统一各种破碎化的规划，协调和整合空间发展、协调多方利益、提高效率，促进城市的可持续发展。尽管过去 30 年来，中国的各种类型规划为各大城市的规划建设管理做出了贡献，但由于我国特殊的城乡管理体制的制约，具有中国特色的"多规分离""多规矛盾"现象越来越严重，我们将从我国的"多规"差异性、"多规合一"的实践入手，对目前规划整合的理论探索进行详细的回顾分析，为后续规划整合的实践做好理论铺垫。

一、中国"多规"差异性分析

"一级政府、一级规划"，"一个部门、一种规划"，使得各种规划各有侧重，差异频现，主要体现在编制主体与层次、编制依据、发展程度与内容、编制技术与标准、规划周期与口径等五个方面。下面将以具有代表性的国民经济和社会发展规划、城市土地利用总体规划、城市总体规划、交通规划、环境保护规划五个规划为例剖析我国目前的"多规"情况。

（一）编制主体与层次的差异

现在来看表 3 - 1 所总结的"五规"编制主体情况：国民经济和社会发展规划由发展改革部门负责编制；国土资源部门负责编制、实施土地利用总体规划；城乡建设规划部门负责编制和实施城市总体规划；环境保护规划由环境保护行政主管部门负责编制和实施；交通规划不属于法定规划，编制主体较为灵活，可以由地方人民政府主持，地方发改委或交通管理部门牵头，会同有关部门进行综合编制。可以看出，各规划基本都由各级人民政府负责组织编制，具体落实则由人民政府所辖的相关职能部门负责，编制主体虽属于同级行政管理部门，但属于不同职能部门，从而导致"一级政府、一级规划""一个部门、一种规划"的现状。

表 3-1 "五规"编制主体对比

规划类别	国民经济和社会发展规划	土地利用总体规划	城市总体规划	综合交通体系规划	生态环境保护规划
编制主体	各级发改部门	各级人民政府	各级人民政府	住房和城乡建设主管部门指导监督	各级人民政府/授权环保部门
主管部门	发改部门	国土资源行政主管部门	建设/城乡规划主管部门	建设/城乡规划主管部门	具有相应资质的规划编制单位

而表 3-2 所展现的是"五规"的编制层次情况：国民经济和社会发展规划、土地利用总体规划均是从国家层面到乡镇层面都有编制；城市总体规划从直辖市到乡镇都有编制；交通规划和环境保护规划作为专项规划，也是六个层面都有编制，国家层面的一般作为国民经济和社会发展规划的一项专项规划来编制，在省（直辖市）、地级以下城市会有道路交通综合体系规划（城市总体规划的重要组成部分）、环境保护规划等系列相对独立的规划，或者是作为城市总体规划的一项专项规划来编制。

表 3-2 "五规"编制层次对比

规划层次 \ 规划类别	国民经济和社会发展规划	土地利用总体规划	城市总体规划	综合交通体系规划	生态环境保护规划
国家级	√	√	×	√	√
省级	√	√	×	√	√
直辖市	√	√	√	√	√
地级	√	√	√	√	√
县级	√	√	√	?	?
乡镇级	×	√	√	×	×

注：1. √表示存在这一编制内容；

2. ×表示不存在；

3. ?表示可能存在或不存在。

（二）编制依据的差异

"五规"的编制依据根据各类规划的特性各有不同，基本依据为相关规划领域的有关法律法规和技术规范。国民经济和社会发展规划编制依据为《中共中央关于制定国民经济和社会发展第××个五年规划的建议》；土地利用总体规划编制依据为国家、行业标准和规划，包括最高层次的《土地管理法》《土地利用总体规划编制审查办法》，地方的《土地利用总体规划编制规程》等法律法规和技术标准；城市总体规划的编制依据为编制城市上一层级的城镇体系规划；城市综合交通体系规划编制依据为国家有关法律、法规和技术规范；环境保护规划编制依据为国家环境保护法律、法规和标准，国家和地方国民经济和社会发展规划及其他相关专项规划，以及省市等地方环境保护与生态建设规划。

（三）发展程度与内容的差异

我们再来看"五规"的发展进程，土地利用总体规划的发展滞后于城市总体规划。城市总体规划起步较早，新中国成立伊始便启动了全国性、大规模的城市总体规划编制；而土地利用总体规划自20世纪80年代起才开展，此时期先后组织的两轮土地利用总体规划编制和实施工作都因为体系等种种客观原因，可操作性较差，相应，其相关理论及实践的成熟程度则远不及城市总体规划。从规划的内容上看，国民经济和社会发展规划主要确定城市经济和社会发展的总体目标以及各行各业发展的分类目标，目标性强；土地利用总体规划是国土规划的组成部分，是国家根据国民经济发展和社会发展的需要以及土地本身的适宜性，对土地资源的开发、利用、整理、复垦、保护等在时间空间上所做的总体安排；而城市总体规划是根据经济社会发展需求，对城乡空间资源做出科学合理的配置，是城乡建设的具体规划；交通规划通常是对交通设施体系布局、交通运输规划、交通近期建设等的规划；环境保护规划则是对城市环境保护的未来行动进行规范化的系统筹划，是为有效实现预期环境目标的一种综合性手段，环境保护规划包括对生态环境资源研究保护、城市环境分区与保护措施。

（四）编制技术与标准的差异

国民经济和社会发展规划的地方自主性较强，在编制程序方面没有规定一定要在上一层次规划完成后本级规划才可编制，下级规划根据地方发展需要，可先行开展规划编制。土地利用总体规划编制一般采取自上而下、分级开展的方式进行，而城市总体规划则更多采用自上而下与自下而上相结合的工作路线。土地利用总体规划的编制强调土地的合理利用，尤其是耕地的保护，耕地占用和保护指标的分配采取自上而下、层层下达的方式，不得突破，具有很强的计划性；城市总体规划侧重对城市空间资源进行合理的布局，不仅考虑耕地保护，也包含集中集约地对其他各种行业用地需求的时空安排。

在用地分类标准上，由于各规划采用的标准由各职能部门分别制定，不同规划的用地类型常出现同名称不同内涵、同一类用地分类方法不一致、用地分类彼此交叉或包含等现象。例如，土地利用总体规划和城市总体规划所采用的分别是国土资源部和建设部各自编制的标准，虽然在标准的制定上注重了两者的衔接，但仍有不同。

"五规"编制的技术方法也不尽相同。例如，土地利用总体规划和城市总体规划在确定建设用地规模时采用的方法就不尽相同。土地利用总体规划主要为落实中央的调控目标，采用"以供定需"的方法来确定建设用地规模；城市总体规划确定建设用地规模是以地方需求为导向，在人口预测的基础上，结合人均指标和空间布局，确定建设用地规模。"以供定需"和"需求导向"的不同的规模预测方法，使得预测结果不免存在差异。

（五）规划期限与口径的差异

根据《土地管理法》，土地利用总体规划的规划期限由国务院确定，由国家土地行政主管部门正式发文，对全国各级土地利用总体规划的规划基期、规划期及规划基期数据做出明确的规定。而城市总体规划的规划期限一般由负责组织规划编制的政府部门根据城市的发展条件、发展趋势等自行确定。国民经济和社会发展规划、交通规划、环境保护规划的规划期限则分别为 5 年、20

年、10～15 年（如表 3 – 3 所示）。

表 3 – 3　"五规"规划期限一览

规划类别	国民经济和社会发展规划	土地利用总体规划	城市总体规划	综合交通体系规划	生态环境保护规划
规划期限	5 年	10～15 年	20 年	20 年	10～15 年
近期划分	—	近期 5 年	近期 5 年	近期 5 年	近期 5 年

在用地统计口径上，国土资源管理部门将城市工矿用地和特殊用地单独列为一类，没有纳入城市建设用地，与总体规划的分类不尽相同。在人口统计上，国民经济和社会发展规划从经济发展与人口规模的关系入手，预测常住人口的规划目标；土地利用总体规划统计的城市人口仅指城市驻地户籍人口，而城市总体规划统计的城市人口除了户籍人口，还包括户籍不在当地但长期在城市中居住、工作的外来人口。因此，由于统计口径的差异，土地利用总体规划中的城市建设用地和人口规划的现状及预测值通常小于城市总体规划的统计值。

二、"多规合一"实践

近年来，由于"多规不合一"所造成的空间利用低效、资源浪费的现象日益明显。在新型城镇化的"节约集约"的思想指导下，为推动城市可持续发展，以"多规合一"为形式的规划整合已在各级地方政府的主导下开展探索实施起来。

可以理性看到，"多规合一"是现代城市规划发展到一定阶段的规划整合、协调的理念及方法。《国家新型城镇化规划（2014—2020 年）》中明确提出："推动有条件地区的经济社会发展总体规划、城市规划、土地利用规划等'多规合一'。"这句话很明显地表达了一个信息——目前我国城市发展中确实存在"多规不合一"的现象，"多规合一"是新型城镇化发展的必然趋势。推进实施"多规合一"有利于解决城市发展过程中存在的交通拥堵、环境污染、人口超载等诸多问题。"十一五"期间，我国部分城市已经开始探索"三规合一"，即将国民经济和社会发展规划、城市总体规划、土地利用规划中涉及的相同内容统一起来，并落实到一个共同的空间规划平台上，各规划的其他内容按相关专业要求各自补充完成，以求真正实现以科学规划引领地区发展。在党的十八大会议上李克强总理正式提出"三规合一"后，国内先进城市陆续开始了"三规合一""四规合一"乃至"五规合一"的实践。相对于国外的规划体系和规划经验，中国目前一些地方进行的"多规合一"的实践对于中信城市运营实践中的规划整合更具借鉴意义，因为这些实践扎根于中国国情，更能针对中国规划体系中的问题，因此，它们对于国内协调空间规划与发展规划、理顺相关部门的关系，也具有更大的现实指导意义。

2004 年，国家发改委曾在江苏苏州市、福建安溪县、广西钦州市、四川宜宾市、浙江宁波市和辽宁庄河市等六个地市县试点国民经济和社会发展规划、土地利用总体规划和城市总体规划的"三规合一"。"十一五"规划以来，越来越多的城市在进行"多规合一"的探索。总结目前实践，国内"多规合一"的实践大体可以分为机构推动型、城乡统筹整合型、"一张蓝图"型，其中机构推动型以上海市为代表，城乡统筹整合型以重庆市为代表，"一张蓝图"型以广州市为代表。

（一）以上海市为代表的部门改革型

上海市"多规合一"实践的核心是将国土资源局和规划局合并，成立规划和国土资源管理局，由新成立的机构组织编制土地利用规划，实现"两规合一"，确保土地利用规划和城市规划的衔接。

上海市自 2008 年开始进行机构调整，并以嘉定、青浦两区试点进行"两规合一"工作，目前已在全市开展。土地利用规划、城市规划和发展规划的"三规合一"工作也正在试点开展。

上海市"两规合一"工作根据城市发展的需求，按照"统一目标、各有侧重、突出重点、有序衔接"的原则进行。其总体思路是坚持城市总体规划确定的城市发展方向、空间结构、城镇布局和重大市政基础设施安排基本不变，依据国家下达的新一轮土地利用总体规划指标，同步实现规划建设用地和基本农田保护任务落地。两规按照"统一数据底板、统一用地分类、统一技术规程"进行编制，关键技术内容是确定规模、优化布局、保证流量，主要成果是建设用地控制线、产业区块控制线、基本农田保护控制线管控方案和相关配套政策及城乡规划编制体系。

（二）以重庆市为代表的城乡统筹整合型

重庆市目前进行的规划整合为"四规叠合"：要求同时编制四个规划和叠合规划，实现规划一张图、建设一盘棋、管理一张网，依据"国土定量、规划定位"的指导思想，采取建设用地总量指标依据土地利用总体规划，具体布局按照"刚性框架、弹性利用"的理念，将区县所有可调整的城乡建设用地指标在空间上进行规划布局落实。

"四规叠合"工作由市"四规叠合工作协调小组"领导，采取"自上而下—自下而上—综合平衡—联合审批"的工作流程。首先是市"四规叠合工作协调小组"下达各区主体功能定位和重要控制指标的具体数据，作为各相关规划编制的基本依据；其次，各区根据全市要求开展国土空间状况评价，形成方案初稿；再次，市"四规叠合工作协调小组"根据各区上报的方案进行综合平衡，并提出调整意见；最后，各区"四规叠合"规划文本修改完善后，报市"四规叠合工作协调小组"联合审批。在各规划编制的基础上，形成综合"四规"核心要素的综合实施方案，用以指导五年的发展和建设。

目前，重庆市以沙坪坝区为试点，进行经济社会发展规划、城市总体规划、土地利用规划、产业规划、人口和环境规划"五规叠合"的实践。日前已制定了"重庆市沙坪坝区'五规叠合'实施方案"并向社会公布。

可以看出，重庆市"多规合一"的实践具有以下几个特点：一是以城乡统筹为契机进行规划体系改革；二是规划整合的探索不断扩展，由"三规合一"到"四规叠合"再到"五规叠合"；三是规划主导部门由规划局转到发改委，有利于更好地发挥发展规划对土地利用和城市规划的指导作用，协调各部门和各规划的关系；四是以发展规划为指导，空间规划为载体，统一规划编制的技术要求，增强各规划之间的协调性；五是提取各规划的核心要素，形成综合实施方案，引导近期发展建设。

（三）以广州市为代表的"一张蓝图"型

2009 年广州市编制完成了《广州城市总体发展战略规划（2010—2020年)》，实现了主体功能区规划、城市总体规划与土地利用总体规划的"三规合一"，它属于指导性、综合性的区域规划，对于进一步编制广州市城市土地利用总体规划、城市总体规划和详细规划具有指导意义。

以广州市正在进行的"三规合一"工作为例，广州市各政府部门在做各类行政许可时渐渐发现广州市国民经济发展相关规划、土地利用规划和城市总体规划之间存在着诸多矛盾，于是由市委牵头在 2012 年启动了三项规划的调整工作，流程如下：

第一阶段，先由区政府组织，按照技术标准，对本行政辖区范围内的土地利用总体规划与城乡规划建设用地规划进行对照分析，明确"两规"差异图斑面积和数量，并提出具体差异处理措施；然后市"三规合一"办公室核定各区上报差异图斑的数量和面积，并制定差异处理原则。

第二阶段，先由区政府组织，按照连片生态用地差别化管理要求，以及调出原则，在差异处理基础上，以土地利用总体规划确定的建设用地规模为约束，对土地利用总体规划建设用地布局进行调整，提出建设用地调出方案；然后市"三规合一"办公室对各区上报调出图斑进行技术和行政审查，明确全市可腾挪建设用地空间。

第三阶段，先由区政府组织，提出建设项目排序方案，根据审查通过的建设用地调出规模，按照"调出调入"平衡原则，提出建设用地调入方案，划定建设用地规模控制线、建设用地增长边界控制线、生态控制线和产业区块控制线，形成"三规合一"技术成果。然后市"三规合一"办公室对各区上报建设项目排序方案进行审查，按照审查通过后的建设项目排序安排调入用地，形成全市"三规合一""一张图"。

笔者注意到，广州市政府实践的"三规合一"工作，基本是为解决各规划在二维空间（平面图）维度上不一致的问题，大多还停留在物质规划，所涉城市内部的问题并不全面，也不深入。更值得注意的是，整合工作由市委市政府牵头成立的工作小组负责，与各职能部门存在上下级的问题，且整个工作流程中只是征求了一次各主要局委办的意见，采纳了少数政府部门的利益诉求，其中几乎没有公众或者市场方的直接参与，或者说，通过公示的形式只是让公众"被动"参与进来，缺少实质性意义。

三、规划整合的理论探索

在对规划整合的实践进行了总结后，我们来回顾一下规划整合方面的理论探索。

在 20 世纪 80 年代，欧盟提出的世界上最早的跨国空间规划——"空间规划"，实质上是在广域范围内对空间要素进行调节的规划整合手段。其产生的根本动力是规划师希望在更大尺度范围内寻求解决可持续发展的问题，如区域间的交通连接，基础设施的配置，产业的发展方向，环境污染和保护自然栖息地，或在大型河流的集水区的水管理等问题。刘慧等人认为，以"空间规划"为代表的欧洲规划整合的职能不再局限于用地空间的安排，更多的是整合各种部门政策与跨界合作的工具；在横向维度，其整合不同部门之间的利益；在纵向维度，协调不同层级政府以及跨行政界线的区域。在"空间规划"整合的过程中，个人及地方各利益主体的利益都得以协调，保证整合后区域利益最大化。

在我国，已有大量学者和城市管理参与、实践者对"规划整合"或"整合规划"这一理念进行了讨论。学者张华等认为，规划整合是对现有资源整合高效有序的利用，强调对城市相关核心功能的整合发展，强调多专业设计的整合与融通，整合规划理念包含资源整合、功能整合、设计过程整合三个方面；魏广君等学者认为，"规划整合"即为规划协调，通过处理好多方利益关系协调各种空间规划；学者刘小丽则认为，"规划整合"是为了避免规划互相打架的现象建立多部门的合作机制，从更高层次把握规划发展趋势，形成最终的指导方案，根本上也是强调多部门利益协调。然而到目前为止，"规划整合"虽不断被提起，但并未有统一的定义。

我们可以将规划整合的研究分为五类：从规划体系入手的研究，从规划管理入手的研究，从规划整合的理论基础入手的研究，从规划协调机制入手的研究，以及从规划整合实践入手的研究。

先看从规划体系入手的研究。学者曹清华分析了国土规划与国民经济发展规划、区域规划、城市规划、主体功能区规划的关系，并提出了我国规划整合的关键在于建立一类最高位、最上层的空间综合协调规划。学者闫小培提出，"从空间层次、规划内容和行政管理三个方面整合编制全国综合性空间规划、促进区域协调发展"。学者张可云等也提出了坚持市场、以人为本、提高竞争力和质量效益的规划体系整合原则，朝着自上而下与自下而上结合、弹性、多目标整合、整体划一和提高实用性的方向发展。

学者魏广君等认为，当前对规划整合的理论基础包括以下理论：可持续发展理论、人地关系和谐理论、科学发展理论、公共政策理论、城市与区域管制理论、写作规划理论。

学者丁成日从规划协调机制入手，通过对中国规划体系与城市发展不符的问题分析，提出"三规合一"需要通过市场原则对城市的要素进行配置，核心是对土地供给、需求及空间分配进行分析。

学者黄叶君从规划整合实践入手，从上海、深圳、武汉、广州、重庆等大城市的实践中，总结论述了行政机构合并和职能调整，以及对各规划内容本身的协调与对接两方面的方式是有效进行"三规合一"的途径。

学者刘小丽在 2012 年基于欧盟空间规划的跨界合作及部门政策整合实践经验的分析，创新地从思想原则、规划组织、规划编制及实施管理四个层面进行了综合性研究，提出珠三角规划整合模式：提倡多元主体的参与，以空间政策为指引整合不同层面不同类型的规划，并以经济手段代替行政手段进行规划实施的整合。

总而言之，随着经济体制环境的转变，社会各界开始更多地关注规划整合过程中的市场因素和多元主体的利益。但是，在中国目前市场竞争尚不完全不充分竞争的体制环境下，基于市场导向的规划整合学术理论研究仍极为少见；另外，对规划整合的论述大多数停留在规划体系中某一个技术层面的横向整合，鲜有针对现有规划体系内部的纵向整合的研究。

由上文可以看出，出于背景、目的、角度和方法的不同，研究者对"规划整合"的理解和认知也不同。顾名思义，"规划整合"即是对规划进行整合；而"整合"通常是属于政治学范畴的概念，指"通过非强制手段使社会中不同的个体或共同体形成协调发展的统一整体"。国内对规划整合的研究大多是从规划制度、部门组织的角度对政府推动、自上而下的规划整合进行系统的研究和论述，主要方式是强制性的行政手段推动的利益协调，例如对"三规合一"的研究。而在欧美国家完全竞争的市场环境下，规划整合提倡多元主体参与的全面协调过程，主要方式是以规划师为中间者协调各方利益，主要出发点是公众的利益。综上所述，笔者认为，在"市场主导、政府引导"的城镇化发展背景下，规划整合是指通过符合城市发展规律的理念与方法，非强制性地引导不同类型、不同层级的规划在逻辑、内容、空间和时间上最大限度地有机统一到城市发展目标上的过程或方法论。

四、关于规划整合的思考

通过上述对欧美国家与中国城市规划理论发展沿革及规划体系的对比、梳理，笔者针对中国城市规划存在的问题，得出以下五个针对现状规划问题的解决途径。

（一）推进管理机构改革，优化管理机制

由于我国现行规划管理体系导致的规划多头管理的状况，造成各规划相关职能部门的"越位""错位""缺位"，重复管理和管理缺位的问题并存。规划体系的整合要求规划管理与组织机构进行相应的改革，使规划编制、规划管理和组织机构也能相应地进行体系化。德国的规划管理和组织机构具有唯一性，且各层次规划和管理机构对应关系强，形成了完备的组织和管理机构。

（二）强化规划的公共政策属性，协调平衡社会各方利益

我国的城市规划以物质形态的规划为主体，偏重技术应用及管理，政策导向性与可操作性不强，在实施和管理手段上具有明显的局限性。而"城市规划只有具备公共政策性质才能发挥宏观调控作用"，更多意义上是政府在

城市发展、建设和管理领域，运用公共权力和社会协作，来解决城市当前的各种矛盾，并减少可以预见的未来的问题，以达到保护长期公共利益的目标；技术性是支撑政策性的基础。为适应经济社会转型和政府职能转变的要求，我国的城市规划需要立足于空间，并超越空间，进一步强化其公共政策属性。

（三）强化市场参与，发挥市场在城市资源配置中的主导作用

在新型城镇化背景下，城市规划政策的有效与否，取决于规划政策是否适应市场机制。要让市场发挥资源配置的决定性作用，城镇群体之间不再以行政权力主导划拨和调动资源，更需强调在市场机制驱动下实现全要素、全格局最优态的配置。规划不仅要对市场引导和调控，更要利用市场机制才能得以实施，从而在市场中实现价值。由于我国编制办法及编制主体的要求，规划编制通常由政府主导，规划成果往往不能充分结合市场的发展需求。

纵观发达国家的城镇化进程，共同点为几乎很少通过政府单方面的行政手段来维持城镇发展，相反都坚持在相对公平的环境下，尊重市场的选择。从我国规划体系实施的现状可以看出，无论在战略性规划层面还是法定性规划层面，长官意志对规划的强势影响越来越弱，对市场的考量反而越来越受重视。在战略性层面，被房地产商作为前期市场调查研究的概念规划已经广泛被政府所接受并作为总体规划编制之前常规的规划方法。城市规划只有在兼顾社会效益、环境效益的同时保证经济利益，符合市场规律，才能保障综合效益的提升以及长期可持续发展。

因此，规划政策的制定，需依据现有的市场条件以及未来的市场发展预测，分析政策的各方面影响；规划实施过程中，也需要进行市场绩效评价，并进行调整优化，避免规划失效。

（四）实践"多规合一"，探索以市场为导向的规划整合

目前各地进行的"多规合一"实践探索具有几个基本特点：一是结合不同区情市情，使规划合一的实践具有不同特点和类型；二是规划合一的范围不断扩展，由"两规合一"到"三规合一""四规合一"和"五规合一"，各种

规划之间相互协调的要求逐步提高；三是形成了一定的工作流程和编制规范，如自上而下和自下而上相结合的工作流程，工作资料和工作底图一致的编制规范；四是依托政府有关部门推动多规合一的运作。可以认为，在以政府推动、政府主导为主要特征的"传统城镇化"模式引导下，国内现行的"城市经营"理论催生出来的"多规合一"的探索尽管具有一定积极意义，但由于政出多部门的利益机制的制约，政府主导下"合一"的结果依然主要反映政府的意志，体现为图形文件的叠加，难以在市场要素配置、公众利益的追求等层面发挥深层次的作用。同时，政府主导的规划整合更多的是对行政管理手段、土地的整合，对城镇化发展要素，例如产业、资本的整合是缺失的，以至于经过整合后的规划依然不能作为市场机制配置资源的积极手段。而在新型城镇化的背景下，规划整合应更注重城市的系统性，正如2015年12月的中央城市工作会议指出的"统筹空间、规模、产业三大结构；统筹生产、生活、生态三大布局"，推进"以人为本"的城市发展之路。

在对国内"多规合一"走在前列的上海、广州、重庆等大城市的现状进行考察、分析后发现，目前"多规合一"主要关注点在于建设用地的增长边界方面，成果表现形式为多规叠合为"一张图"；规划整合实践更多的是采用机械合并的方式，仅仅是对城市的二维用地空间进行整合，重形式轻融合，未形成有机的城市生活空间；在城市开发建设过程中，各部门依然各自为政，彼此"打架"。随着"多规合一"实践的深化将可能产生两个结果：一是促使综合性规划的产生，其性质类似于日本的全国国土综合规划，比如广州市以城市总体战略规划的形式进行了探索；二是促使规划体系的全方位变革，包括规划行政体系和规划法律体系，如机构的合并和新建，以及相关法律的制定等，如上海市国土与规划机构的合并的实践。

国内"多规合一"的实践表明，规划整合是对我国原有规划体系、规划制度的一场深刻变革，在市场经济体制下是具有必要性和可能性的。在以不同的主体推动规划整合的过程中，既需要严谨的科学态度，也需要大胆创新的精神。然而，目前已有成果的"多规合一"主要是以政府为主体、自上而下的规划整合手段。而在"市场主导、政府引导"的新型城镇化背景下，市场主导的"多规合一"实践几乎属于空白，这并未体现"市场在资源配置中起决定性作用"的原则。因此，后续章节将以实证研究的方式说明"市场主导"下的"多规合一"的特点及操作方法。

借鉴他山之石，提升规划整合的质量。"多规合一"是规划整合的实现方式之一，但规划整合不等于"多规合一"，科学的规划整合应该是规划的系统、有机整合。西方的空间规划体系是高度整合的，具有系统性和连续性。以德国为例，德国的空间秩序规划和州域规划实质上综合了土地利用规划和城镇规划的功能，在城市层面则只有唯一的空间规划，即统筹指导建设的预备性土地使用规划；各层次空间规划分工清晰，每级规划都以上一级规划作为编制指导，整体搭建为具有连续性的规划体系。英国也没有独立的土地利用规划，包括土地利用的方针政策及发展的框架结构均在郡一级的结构规划内。我国的规划体系也应借鉴西方的规划体系，在城市规划体系的基础上进行各项各级规划的整合，完善、统一法律基础，明确编制主体和实施主体，厘清管理机构的职能。同时，要做到不仅考虑空间的安排，也要考虑城市空间背后的各种利益与机制，例如自然环境、经济产业、社会群体、政策诉求等，利用与规划学相关的社会学、经济学、生态学、政治学、景观学等学科的联合手段，用综合性的思维做整合的规划，构建从宏观战略层面到微观技术层面的全局规划。

（五）强化公众参与，建立规划实施后评价制度

我国城市规划缺乏绩效评价和公众参与，包括市场评价、社会评价、专家评价等。20 世纪 80 年代以来，我国城市规划在一些特定的层次上已经加入多元主体的参与，如规划展示会、听证会等。但这些参与往往是局部的、被动的，属于较低层次的参与。多数公众参与是在规划成果阶段，流于形式，而收集的市场和公众意见难以反馈到规划成果中，更难以对已有的规划政策进行调整。西方以大卫多夫（Davidoff）为代表的倡导规划模式认为，规划要体现广泛的社会群体利益。如英国的规划从制定到实施始终贯彻公众参与的观念，并在法律层面上得到明确，除了要广泛征求民众的意见，更重要的是要把合理的意见反映到规划中来，并得以落实。规划不是纯粹的科学理性过程，而是有相关利益群体参与的一个政治过程。因此，城市规划及政策的制定和决策，必须加入多元主体的参与，规划成果及政策的合理与否，必须进行社会评价。

第四节　启示

本章从"规划整合"的内涵入手，回顾了欧美国家和中国的城市规划理论、体系以及规划整合理念的演变发展过程，剖析了中国特色的"多规"体制对中国过去二十多年快速城市综合开发运营实践所产生的积极与消极的影响，总结了中国近年来"多规合一"的实践与理论探索的经验。

纵观欧美国家城市发展历程，各个历史时期中对城市发展发挥重要影响的城市规划理论始终留存着一条追求系统、协调、综合的主线，其核心价值是整体、系统、理性，规划整合的理念和思维既是现代城市规划不断成长发展的重要思想基础，也是现代城市规划理论的科学观、理性观的直接体现。

中国特殊的城乡规划行政管理体系的频繁变动，造成我国在城市规划的实施和管理上一直未能按照城市发展的规律和规划学科的科学性健康发展，客观上形成了我国规划类型众多的"多规"独特现象，造成了"多规"之间存在大量差异，制约了规划效率的发挥。

目前国内普遍进行的"多规合一"的实践和理论探索主要是以政府主导为方向，强调从规划行政管理的统一入手整合编制技术和空间，尽管各地实践陆续取得了一定的管理和控制成效，但仍然存在未能充分表达公共利益、偏离市场客观需求等问题。

在推进新型城镇化战略的宏观背景下，有必要回顾以市场为导向的城市发展观以及规划整合的发展历程，推动以"多规合一"为表现形式的规划整合创新实践和理论研究。

04　第四章
基于城市运营的规划整合模式创新

CREATION OF CITY VALUE ● A Planning Integration Method based on Urban Operation ● ● ●

第一节　中国特色的城市运营模式

一、城市运营的模式特征

从实践层面来说，城市运营出现在 2010 年前后，在城市经营理念导向下，国内大规模城市开发对资本和产业等资源产生了巨大的需求，国内部分城市政府开始寻求与具有大规模融资能力的房地产开发商合作，通过大规模的一级开发或成片二级开发进行新城或新区开发，并冠以"城市运营"的标签，开始了自发的城市运营模糊实践。河南郑州的雁鸣湖、成都的郫县都出现了类似的项目运作。

从理论层面上细究，我国的城市运营可以借鉴欧美国家城市管理的部分相关理论，但又不完全等同于目前国内现行的城市经营的主流观点和理论表述。从现状情况看，我国的城市运营理论体系尚未形成，它来源于中国的城市发展实践而且必须接受中国实践的检验。2012 年中共中央党校进行了城市运营相关课题研究，将城市运营定义为"政府和企业在充分认识城市资源基础上，运用政策、市场和法律的手段对城市资源进行整合、优化、创新而取得城市资源的增值和城市发展最大化的过程"。这个表述强调了政府和企业可以成为城市运营的联合主体，但从内容和实操上未能与城市经营进行实质性区分，尚不能完全概括目前我国实践中城市运营模式的特点。

在"市场主导、政府引导"的新型城镇化大背景下，城市运营的实践是由城市运营商作为市场主体进行主导，政府作为合作方更多的是担当起引导、服务或裁判的角色。可以这么说，这种以资源整合为核心、多机构合作参与的城市运营模式实际上就是中国特色的 PPP 模式。城市运营商在城市规划的前期就开始参与，与政府一起进行区域和城市的规划，进行产业资源与社会资本的整合操作，共同打造新的城市区域。就本书的主要实证案例——中信城市运营实践来看，其交易模式是由城市政府设定合作区域的城镇化发展目标，提供特定区域的土地资源、政策资源；城市运营商则作为合作对象通过市场化的机制和平台，提供策划规划、资本运作、产业运作以及开发运营等产业链条的服务。规划作为城市运营的核心内容，整个过程都伴随着反复的、动态的经济测算，以保证市场的合理性；同时，在规划的制定、修改和审核等环节中，通过多次公开征询公众意见，以提高公众的参与度。因此，从实际效用的角度看，城市运营更贴近于美国的城市经理制。

经综合国内外相关理论观点，分析归纳苏州工业园区、康巴新城、广州亚运城以及希腊雅典奥运村、美国加州圣何塞市等大量的国内外典型城市综合开发运营案例和实践的经验、特点，成功运作的城市运营实践具有以下模式特征：

1. 市场主导，政企合作

新型城镇化背景下的城市运营是以市场为导向，充分整合市场资源，对目标区域进行策划、规划和整体运作以达到预定目标。城市运营商作为独立的市场化组织，在肩负重要的社会责任的同时，更加符合市场需求，能够承担起促进城市健康发展、有序建设的任务。城市运营为政府与市场提供了一个完美的合作可能，通过将企业的市场属性与政府的政策属性相结合，以市场为主导，以城市持续发展为目标，打造政企合作的 PPP 创新模式，并基于市场化方式建立特定的交易结构。在法律许可的特定框架下，政府公共部门与社会资本（具有社会责任感）通过授权特许经营的方式合作，发挥各自资源优势，为城市基础设施投资和运营提供服务，实现政府公共部门承担的社会职能，同时为企业带来经济效益的一种新型公共事业投资管理模式。

2. 产业集成，资源共享

国家城镇化战略全面推动了城乡相关产业的发展，产生了巨大的产业需求和市场机会。2013 年，中国的城镇化率已达 53.7%，从城镇化发展的理论与一般规律来看，我国已经从以城市开发为特征的阶段逐步过渡到以城市运营为特征的阶段。从内涵上看，城市运营已经完全超越了单纯住宅二级开发或商业二级开发的房地产概念和运作模式，强调人文价值、产业发展和城市资源的整合配置与城镇总体功能平衡发展，以复合业态为主要特征，涵盖了居住新城开发、城市商务办公、产业园区、休闲旅游、商业贸易等不同主题的房地产业态，以及环保产业、基础设施、健康医疗等城市级公共设施和公共服务产品的投资和运营。

因此，城市运营模式要求对多种资源进行有效整合，需要具有多种背景且资源互补、能力互补、机制互补的机构共同合作推动，并以市场为导向进行城市资源重新配置以及城市价值再创造，从而达到满足政府、市场和公众的共同要求。城市运营商需要针对不同区域所处的城镇化阶段，综合城市自身产业基础以及未来产业发展规划，利用自身强大的产业运作和资源整合能力，对城市或区域进行产业导入和升级，以产业提升促进城镇化、促进城市经济与土地价值的增长。

3. 规划整合，协同发展

新型城镇化在客观上推动着各地城市规划管理理念和模式的转变。在城市综合开发与管理运营过程中，规划必须与土地使用、公共财政、基础设施、环境政策、产业政策等政策紧密结合、协调运作，以综合调控城市的综合开发运营进程。目前，我国各地的区域与城市规划仍然处在"多规不合一"的状态，城市的社会经济发展规划、产业规划、城市总体规划、土地规划、区域控制性规划和修建性详细规划等编制权分散、规划层级不一、规划之间往往存在冲突等，给城市发展带来了许多负面的影响。

从世界各地的城市综合运营案例的发展规律来看，城镇化发展的动力来源于城市各种要素的有效集聚，在于城市各项基本与非基本产业功能的累积增强，产业的发展带来经济的流动和人口的增长。因此，城市内部各种经济部类之间的活动、城市内外部之间的活动，以及各种城市发展相关利益主体之间的活动，都必须在空间、时间、内容和逻辑上运用科学的规划整合工具达到最大限度的发展协同。

4. 远近结合，战略导向

新型城镇化战略提倡"把生态文明理念全面融入城镇化进程，强化环境保护和生态修复，推动形成绿色低碳的生产生活方式和城市建设运营模式"。因此，城市运营提倡的是绿色、可持续发展的理念，追求的是城市未来的价值。但在市场主导的模式下，在目前各地城市追求 GDP 的政绩观下，近期、中期和远期的目标和利益是一个现实的挑战。这需要高度重视城市生态环境的保护和利用。同时，因为城市运营目标是实现城市的综合效益，其提倡的可持续发展也并非简单的生态可持续，而是社会、经济和环境多维度可持续的概念，也就是在保持自然资源的质量及其可提供服务的前提下，在不超出生态系统远期涵容能力的情况下，使城市经济发展的现实净利益增加到合理的水平，从而在不牺牲下一代人利益的前提下最大限度地提高当代人的生活品质。

5. 系统优化，整体提升

城市运营的运作对象是城市，不论是面向旧城的改造，还是新城的开发，都深层次地影响到人口规模、土地规模、区域交互、生态环境以及经济总量等方方面面，实际上面对着一个巨大的系统，因此，城市运营就是一个包含了各种必需的城市要素的动态系统工程，城市运营的目的就是要通过对城市内外部资源的整合，使城市系统的明天比今天更优化，更美好。

《雅典宪章》简单明了地描述了现代城市的四大基本功能：生活、工作、交通和休憩。这四大功能既是城市功能，也是生活在城市中的"人"的基本权利。城市运营有别于城市经营的最重要特征就是，最大化地发挥市场在城市资源最优化配置的主导作用，从而使城市的整体功能平衡提升，减少顾此失彼、失衡发展，达到产城融合，提高城市竞争力和综合效益，真正实现区域整体价值的提升。

总之，城市运营是一项基于国家新型城镇化战略的投资行为，属于战略型投资，是推动中国新型城镇化发展的创新型市场平台。具备市场导向、产业集成、远近结合、规划整合以及系统优化模式特征的城市综合开发运营实践，总体上具备满足政府、市场和公众共同诉求并获取社会经济综合效益的可能性。

二、城市运营的理念

城市运营脱胎于"城市经营"模式，是在中国市场经济体制转型的背景下产生的创新型城市综合开发运营模式，也是城市管理发展到一定阶段的必然成果。"城市运营"与"城市经营"虽只一字之差，但在理念、机制上却存在着重大差异。其核心是机制、主体上的不同。城市经营强调政府主导，政府是城市经营的主体；城市运营强调市场主导，企业是城市运营的主体。

具体地说，在城市经营中，政府负责主导前期的城市规划和后期的城市建设、管理工作，通过招商引入特定企业，企业通过"招拍挂"等合法方式获取已明确规划功能的土地进行投资开发建设，或者在特定规划范围内进行以土地整理为核心的土地一级开发，通过完善城市基础设施建设，提高土地价值和价格，从而获取经济效益。而城市运营商从城市发展的前期就参与或主导区域或城市的策划和规划，利用市场的手段，在城市综合开发的全过程进行产业资源与社会资本的整合操作，提升土地价值和城市的综合竞争力，实现区域整体效益的最大化。

城市经营是一个比较宽泛的概念，可以从广义和狭义两个方面来理解。狭义的城市经营主要侧重对城市可经营性资产的市场化运作，通过市场来配置城市资源，达到城市增值的目的。广义的城市经营主要是政府行政领导下的一种公共管理模式，即通过对城市管理体制的安排，调动社会各方力量参与城市的建设和发展，弥补政府作用的有限性，从而提高政府的服务质量和管理效率，达到发展城市的目的。城市运营却是一个城市资源的市场化过程，即把构成城市空间和城市功能载体的自然资本、人力资本及其相关的延伸资本通过资本运作方式推向市场平台，由市场中那双无形的手来调节供需，从而实现城市资源的最优化配置。而如何高效合理地进行资源整合，达到新型城镇化的战略目标，首先需要明确的是在城市丰富的资源要素中，哪些是关键要素。

学者张卫东指出，土地、资本和劳动力是现代社会的三大基本生产要素，三者的有效结合与运作可以使城市综合效益不断提升。可以这么说，城镇化即是上述三大生产要素在一定制度下不断流动、重组的结果。中国的城市运营以新型城镇化为根本目标，以市场为资源配置的决定因素，因而也将以整合城市基本要素为根本出发点。城市运营的运作主体——城市运营商以市场的手段对劳动力进行整合的途径是通过产业要素的聚集影响劳动力的流动，以产业结构的升级带动劳动力结构的优化。同时，从《国家新型城镇化规划（2014—2020年）》提出的"城镇发展与产业支撑、就业转移和人口集聚相统一"可以看出，产业支撑是新型城镇化的内在动力。从第二章中对政府主导下城市经营模式下的回顾可以看出，城市经营模式更多的是以行政管理手段对土地、劳动力人口等进行强制配置，而对城镇化发展要素，例如产业、资本的市场整合总体上是缺失的。在这种情况下，城市运营利用市场机制和资源的空间配置手段，对土地、产业、资本三大关键要素资源进行整合，以达到提高城市综合效益的目标。这三大要素互为关联、互相作用，也是城市运营的重要组成内容。

因此，在新型城镇化战略目标指导下，在实施城市运营的过程中，土地是基础，产业是保障，资本是核心（如图4-1所示）。具体来说，土地是城市政府提供的最基本物质和空间要素，城市运营通过规划进行土地资源配置，在规划中表现为土地分类结构的划分；产业是土地产生价值的保障，城市运营通过规划推动产业资源的整合，在规划中体现城市空间功能结构；而资本是城市运营中一切潜在的产业活动发生的核心推动力，城市运营以符合市场需求的规划为导向进行资本运作，资本要素资源的整合最终表现为投资流向。

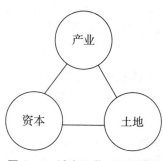

图4-1　城市运营"三要素"

三、城市运营的定义

中央党校运营关于城市运营的定义为："政府和企业在充分认识城市资源基础上，运用政策、市场和法律的手段对城市资源进行整合、优化、创新而取得城市资源的增值和城市发展最大化的过程。"此表述强调了政府和企业可以成为城市运营的联合主体，但从内容和实际操作上未能与城市经营进行实质性区分，尚不能完全概括目前我国实践中城市运营模式的特点。

基于对城市综合开发运营实践项目的经验借鉴、对城市运营特征的总结、新型城镇化发展的目标以及对城市运营中政府与市场关系本质的分析，本书认为：城市运营可以理解为新型城镇化战略与 PPP 的综合载体模式，其中包含两个层面的含义：（1）城市运营是以市场为导向的、在新型城镇化大背景下诞生的城市综合开发运营模式，与新型城镇化的总体目标一致；（2）PPP 模式的含义参考我国财政部《2013 年度固定资产投资决算报表主要指标解释》中的定义：“公私合作关系（PPP）是指政府与民营机构（或私营企业、国营公司、特定专业领域的企业财团）签订长期合作协议，授权民营机构代替政府建设、运营或管理基础设施及其他公共服务设施，并向公众提供公共服务。”

　　PPP 模式是 20 世纪 80 年代在欧美国家兴起的一种项目运作模式，旨在高度市场化环境下，引导公共机构与私人机构的资源在城市公共设施领域的投资合作，并避免由于市场失灵而造成的投资和建设运营失败。PPP 模式通过对社会公共资源和非公共资源的结构化协作和综合利用，在涉及公共利益的投资领域有效地平衡了市场的过度运作所带来的负面影响，同时也克服了公共管理部门由于脱离市场而带来的效率和效益上的缺失，成为以市场经济为主导的欧美国家的一项有效的项目创新模式。区别于以往“政府推动、政府主导”的传统城镇化模式，新型城镇化的最显著特点为“市场主导、政府引导”。为配合国家新型城镇化战略的实施，财政部、人民银行以及广东、河南、浙江、吉林、贵州、山西等省市先后出台大量的专门政策文件，大力推动新型城镇化过程中的 PPP 模式。

　　综上所述，我们认为，城市运营是指在新型城镇化战略的引导下，以土地运营为基础，以产业运作为保障，以资本运作为核心，以构建产业、文化、交通、生态和人居环境等城市综合系统为目标，通过“市场主导、政府引导”的 PPP 市场化运作方式，企业与政府建立平等契约伙伴关系，以前瞻性的策划和城市规划、土地整理、城市公共基础设施建设以及城市产业投资等一系列的资源整合运作，提升目标城市的功能规模和资源价值，从而获取城市整体资源溢价和投资增值收益的城市综合开发运营过程。

四、城市运营的系统目标

　　基于上述章节的分析，我们可以达成一个共识，即城市运营是在独特的中国城镇化发展背景下，基于中国自身的城市综合开发运营实践探索演变发展而来的，具有自主创新意义和中国特色的城镇化发展市场模式。因此，在"新型城镇化"的大背景下，城市运营的根本目标就是实现"新型城镇化"所包含的城镇发展综合目标。

党的十八大提出了新型城镇化的战略要求，并于2014年出台了《国家新型城镇化规划（2014—2020年)》，中国社会各界、资本市场、各类经济主体以及学术界期望从近20年的"政府推动、政府主导"型的城镇化逐步转变为"市场主导、政府引导"型的城镇化，并提出了"五位一体"的战略布局理念，即经济建设、政治建设、文化建设、社会建设、生态文明建设"五位一体"的总体格局，要和新型城镇化同步。可以看出，新型城镇化强调多元化价值的协调性和整体性。城市运营是在新型城镇化战略下诞生的城市综合开发运营模式，其根本目标即为实现"新型城镇化"所包含的城镇发展综合目标。综合上文的实践案例，可以发现，城市运营实际上是一项致力于实现区域产业、文化、交通、生态、人居环境等"五位一体"系统目标的综合工程。

（一）城市运营的产业系统

城市是现代经济、科技、信息和社会活动的主要载体。城市产业的孵化发展依托于各种各样的城市资源，而产业升级则意味着对城市资源更有效的利用，城市产业的结构调整也将是城市资源的整合与平衡。城市产业的发展必将带动城市经济的提升扩容，促进城镇化的发展。

（二）城市运营的人文系统

我国历史悠久，许多城市都具有丰富的传统人文资源和历史文脉基础，中央城镇化工作会议明确提出，新型城镇化建设要让居民"望得见山、看得见水、记得住乡愁"，这是提出了传承文脉留住记忆的建设要求。在具有中国特色的城市运营中，文脉的保护及延续为城市造就了别具一格的历史文化韵味与传统风貌特色。

城市运营在定位阶段即深入挖掘城市传统，审视城市的人文特征，弘扬传统文化特色，合理继承并发展光大，可以从战略上提升城市形象和品牌。此外，城市运营注重对城市产业的打造升级，而新兴的文化产业是具有高附加值的产业，对城市品质有极大的提高作用，有助于新型城镇化中产业升级目标的达成。因此，城市文化记忆的延续，是城市运营的重要目标之一。

（三）城市运营的交通系统

城市交通是城市经济联系和物质联系的纽带，合理的城市发展空间布局，离不开方便快捷的道路交通网络搭建，而城市居民的出行与交往活动，也离不开完善的城市公共交通设施。因此，城市交通体系完善与否，对城市运营的组织实施有着重要的意义。

城市运营的交通体系完善手段一方面是通过编制合理的交通规划，完成城市交通的空间布局与组织体系搭建，为城市的经济流通、物质流动和居民出行创造良好的基础条件；另一方面可通过引入资本力量，运营商直接参与城市交通设施的实施与建设。完善的交通体系能达到促进土地升值、获取经济效益的目的，并实现投资收益。

（四）城市运营的生态系统

《国家新型城镇化规划（2014—2020年）》提出"推动形成绿色低碳的生产生活方式和城市建设运营模式"，在这种情况下，城市运营的重要前提则包括保护生态环境、促进可持续发展，即在市场主导、产城融合的同时，高度重视城市生态环境的保护和利用。而在城市运营的整体价值发展观下，可持续发展包括生态、经济、社会几个维度，其中，生态可持续是提高城市的环境品质、满足新型城镇化要求的基础。

城市运营要谋求可持续发展之路，需要合理挖掘城市的自然资源，杜绝高能耗、高污染、高投入的城市发展方式，全面减少和降低城市发展的战略性资源损耗。同时，在保持自然资源的质量及其所提供服务的前提下，在不超出维持生态系统涵容能力的情况下，使城市经济发展的综合利益得到最大限度的增加。

（五）城市运营的人居系统

在城市自然和人文资源的开发运营中，必须强调城市可持续发展的重要性，重视城市生态景观的维护，力求打造优美的人居环境。建筑大师何镜堂院士提出的"两观三性"理论认为，人居环境的营造需要遵循整体观、可持续发展观，应该符合地域性、文化性、时代性。地域性是城市赖以生存的根基，文化性决定环境的内涵和品位，时代性体现区域的精神和发展。因此，人居环境的营造是在文化、产业、交通、生态等方面完善的基础上对整体环境品质的提升。

基于以上的系统目标，城市运营不能被认为是简单的房地产一级开发，而是对整个城市资源的整合与调配利用，由此要求城市运营商在环境保护和城市人文再造上更加具有全局意识，这也体现了城市运营对整个区域价值的提升作用。

五、城市运营的运作方式

党的十八届三中全会提出的"市场在资源配置中起决定性作用"，明确了未来中国经济发展的方向——核心问题是处理好政府和市场的关系。2014年3月，国务院正式下发《国家新型城镇化规划（2014—2020年）》，深入解释了上述理念："正确处理政府和市场关系，更加尊重市场规律，坚持使市场在资源配置中起决定性作用，更好发挥政府作用，切实履行政府制定规划政策、提供公共服务和营造制度环境的重要职责，使城镇化成为市场主导、自然发展的过程，成为政府引导、科学发展的过程。"显而易见，政府与市场的关系的改变是城市综合开发管理方法改变的根源。

在"政府推动、政府主导"的传统城镇化下的城市经营中，政府是主导者，同时又是实施主体，市场只是开发建设中的配角；城市综合开发建设的投资多来自政府，在开发管理中更多的是以政府意志为导向，以行政手段为方法进行资源配置，相对市场主导的综合开发建设而言，其对资金和市场风险缺乏准确的预判，对市场的变化不够敏感。目前我国各城市政府正在推行的土地一级开发带有较强的政府属性，资源获取较多的依赖于政府相关部门，属于以政府主导的城市经营模式范畴。政府作为公共政策的制定者、执行者和公共利益的保障者，在城市整体发展方向的把握上起着决定性的作用。

　　而在"新型城镇化"市场经济体制改革的背景下，市场占据更主动的地位，城市运营以政府与企业的协同合作平台为主要方式进行市场资源及公共资源的优化配置，政府在此过程中仅仅充当"引导"的角色，在市场失灵时及时补足，充当在"效率"之外的"公平"的保障与协调者。其中，充当市场主体的企业被称作"城市运营商"。

　　在上述过程中，政府通过法律途径充分授权城市运营商负责城市的规划建设和运营管理，提供城市运营的政策支持；城市运营商作为市场主体，是城市运营战略资源的提供者和运营主体；政府和企业共同通过市场机制对城市资源进行优化配置，使城市资产获得增值，城市的竞争力得到提升。市场化机构可以在效率和融资方面与各地方城市政府形成互补，通过资本要素的更合理组合运作，实现土地、产业的价值再造和效率提升，从而创造更大的价值。政府与市场的具体合作模式如图4-2所示。

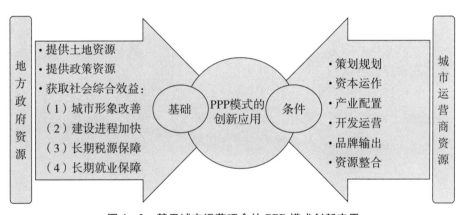

图4-2　基于城市运营理念的 PPP 模式创新应用

六、城市运营：中国城市供给侧的市场变革

　　从城市运营的模式特征可以发现，城市运营是在中国独特的城镇化发展背景下，基于中国自身的城市综合开发运营实践探索演变发展而来的，具有自主创新意义和中国特色的城镇化发展市场模式，是一场基于中国城镇化国情的城市供给侧变革。

从党的十八届三中全会正式确立了"新型城镇化"作为国家重大发展战略，到 2014 年 3 月国务院下发《国家城镇化规划（2014—2020 年）》，"新型城镇化"所体现出的最核心的理念即为"发挥市场在资源配置中的决定性作用"。对比中国过去二十多年的"传统城镇化"的特点，中国未来的"新型城镇化"对城市的发展和综合运营提出新的要求将主要集中于以下四个方面：

（1）发展目标的变革。在"传统城镇化"中，中国的城市发展经历了野蛮生长和粗放扩张的过程。而"新型城镇化"客观上要求城市以人为本实现城市的产业升级、经济发展、社会进步、生态保护，最终实现城市的综合效益和可持续发展。

（2）主导力量的变革。"传统城镇化"过程基本上是政府主导下的城镇化过程，市场充当了配角，参与的力度和深度远远不足。而"新型城镇化"将更加注重合理划分政府和市场的角色分工，更加注重发挥市场在新型城镇化中的作用，更加强调发挥市场主导的功能和作用以实现城镇化进程中资源的优化配置。

（3）规划模式的变革。截至目前，中国各地的区域与城市规划仍然处在相对分散和割裂的状态，城市的社会经济发展规划、产业规划、城市总体规划，土地规划，区域控制性规划和修建性详细规划等编制权分散、规划层级不一、规划之间往往存在冲突等，给城市发展带来了许多负面的影响。目前，以广州等为代表的城市已经开始探索城市规划的"多规合一"，力图解决上述规划问题，力图以科学的城市规划为城市的可持续发展奠定基础。

（4）融资模式的变革。随着地方政府融资平台的不断清理，房地产调控下土地财政的逐步萎缩，地方政府的融资渠道逐步被压缩，地方政府推动城镇化过程所需要的大规模资金投入正面临日趋严重的融资瓶颈，"新型城镇化"呼唤城市融资模式的创新。以 PPP 模式等方式引导社会资金进入城镇化的公共设施和土地整理领域，市场以更加积极主动的方式参与到城镇化进程中来，是确保新型城镇化持续发展的活力源泉。

总而言之，区别于以往"政府主导"的传统城镇化模式，新型城镇化的最显著特点就是"市场主导、政府引导"。要达成上述新型城镇化的战略目标和新的要求，则有必要引入和建立基于中国国情的创新型的公私合作 PPP 模式，明确政府与市场在新型城镇化过程中的角色分工，让市场充分参与城市规划、建设和管理过程；充分发挥市场的资源优化配置作用，通过城市规划统筹指导城市综合开发运营，运用市场化融资方式解决城镇化资金需求，从而达到推动以人为本的城镇化和经济社会可持续发展的目的。如同 20 世纪 80 年代美国的信息高速公路国家战略所带来的市场井喷效应，新型城镇化的国家战略实施将为中国带来新一轮的城市发展机遇；而作为诞生于新型城镇化下的 PPP 模式，城市运营将是在市场主导下，政企合作对城市进行综合开发和运营管理的最有效方式和途径。

第二节　规划整合：城市运营的灵魂

一、城市运营与规划整合

城市运营是基于国家城镇化战略的投资行为，其模式是适应新型城镇化战略的 PPP 模式，也是推动区域乃至全国新型城镇化发展的探索性、创新型市场平台。PPP 创新模式的主体是政府公共部门与社会化企业，其内涵是提供社会公共产品和服务，其目标是实现社会效益、经济效益和环境效益的统一。具体地说，城市运营是以前瞻性的策划和城市规划，通过对政府、市场和公众的利益进行平衡，对城市土地、产业、资本三大核心资源要素进行整合，从而构筑产业、文化、交通、生态和人居环境等目标为一体的系统工程。

各相关城市运营的实践证明，城市规划决策正确与否是城市运营成功与否的关键，而规划整合则是城市可持续发展的最重要手段。可以说，城市规划是城市运营的向导，为城市运营提供重要手段、保障和平台。因此，加强城市规划对城市运营促进作用的认识，借助城市规划手段提高城市资本的竞争优势，寻求城市规划与城市运营的最优组合，是我国新型城镇化实现过程中面临的一项重要工作。

中央城市工作会议不断强调城市的系统性和全局性，指出"城市是我国各类要素资源和经济社会活动最集中的地方"，需统筹发展。我们认为，城市是一个综合、复杂的社会经济体系，城市运营和城市规划是城市发展和管理中两个非常重要的理念和手段，虽然着重点不同（城市运营注重的是城市整体功能的协调、提升，城市规划注重的是城市各要素在空间布局上的协调），但二者的最终目标是一致的，都是为了提高城市的综合效益，增强城市竞争力，从而促进区域整体的健康、可持续发展。在我国城市快速发展时期，城市规划须以高效、整合的手段，贯彻"市场主导"下的城市运营的理念，对城市中各类资源、要素进行基础性协调和配置，形成一个符合时代发展要求的、科学合理的系统规划，这也是城市运营获得良好经济、社会和环境效益，提高城市综合竞争力的根本保证。

综合上述分析论证可以得出，城市运营是以实现"五位一体"系统为目标的城市综合开发运营模式，是以规划为导向的资源整合过程。要达成上述系统目标，必须运用规划整合手段对城市资源进行整合和空间配置优化。

二、城市运营与"五规"

结合新型城镇化的"多规合一"思路，我们在众多规划中筛选出与城市运营的系统目标有着重大关系及切实影响力的五个规划包括：国民经济和社会发展规划、城市土地利用总体规划、城市总体规划、交通规划、环境保护规划。上述五个规划在本书中统称为"五规"。城市运营要打造统一协调的规划体系，达成系统目标，就需要对"五规"进行充分的研究和协调，探索出一条以"五规合一"为核心的规划整合技术路线，以指导城市运营的规划系统编制与实施。"五规"的主要内容和对比如下：

（一）"五规"的主要内容

1. 国民经济和社会发展规划的主要内容

国民经济和社会发展规划主要确定城市经济和社会发展的总体目标以及各行各业发展的分类目标，目标性强、空间性弱。国民经济和社会发展计划一般由部门规划体系和地区的综合规划体系交织而成，由发改委牵头编制，所确定战略目标包括：经济发展方面，科技进步与效益方面，人民生活质量方面，社会发展方面，其他发展专项方面（工农业、旅游、商业、教育等）。国民经济发展包括从生产、流通、消费到积累，从发展指标到基本建设投资，从部门到地区发展，从资源开发利用到生产力布局等；社会发展方面包括人口、就业、住宅、社会福利、环境保护等。

国民经济和社会发展计划一般由部门规划体系和地区的综合规划体系交织而成，由发改委牵头编制。国民经济和社会发展计划所确定的战略目标包括：

（1）经济发展方面。

（2）科技进步与效益方面。

（3）人民生活质量方面。

（4）社会发展方面。

（5）其他发展专项方面（工农业、旅游、商业、教育等）。

2. 城市土地利用总体规划的主要内容

土地利用总体规划亦称土地规划，是指在土地利用的过程中，为达到一定的目标，对各类用地的结构和布局进行调整或配置的长期计划。土地利用总体规划虽与城乡规划同样具有空间性、时间性和政策性，但更为强调对土地资源的保护，从供给角度编制规划，实施自上而下的控制。其主要内容包括以下几个方面：

（1）土地供给量分析。

（2）土地需求量预测。

（3）确定规划目标和任务。

（4）土地利用结构与布局调整。

（5）土地利用分区。

（6）制定实施规划的措施。

3. 城市总体规划的主要内容

城市总体规划是对一定时期内城市性质、发展目标、发展规模、土地利用、空间布局以及各项建设的综合部署和实施措施，兼具空间性、时间性和政策性。城乡规划包括城镇体系规划、城市规划、镇规划、乡规划和村庄规划。城市规划、镇规划又分为总体规划和详细规划。城市总体规划的主要内容包括以下几个方面：

（1）明确城市性质。

（2）预测城市人口，确定城市规模。

（3）安排城市土地利用，确定空间土地布局。

（4）部署和安排城市各项建设布局。

（5）判断城市各项建设控制指标。

（6）编制城市绿化景观、市政、交通、环保等专项规划。

4. 交通规划的主要内容

交通规划通常是指根据交通供需状况和地区的人口、经济和土地利用之间的相互关系的分析研究，对交通运输发展需求做出科学分析和预测，确定未来交通运输设施发展建设的规模、结构、布局等方案，并对不同方案进行评价比选，确定推荐方案，同时突出建设实施方案（包括建设项目时序、投资估算、配套措施等）的一个完整过程。

广义的交通规划包括交通设施体系布局规划、交通运输发展政策规划、交通运输组织规划、交通管理规划、交通安全规划、交通近期建设规划等。狭义的交通规划主要是指交通设施体系布局规划和近期建设规划。

交通规划与上述三种规划相比更具专业性，更强调从需求出发，依据量化预测编制规划，自上而下的控制较弱，兼具空间性、时间性和政策性。

5. 环境保护规划的主要内容

城市环境保护是对城市环境保护的未来行动进行规范化的系统筹划，是为有效地实现预期环境目标的一种综合性手段。与交通规划性质类似，它属于更具专业性的规划，强调对现有环境的保护，自上而下的控制性较强。

城市环境保护规划分为城市环境保护宏观规划和城市环境保护专项规划两个层次。

（1）城市环境保护宏观规划的内容包括：城市总体发展趋势分析，城市发展对资源的需求分析，自然资源承载力分析，主要污染物排放量及环境纳污能力分析，污染物宏观总量控制综合能力分析，确定总体环境目标，确定城市的宏观环境与发展战略。

（2）城市环境保护专项规划包括：大气环境综合整治规划，水环境综合整治规划，固体废弃物综合整治规划，生态环境保护规划。

（二）城市运营与"五规"要素的关联分析

我们已经探讨过，城市运营是以实现"五位一体"为系统目标的城市综合开发运营模式，也是以规划为导向的资源整合过程。图4-3揭示了城市运营的"五位一体"系统特征与"五规"体系和要素之间存在的复杂、多样和必然的逻辑对应关系。从"五规"的主要内容可以看出，"五规"的目标要素主要包括社会经济、土地、空间、交通、环境五大要素，在市场主导的城市运营模式下，通过规划整合手段将"五规"要素整合于城市有机空间中，并通过内部的有机融合，形成城市运营特有的产业、文化、交通、生态、人居环境的"五位一体"系统特征。

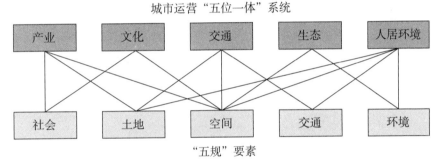

图4-3 城市运营系统与"五规"要素的关联度分析

三、"五规合一"的可能性、必要性与合理性

（一）"五规合一"的可能性

《国家新型城镇化规划（2014—2020年）》中明确提出了在"市场主导，政府引导"的城镇化背景下，"完善规划程序，加强城市规划与经济社会发展、主体功能区建设、国土资源利用、生态环境保护、基础设施建设等规划的相互衔接。推动有条件的地区'多规合一'"，这为"五规合一"提供了政策上的可能性。

上述"五规"所对应的是各类资源统筹规划：国民经济和社会发展规

划——城市社会与经济发展资源的统筹；城市总体规划——城市性质定位，重点在于对城市建设用地的研究；土地利用总体规划——城市土地资源、自然资源综合利用与保护措施；交通规划——经济和人口的流动，城市交通组织；环境保护规划——生态环境资源研究保护、城市环境分区与保护措施。

"五规"是对城市中各项资源当下及未来的安排及统筹，其对象与内容是城市运营规划整合的基础。城市运营作为对城市的综合开发管理，涉及城市中的方方面面，需与各项规划紧密结合，才能有效实现运营目标。宏观来看，"五规"的对象是需要进行城市运营的区域，目标均为实现城市的可持续发展和综合效益；微观来看，"五规"的对象为同一城市空间内不同的各项资源，而目标却关乎城市发展的不同方面。由于在同一空间维度内，并且具有相同的大目标，这为"五规"的整合提供了可能性。

与目前进行的政府主导的"多规合一"不同的是，本书所提出的"五规合一"并非是指只有一个规划或者体现为"一张图"，而是指在同一个城市空间里，在各类规划安排上相互统一，同时在规划编制体系、规划标准体系、规划协调机制等方面有机协调，使"五规"可以相互配合与促进，并指导形成有机的城市生活空间。

（二）"五规合一"的必要性

城市运营是以规划为导向的资源整合，这就需要对"五规"所针对的各项资源进行整合，而整合的第一步必须是对"五规合一"进行全方位的分析研究，分析其是否需要"合一"，是否可能"合一"等。

首先，"五规合一"是资源整合的必然要求。国民经济与社会发展规划、城市土地利用规划、城市总体规划、交通规划与环境保护规划各自有着不同的规划目的、运作机制和技术标准，同时也在不同的层次把握着城市不同的资源，而所有的资源都归属于同一个城市空间，要在同样的空间里同时实现不同资源的最优配置，规划的整合无疑成为资源整合的必然要求。

其次，"五规合一"是完善城市管理机制，促进城市建设科学合理的必然要求。《城乡规划法》第五条规定："城市总体规划、镇总体规划以及乡规划和村庄规划的编制，应当依据国民经济和社会发展规划，并与土地利用总体规划相衔接"，但总体规划编制中"如何依据、如何衔接"依然非常棘手。中国目前的空间规划体系突出存在着城乡规划与国民经济和社会发展规划、土地利用总体规划、交通规划与环境保护规划之间缺乏有效衔接的弊端。在同一个城市空间上，每个职能部门都有各自的规划引导和控制要求，但彼此间缺乏协调甚至相互冲突，导致开发管理的混乱和建设成本的增加，也在一定程度上影响了经济社会的健康发展，对城市的科学建设提出了巨大的挑战。

最后，"五规合一"是提升城市效率，充分挖掘土地利用价值的必然路径。目前"五规"缺乏协调甚至相互冲突的情况非常普遍。究其原因，主要是"五规"之间在工作目标、空间范畴、技术标准、运作机制等方面存在交叉和矛盾。规划的相互交叉与矛盾在很大程度上对土地的合理高效利用造成了实质性的障碍，所有的规划最终都必须落到空间中，最终的载体都是土地。规划的整合不仅体现在城市"五规"的编制中，对于城市中具体的片区发展来说，"五规合一"是通过项目的概念性总体规划以及控制性详细规划来体现的，尤其是控制性详细规划，作为指导具体片区开发建设的法定规划，直接决定片区的土地利用效率。

（三）"五规合一"的合理性

解答了"五规合一"是否必要之后，我们需论证"五规合一"是合理可行的。

规划是具有引领作用的纲领性文件。就一座城市而言，国民经济和社会发展规划、城市总体规划、土地利用总体规划、交通规划和环境保护规划是影响经济社会发展大局的五个最为重要的规划，环环相扣，缺一不可。

在市场主导下的城市运营是实现"产业、文化、交通、生态、人居"一体化的系统工程，由此，"五规"的一体化减少了由于规划之间互为前提、互相矛盾造成的效率低下和资源浪费，必然是实现整体化的系统目标的有效方法和途径。

在现有国家规划体系存在较多矛盾、各政府相关部门利益冲突严重、规划更多地体现政府意志而不是市场与公众需求的现状下，由城市运营商承担规划整合的任务，融合市场需求与公众意志，也更有利于体现较大的合理性。原因

在于城市运营商一方面更能理解市场需求；另一方面相对政府各相关利益部门
而言，有着相对独立的特性，在规划整合的过程中，可以避免各部门利益的牵
制。这就使城市运营商编制的规划能够跳出"五规不合一"、相互不协调的圈
子，实现更为综合的效益。

第三节　基于城市运营的规划整合原则

概括地说，城市规划是在城市开发过程中，以空间为立足点，配置资源的
重要工具。在政府主导的以"城市增长主义"为背景的城市经营中，城市规
划通常体现政府意志为主要任务，依据政府自上而下的计划、蓝图等，对社会
发展、经济增长、城市建设进行强势的空间指导、控制，城市规划相应地沦为
一种被动的"技术工具"。城市规划的关注点，主要在于对城市空间与边界的
控制、指导，而对城市内部运行机制关注甚少。相反，在市场主导的以"精
明增长"为背景的城市运营中，城市规划不仅着眼于对空间的塑造，更多关
注了城市内部复杂的社会、经济、文化、交通、环境等要素，规划工作则相应
地转变为自下而上的从人的需求出发，政府推动、市场主导、公众参与的资源
整合。同时，城市运营模式下的规划体系，也由长官意志的空间落实走向多维
度的专业统筹、多层次的诉求统筹、多元化利益统筹的整合规划道路。城市规
划不再仅仅局限于城市开发建设的前期阶段，而是融合进入城市开发运营的全
过程；也不仅局限于城市空间布局、设计，而是以"利益协调"的角色贯穿
于城市发展的整个生命周期，实现各类资源及要素的有效整合。实质上，规划
整合的意义在于决策理念的变革，从强调增长的"效率考量"，转为强调资源
协调配置即共同分享增长成果的"公平考量"。为实现上述目标，我们对以
"五规合一"为核心的规划整合提出以下四项需遵循的原则。

一、利益平衡原则

原则上，规划行为的目标包含效率和公平两方面的考量。城市运营中规划

整合的主要功能是通过资源配置来促进城市经济增长，提高运营效率，同时考虑公平。2015年12月的中央城市工作会议指出新型城镇化的发展需"统筹政府、社会、市民三大主体，提高各方面推动城市发展的积极性"。因此，城市运营作为新型城镇化背景下的PPP模式，是同时兼顾政府、市场、公众三方利益的。平衡政府、市场、公众三方的利益诉求不仅是对"五规"进行整合的原则，也是"五规"整合的根本目标。从一定意义上来说，城市运营商本身是以盈利为生存之本的企业，追求的更多的是效率；而另一方面，政府存在的意义是保障社会公平，政府利益诉求更多的是代表了公众的利益。因此，在操作过程中，以新型城镇化为目标，城市运营商在规划整合前期除收集和采纳各政府部门及单位的意见之外，还应广泛听取以投资方为主体的市场诉求和人民群众的声音，并体现于整合的规划中，以保障各方利益诉求得到最大化的平衡。

二、市场导向原则

《国家新型城镇化规划（2014—2020年）》提出："市场在资源配置中起决定性作用。"规划作为资源配置的基本手段，在以新型城镇化为目标的城市运营模式下，应坚持市场主导，重视市场调查、研究以及经济分析。城市运营商代表一种市场主体，以营利性为导向；而城市运营的规划即为以营利性为导向的一种市场行为，在利益平衡原则下，这种行为同时要服从政府的行政监管，在政府的监管与制约之下平衡发展。城市运营的核心是对资本要素的整合，应基于对目标地区基本情况、自身特点以及发展潜力的深度认知，利用市场机制对"五规"要素进行筛选、校正和整合。

三、整体价值原则

笔者在前文已经提出观点，城市运营是一项提升区域产业、文化、交通、生态、人居环境等"五位一体"整体功能的系统性工程，几乎涉及城市的方方面面，这就要求城市运营的规划整合要站在政府、市场、公众三者的角度，对城市中最关键的土地、产业、资本要素进行资源整合。规划整合的最终目的是整合资源，发挥资源的最优化价值，实现城市的社会、经济、生态综合效益最大化。城市运营的规划工作要致力于提供资源要素"整合平台"，依据"协作式规划"模型，为利益各方提供交流、对话的平台，以帕累托最优原则，协调各种不同的价值观，实现不同的价值诉求，以得到最终的规划。

四、远近结合原则

由于城市运营的规划整合是可对城市当下各项资源及未来发展进行预测和统筹安排的，针对"五规"的周期性以及项目规划、实施过程的时序性，规划整合主体须近、远期地统筹考虑，保证规划整合结果的正确性、连贯性和可持续性，这是提高资源配置效率，保证长期综合效益最大化的必要原则。城市运营商作为规划整合的实施主体，应以城市可持续发展为出发点，在合理利用城市土地的同时，特别注意保护环境、节省能源、平衡生态；在保证当下建设和未来规划不矛盾的前提下，力求使近期规划立足于当下各种资源的优化配置，远期规划具有前瞻性和灵活性，能针对不同发展趋势采取不同的应对策略，并能最大限度地利用近期规划的实施成果。

在对基于城市运营模式的系统特征和规划整合的原则进行归纳总结后，笔者将其运用到了中信城市运营实践中，以及在此过程中的规划整合。下一节将以中信城市运营作为实证案例，详细阐述滨海新城实现基于新型城镇化的PPP发展模式的机制，并深入分析在滨海新城的城市运营过程中运用规划整合模式对资源进行优化配置的创新工具与方法。

第四节 规划整合的项目实践应用

国家新型城镇化的宏观背景与战略目标，引发了国内部分具有战略前瞻性和社会责任感的城市运营商在城市综合开发运营上的创新实践。尤其是具有金融和产业综合背景的部分先知先觉的央企，它们借助企业自身的品牌和资源整合能力的综合优势，站在城市与区域的整体功能提升的战略高度，在有选择地实现地方政府意志的同时，自觉按照市场的规律进行城市资源的配置和运作，积极探索新型城镇化的市场化发展路径。其中，中信集团与项目所在城市人民政府通过创新理念达成的中信城市运营项目就是一个覆盖168平方公里、符合本章所总结描述的城市运营模式特征的创新型城市运营项目，具有明显的社会、经济和生态综合效益，是一个实现企业、政府和社会共赢的PPP资源共享平台。

在本案例城市运营实践的规划整合全过程中，以"利益平衡、市场导向、整体价值、近远期结合"原则为指导，有意识有步骤地进行了以市场为导向、以城市"五规合一"为主要工作内容的规划整合模式探索。

一、区域与城市背景

项目所在地位于粤东地区中心城市—汕头市（以下称"项目所在城市"）。粤东城镇群是广东省东部的重要城镇群，地处珠三角城镇群与海峡西岸经济区的结合部和环珠三角地区的第一梯度圈层内。从区域历史沿革、地理区位优势和城市影响力来说，粤东包括汕头、潮州、揭阳、汕尾等市，广义的粤东还包括河源、梅州等市县。

2010年项目所在城市经济特区成立三十周年，广东省省委提出把广东省项目所在城市建设成为区域中心城市、实现"五年大变化、十年大发展"，引领粤东区域城市经济发展，将粤东城市之间的竞争关系转变为融合关系[①]；随后的2011年，国务院正式批复同意从5月1日起将经济特区范围扩大到全市，此举一方面扩大了经济特区边界，有利于濠江区（以下称"项目所在区"）与主城区一体化发展，另一方面为滨海新城的综合开发运营创造了良好的投资和政策环境[②]。《广东省城镇化发展"十二五"规划》明确提出："提升粤东地区城镇化发展水平，需要完善粤东城镇群空间结构，通过制定实施粤东城镇群协调发展规划，加快推进粤东城际轨道交通等基础设施规划建设，促进汕潮揭同城化发展。"

---

① 资料来源：http://news.sina.com.cn/c/2011-05-03/103422397058.shtml
② 资料来源：http://www.chinanews.com/cj/cj-hzzx/news/2010/03-23/2185771.shtml

目前，粤东城镇群处于相对"分散"的发展阶段。区域内人口密度较高、资源压力较大，环境污染问题比较突出，也缺乏具有较大带动力的中心城市与相对集中的产业发展集群，加上地方政府各自为政、在产业发展上缺乏统筹协调机制，因此，粤东城镇群的发展较为落后，城镇化发展水平与社会经济发展相对乏力。粤东城镇群的发展历史中存在的种种问题，尤其是地方财力、投融资能力、土地运营能力和提供公共产品能力的整体缺失，已经给粤东地区新型城镇化发展造成重大的瓶颈。如何突破这些观念、资金、人才、资源瓶颈，实现城市功能的快速提升、拉动粤东城镇群的政体发展，是粤东区域中心城市面临的重大问题和挑战。

期待突破内部资源障碍意味着需要引进外部资源，更需要创新城市发展模式，以市场为导向探索城市运营的创新模式，实现体制机制的重大突破。在这种思路的指导下，地方政府确立了积极引入大型央企和国内知名的产业集群的战略，并确立了通过引入城市运营商协同大规模产业投资带动社会经济发展、城镇化发展，以城市运营理念指导城镇建设实施，以先进政策思想指导城乡行政管理新的格局的具体方针和行动方案。

在创新思维的引领下，中信集团与项目所在城市人民政府实施战略合作，鼎力推动中信城市运营项目的开发建设，充分体现了城市运营创新理念思路对城市与区域的积极作用，实现了城市运营在国家新型城镇化战略指导下推进城市有序开发建设、实现城市社会与经济生态效益平衡的功能作用。双方确立了中信城市运营项目以 168 平方公里范围的城市运营综合开发项目为先导，构建了"一核两轴四组团"的城市空间形态，促进区域中心城市的社会与经济发展、城市格局与地位提升的战略合作框架。

二、项目概况

中信城市运营项目东南濒临南海，西接潮阳区海门镇，北与城区隔海相望，三面临海，濠江从新城中部穿过。海岸线总长达 92.8 公里，沿岸深水港湾和浅水海滩 20 多处。项目总占地面积 168 平方公里，首开启动区南滨片区占地 12.4 平方公里，是中信集团与项目所在城市政府实施战略合作，在市场主导原则下进行的大型城市综合开发运营实例，同时也是广东省"新型城镇化"标杆项目。项目所在地作为北半球少数位于北回归线的滨海城市，具有独特多元的自然禀赋、深厚的潮汕文化积淀和开放的经济环境。以上条件都为城市引入资本，优化生态环境奠定了坚实基础。从 2010 年开始，中信城市运营团队进行了包括前期的基础数据的摸查，组织策划、规划工作，以及整套协议、交易架构、投融资体系的设计，到 2014 年 2 月底开始正式动工、全面的建设等一系列的工作；此外，中信城市运营团队的工作还包括后期的开发建设和运营管理，目标是复合应用"TOD、游憩商务区（RBD）、商务会奖旅游（MICE）"等规划理念，将中信城市运营项目打造成"生态型的南岸新城、现代服务业发达的粤东首邑、亚太高端文化商务休闲之都"，促进区域整体价值的提升。

三、合作模式特征

中信城市运营项目的合作模式，是在粤东区域城镇化战略发展目标指导下，建立和创新的具有中国特色的 PPP 政企合作市场化模式，政府和企业（中信）形成利益共享、风险共担的伙伴关系。对应图 4 - 2 所示城市运营的运作方式，在中信城市运营项目的运营中，市、区各级人民政府为其提供了土地、政策等资源基础，中信城市运营团队作为城市运营商，利用市场机制对上述资源通过一系列的整合和综合开发运营，包括策划规划、资本运作、产业配置、品牌输出等，实现企业的投资回报，与此同时政府也获取了良好的社会综合效益，促使合作双方共同努力推进区域整体价值的提升。可以说，政府和中信双方在项目合作模式上进行了一系列的探索和创新，其特征主要体现为以下三个方面：

1. 形成合法、稳定的伙伴关系，明确双方权利义务和共同的发展目标

（1）政府通过公开招标确定中信城市运营团队为项目城市运营合法投资主体，明确中信城市运营团队作为整体项目区域开发总协调人的法律地位。

（2）明确双方权利义务，政府提供土地与政策资源，中信城市运营团队负责项目的策划规划及资本运作，依托中信集团金融版块全牌照经营的优势，以及非金融版块在建筑设计、工程建设、环保节能，技术研发等众多领域的综合实力，通过资源整合，产业优化配置，与地方政府开展全面合作进行区域的综合开发与运营。

（3）明确共同的发展目标，对合作范围、合作期限、项目进度做出具体的约定。

（4）形成九大协议构成的整体、系统的法律支持体系。

2. 充分体现利益的共享

（1）项目土地出让收益扣除项目成本、政府提留的基金税费后的溢价部分由政府和中信城市运营团队按照股权比例分成。

（2）政府除获得土地溢价收益外，未来还将获得城市形象的改善、城镇化建设进程加快、长期的税源及就业保障等社会综合效益；而中信城市运营团队则通过协议约定获得土地开发收益分成，实现投资回报。

3. 建立完善的风险共担机制

（1）项目合作模式及要点由地方人大批准①。

（2）市级政府对本项目进行特殊授权及委托，同时项目所在区作为广东省行政综合体制改革试点，享有地级市的行政管理权限。

（3）通过土地开发特许授权，实现土地未来收益与特定基础设施建设的有效捆绑，在全国首创将土地储备证、白证依法装入项目公司。

（4）设定了完善的项目退出机制。

在中信城市运营项目实践中，中信城市运营团队坚持以资本运作为主导，以产业整合为手段，以土地开发运营为基础，以政府和企业的协同合作平台为主要方式，初步探索建立基于新型城镇化的资源复合型 PPP 政企合作发展模式，建立起政府与企业"伙伴关系、利益共享、风险共担"的共同体关系，促进城市与区域的"五位一体"系统目标的达成。

四、规划整合的目标设定

中信城市运营项目以粤东地区的新型城镇化（具体说来，是以 2011 年广

---

① 2015 年 10 月 25 日，项目所在城市人大常委会表决通过中信城市运营项目协议。

东省政府制定的粤东区域城镇群发展战略）为目标，以规划为导向进行资源整合，通过市场引导和资本的介入，致力于打造城市运营的"五位一体"系统目标：产业、文化、交通、生态、人居环境，通过市场机制进行整合，达到了整体价值提升和综合效益最大增值的目标。具体体现如下。

（一）城市运营与产业孵化发展

在产业方面，滨海新城达到了产业成链、主体凸显的目标。中信城市运营团队经过多轮市场调查，发现项目所在区目前的主要问题在于自主式的生产经营方式，导致当下产业门类众多，但未有主导产业和产业集群。项目所在区传统的主导产业是建筑业，然而建筑业为外向型的产业，并未给本区域带来客观的经济收入和价值；其他的产业较为零星和无序发展。滨海新城概念规划提出发挥独特资源优势：粤东最大的深水港口——广澳港，以及粤东唯一保税区的优势，发展临港产业，明确产业导向，以培育产业集群，发挥港城联动的组合效应。

可以看出，城市运营商通过产业导入和孵化，调整优化城市产业的发展结构及规模，达到带动城市人口增长的目的。城市运营整合城市拥有的各项资源，使各项资源得到有效合理开发，同时注重以城市资源整合为基础，进行城市产业的打造与升级，实现城市土地资源的增值，推动城市经济发展，增强城市的市场竞争力。

（二）城市运营与文化记忆延续

在文化方面，滨海新城达到了传承人文、纳新再创的目标。中信城市运营团队在前期调研中派出 20 人在项目所在区调研两个月之久，在对其悠久历史深入挖掘后发现，其文化古迹非常丰富。项目所在区拥有中国最小的古城——达濠古城，还有粤东开埠时多个国家留下的领事馆，以及极具特色的地方民族资源。然而，政府一直以来对这些历史文化古迹并未进行全面的分析和挖掘。基于此，在吸纳和借鉴潮汕历史文化特色的同时，中信城市运营团队本着开发和保护的原则，一方面对原有的历史文化的资源全面保护，另一方面创新型地进行复制——目前在建的 RBD（游憩商务区）人文中轴即运用了大量潮汕的传统民居、潮汕骑楼等具有潮汕历史文化建筑元素。可以说，滨海新城延续了潮汕文化的记忆，从而形成海外潮人的精神家园。

（三）城市运营与交通体系完善

在交通方面，滨海新城实现了"粤东枢纽、国际新港、汇达江城"的目标。项目所在区交通方面存在的主要问题是城区对外交通实施的配置等级低且不足，未形成完善的交通结构网络和公交体系。在概念规划中提出了陆海汇达、南北捷畅的发展目标，在对外交通网络方面，构建完善的对外交通体系，包括投资规模达60亿元的苏埃过海隧道的建设、高等级的城市道路和公路的建设，形成对外交通多式联运网络；在内部交通方面采用了TOD的交通发展模式来构建完善的内部交通体系，以提升新城的价值。

（四）城市运营与生态资源利用

在生态方面，滨海新城提出了保育增效、江海宜居的目标。项目所在区是粤东生态环境最好的区域之一，但政府原本的规划对整个生态环境的经济价值的认知并不充分，也没有对生态资源进行有效的复合利用，可以说生态资源的价值没有得到充分的发挥。在滨海新城概念规划中提出优先保护生态的城市功能开发策略，优先制定生态空间的管制政策，包括以下四个方面：一是对现状、生态条件比较优越的生态系统，包括红树林湿地、礜石风景区、海岸线等，采取控制防御的政策；二是对生态质量下降的系统，例如鱼塘、湿地、盐田等，采取一系列措施进行恢复；三是沿着濠江创建一条整体生态景观的廊道；四是基于地理信息系统（GIS）对生态要素进行研究，将整个项目所在区划分成已建区、适建区、限建区和禁建区，各有不同的对应开发强度，对整个开发行为和开发时序进行科学的控制，以达到城市开发建设与环境保护并重的目标。

（五）城市运营与人居环境营造

在人居环境方面，滨海新城提出了联动互应、组构集约的目标。项目所在区目前产业空间布局零散、低效，滨海地段的高价值地段的土地利用和空间价

值的发挥极为不充足，加上基本农田也占据了位置很好的土地资源，在概念规
划中通过构建有效的空间体系网络，优化整个规划的功能配置，以创建中信城
市运营的城市特色。

综上五方面所述，单一的城市建设模式已经跟不上社会发展的需求，城镇
化的建设和发展，必须立足于城市运营的高度进行规划和实施。城市运营是以
构筑整体城市功能为目标的"五位一体"系统工程，而如何在快速推进的城
镇化建设过程中运用城市运营新模式打造产业、文化、交通、生态及人居环境
等目标于一体的格局，将是城市运营商所面临的重大挑战之一。

五、规划整合的方法与流程设定

依据前述的规划整合原则和目标设定，中信城市运营实践中的规划整合创
新，主要体现于"五规合一"的编制思路和以技术路线为核心的资源整合过
程。其决策模式遵循前期市场调查、中期对比选择、后期整合实施的大思路。
通过前期的市场调研收集基础资料，包括城市的政策环境、空间形态、功能布
局、产业特征等城市功能和城市发展所涉及的方方面面，保证基于调研形成的
规划是符合市场需求的。中信集团通过对多家规划编制机构规划方案的比较和
选择，结合不同方案的优缺点，最终提出符合市场需求、体现政府意志并且满
足公众利益需求的整合性的规划方案。

基于对中信城市运营实践中规划整合的过程观察与经验总结，本书形成了
一个以"五规合一"为核心的三个阶段的工作内容框架和流程（如图4-4所
示）。三个阶段的规划整合工作内容既相互独立，有各自独立的整合目标、方
法和成果，又互为因果，相互关联和依赖，共同构成了规划整合的整体工作内
容。各阶段内容和特征概述如下：

（一）第一阶段："五规"的比较分析

对目标地区的"五规"分析是对城市运营项目奠定了基础背景的了解。
我们知道，由政府部门编制的"五规"作为基本的公共政策和规定，很大程
度上反映了当地政府对于城市治理、建设和发展等方面的理解与意志。因此，

通过对目标地区"五规"的研究，可以在较短的时间内较为全面地了解当地的基本情况和政策方向，形成项目的背景框架。

在此阶段，"五规"的分析方法包括定性分析和定量分析两个方面，主要目的是得出"五规"中的离散要素及其离散程度。定性分析方法包括"五规"与项目发展愿景的对比分析、"五规"差异度比较分析和"五规"内容中具体要素的直观离散性分析；定量分析是通过从"五规"中选取关键要素，设计并发放《"五规"一致度调查表》，以调查表收集的数据为基础分析"五规"关键要素的离析、重合和交叉程度，并从政府、公众、市场三个角度比较"五规"在上述三个维度上的趋向性。

可以认为，"五规"分析过程实质上是对"五规"要素离散程度的分析论证过程，为接下来两个阶段的"五规"整合提供了必要性论证和目标对象。

（二）第二阶段：战略发展概念规划的组织整合

基于第一阶段"五规"比较分析结果，"五规"中的离散要素将在概念规划和控制性详细规划两个阶段通过"市场校正机制"和"投资平衡机制"得到整合。

在概念规划阶段，市场校正机制主要体现为前期的市场调查及定位策划过程，其核心内容是通过市场定位调查发现和判断"五规"要素中是否存在政府意志表达过度且严重偏离市场实际需求的方法和机制。具体方法如下：城市运营商首先对目标区域进行市场调查（社会调查、现状调查、区域经济调查、房产市场调查、土地市场调查、文化调查和法律法规调查等方面），并委托多家单位开展策划定位，运营商基于市场调查结果，将"五规"要素中部分偏离或者不符合市场要求的要素进行筛选、过滤，经比较整合后得出策划定位；接着以策划定位为基础，结合目标区域的空间要求，调整得出规划定位，作为下一步概念规划编制的直接指导。而在规划定位得出后，城市运营商又委托多家规划单位按照各自所长分别将规划定位落实到空间，并再一次根据各家的发展理念进行选择，得出最后的发展策略决策；最后以此发展策略为基础，将多家规划单位的规划成果整合为最终的概念规划成果。

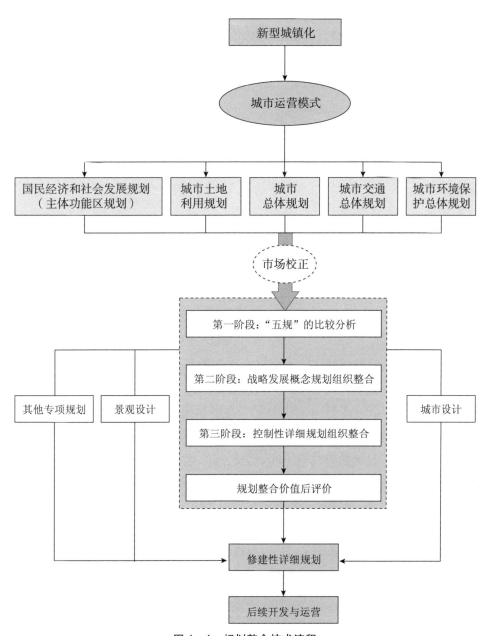

图 4 - 4 规划整合技术流程

在此过程中，城市运营商提供平台，以对政府、市场、公众的诉求整合为原则，以贯穿概念规划全过程的市场校正、投资平衡与法律协议三方面工作与空间规划工作同时进行且不断相互作用和博弈，最终达到动态平衡的过程为主要机制，最终得到的滨海新城概念规划即是此动态平衡的结果和最优空间表现形式。

可以认为，概念规划的形成过程即是对"五规"要素宏观层面的调整过程。

（三）第三阶段：控制性详细规划的组织整合

控制性详细规划是城市运营项目的法定性规划文件，其目标是保障城市运营项目正常落地实施。此阶段在国家法定的规划编制内容基础上，转变规划理念和编制程序，以上一阶段的概念规划成果为直接参考，以落实经济指标为目的，再一次利用市场校正机制和投资平衡机制，将"五规"中逐渐暴露出更深层次的、更加细化的矛盾点进行筛选、过滤和整合，确保政府、市场、公众利益的平衡。

与概念规划阶段类似，城市运营商首先通过进一步的背景分析（包括政策环境分析、地形地貌地质分析、土地现状结构分析、深度市场调查等）进行经济测算和市场需求预测，作为下一步项目定位和发展目标调整的参考。当项目定位与发展目标确定后，即结合经济目标进行深化业态策划，对业态配比、开发强度与规模等开展研究，空间规划成果是深化业态策划在空间上的直接反映和落实。然而，控制性详细规划编制过程的重点，更在于后期各利益团体的诉求协调过程，"五规"要素在漫长的协调过程中不断调整与整合，最终达到符合政府、市场、公众三方利益诉求平衡的法定空间成果。

可以认为，控制性详细规划的形成过程即是在城市运营项目落地的过程中对"五规"要素微观层面的调整过程。

六、规划实施概况

中信城市运营团队作为城市运营商，通过与政府达成法律协议获得了规划编制权，并依据规划整合实施方案组织了针对项目所在区行政辖区全区域 168 平方公里范围的战略发展概念发展规划和启动区南滨片区的城市设计以及控制性详细规划等重要规划的编制。

2010 年 4 月，中信城市运营团队启动了全区域 168 平方公里的战略发展概念规划的编制工作，于 2011 年 3 月 1 日完成编制，并与启动区南滨片区的城市设计成果一同上报市级政府，于 2011 年 5 月 23 日正式得到市级人民政府的批复；2011 年 8 月项目所在城市政府常务会议审批通过并要求项目所在城市总体规划按照中信城市运营战略发展概念规划进行调整修编，这标志着概念规划成为法定控制性详细规划编制的合法依据。

基于得到市政府常务会议审批通过的概念规划和南滨片区城市设计成果，中信城市运营团队于 2011 年 4 月委托规划设计单位合作开展 12.4 平方公里启动区南滨片区的控制性详细规划编制工作，2011 年 8 月草案初稿完成，随后进入长达近两年半的规划协调工作。2014 年 2 月由中信城市运营团队组织编制的控制性详细规划成果得到市政府正式批复，这为城市运营项目的落地及顺利开展奠定了坚实的基础。

值得一提的是，经过三个阶段的规划整合后的规划方案并不只是在空间上进行单纯的"五规"叠合，而是以"五规合一"理念为核心，以政府编制的"五规"要素为基础，经过市场机制过滤、筛选和校正，投资平衡机制不断验证和调整，兼具经济性、实效性和操作性的科学合理的发展模式，是同时平衡了政府、市场、公众的利益诉求的要素有机整合成果。

第五节　启示

根据目前国内外市场主导下的城市综合开发运营管理项目，总结提炼了具有中国特色的城市运营模式的特征，并结合新型城镇化的目标对城市运营进行了定义。大量的城市运营创新性实践阐明了城市运营模式与"五规"的内在关系，印证了"五规"整合对城市运营的科学实施的必要性和重要作用，揭示了提炼了基于城市运营模式的、以"五规合一"规划整合的前提和原则。

　　通过对目前国内外城市综合开发运营管理项目的对比分析，本章尝试总结了城市运营中产业、文化、交通、生态、人居环境"五位一体"的系统目标，指出城市运营是"以规划为导向的资源整合"，是实施推动新型城镇化的有效市场平台，初步构建了城市运营中规划整合的理论框架。

　　最后，基于对"五规"与城市运营系统目标逻辑关系的阐述，分析了"五规合一"的可能性、必要性和合理性，并深入论证了"五规合一"中政府、市场、公众的整体利益平衡与土地、产业、资本三大关键要素的关系，阐明了基于城市运营的以"五规合一"为核心的规划整合方法的基本原则。

05 第五章
规划整合模式之一："五规"的比较分析

CREATION OF CITY VALUE • A Planning Integration Method based on Urban Operation •

第一节 "多规合一"的现行方法与探索

具有中国特色的"多规分离""多规矛盾"现象越来越严重，不少学者已从"多规"的编制主体、依据、方法等方面对其差异性做了深入对比分析，以"摆事实"的方法来说明当前的规划矛盾。

而在目前所进行的"多规合一"的前期分析中，广州市的"三规"比较分析方法可以作为当前"多规"分析方法的典型代表。具体方法为：以社会经济规划为指导，对行政辖区范围内的土地利用总体规划与城乡规划建设用地进行对照分析，明确"两规"差异图斑面积和数量，以腾挪建设用地空间为目标，划定建设用地规模控制线、建设用地增长边界控制线、生态控制线和产业区块控制线，形成"三规合一"技术成果——"一张图"。

较为普遍的现象是，当前的"多规"比较方法大多偏向于定性分析，或对规划图纸进行直观、粗浅的片面分析，分析的对象也大多停留在物质规划层面，且并未深入到"多规"分离的本质原因以及内在因素。

第二节 实践与思考

一、"五规"比较的目标和方法

由于"一个部门、一种规划"，"五规"必然各有侧重，存在一定的差异。以项目所在地城市为例，可以从"五规"与城市运营项目目标定位的关系，以及"五规"之间的总体目标、编制方法、规划周期和具体内容四个方面，定性、定量地深入分析"五规"相互之间的相似度和差异度，目标是分析出

"五规"要素是否分离以及分离的程度,为后续的规划整合提供具体的目标对象。其中,根据前文总结的理论观点,在发现"五规"与城市运营目标定位的偏离后,在对"五规"差异度及相关规划内容的定性比较分析基础上,创新性地运用定量分析方法对"五规"与目标定位的相似度和差异度进行客观论证。基于上述有关"五规"的比较分析结论,中信城市运营团队作为规划整合的操作主体,在后续计划中有意识地进行了战略发展概念规划及控制性详细规划两阶段的整合,这两部分内容将分别在本章中进行具体分析说明。

首先,在比较"五规"的编制主体、编制依据、规划周期等方面时,需要首先查阅了各个规划的方法对"五规"进行的定性对比分析。参考资料有:项目所在城市《国民经济和社会发展第十二个五年规划纲要》《土地利用总体规划(2006—2020年)》《城市总体规划(2002—2020年)》《综合交通运输体系发展中长期规划(2011—2030年)》《公共交通规划》《干线公路网规划简介》和《环境保护和生态建设"十二五"规划》。

其次,在对"五规"的具体规划内容进行比较时,本研究采用了定性和定量分析方法与工具。在定性分析方面,通过查阅"五规"具体内容及中信城市运营团队在项目过程中的相关文件,客观回顾、总结了"五规"总体目标以及重点要素的相似性和差异性定性分析方法。而在定量分析方面,主要通过对"五规"要素定性分析的创新性完善,包括设计项目所在城市《"五规"一致度调查表》(见附录二)以及对调查数据的分析模型来进行。通过定性和定量分析,不仅能揭示"五规"之间复杂的矛盾关系,科学、全面地评价当前"五规"的差异度,同时也可探究由政府主导的"五规"是否可以作为城市整体高效、可持续发展的充分条件。

二、"五规"与项目目标定位的关系

(一)社会经济发展规划与项目目标定位的关系

根据项目所在城市《国民经济和社会发展第十一个五年规划纲要》,城市的产业定位描述是"以高新技术产业为先导，园区工业、临港工业为主体，建立特色鲜明、高度集群、竞争力较强的新型工业体系"。通过从亚太和粤东层面对城市进行全面调研，可以发现：首先，粤东城市群地处珠三角和海西经济辐射区的交界处，高新技术产业经济总量偏小，集聚效应较难形成；其次，城市园区工业总量与质量就粤东其他主要城市而言也并不占优，现有产业关联度低，缺乏横向和纵向延伸，第三产业能级不足，不成体系，主要依托于实体经济生存的"临港"产业也逐渐下滑；再次，随着改革开放力度的持续增大，沿海城市与经济特区之间的政策差别正在逐渐缩小；最后，"十一五规划"中强调的高新技术以及临港工业并不能对未来城市经济的拉动起到积极的作用，从而据此施行的诸多产业政策也就与市场发展方向相背离。

基于规划策划阶段分层分析，可以发现，项目所在城市在粤东地区的发展潜力和优势集中在第三产业，可借助港口经济、交通枢纽、信息网络等基础优势，发展成为粤东地区的服务配套聚集中心；同时应顺应潮汕地区特有的侨乡文化，对高端会展、商贸和旅游进行投资。

因此，为实现中信集团的投资愿景，全面提升全市产业结构，完善功能，打造成"现代服务业发达的粤东首邑"，需要在项目的战略发展概念规划阶段针对城市"十一五"规划中的产业定位与各方进行沟通、协商，并进行反复的调查、调整。

（二）城市土地利用总体规划与项目目标定位的关系

土地利用总体规划主要强调资源保护，特别是对耕地资源的保护，对具体指标的规划和控制体现在"总量"层面。在着重于对各性质用地总量把控的同时，也在某种程度上造成了用地布局不够合理的问题。比如，中信城市运营项目隧道出入口小块的独立工矿地块呈现出零散、不够集中的特点，这对项目（隧道）的走线选择和工程的时间节点控制产生了一定的影响。

在区级层面，特别在南滨片区内的耕地保护也同样缺乏一个合理的总体布局规划，导致大量耕地、工业用地等随意散布，阻碍了产业的统一布局，给中信城市运营项目"一轴、两带、三园、多功能组团"的有机布置和相互协同增加了难度。因此，在后期的规划整合中，更重视土地利用布局的系统性和高效性。

（三） 城市总体规划与项目目标定位的关系

在 2003 年 5 月完成的项目所在城市《城市总体规划（2002—2020 年）》中，南岸城区被定位为具有城市"前花园"特征的非独立性的城市功能区，为项目所在城市的辅助城区，以增长极点发展为主导；在空间布局方面，为了完善城市环状组团结构的布局目标，提出"限制濠江两岸开发强度和用地规模，改变南岸中心区跨濠江发展的双中心结构为集中建设茂洲片区的单中心结构"的控制目标。

通过对项目所在区的现有资源和区位的分析，中信城市运营团队认为"一湾两岸"独特的区位优势连同得天独厚的生态资源决定了其广阔的发展空间，从而提出南滨片区的发展目标为：集旅游、生态、商务、娱乐、体育、居住于一体的海湾南岸功能复合型 RBD 新城区，打造生态型的南岸新城。

中信城市运营团队在对总体规划分析时注意到，由于对项目所在区的生态、区位优势认识的不足，职能定位的偏倚，市级土地利用规划在该地区新设污水处理厂，加之现存的华能电厂煤灰池，都将严重影响片区的经济价值，破坏整体形象。因此，在规划整合过程中需要开展污水处理厂的规划调整以及华能片区的整体搬迁和土地置换工作。

（四） 城市交通专项规划与项目目标定位的关系

根据城市总体规划，中心城市按照"东延、南拓"的思路，东延到澄海莱芜，南拓至濠江，构筑"一市两城，多组联片"的组团式格局，"两城"即汕头湾南岸新城和北岸老城。目前联系南北两岸的交通通道主要为海湾大桥和礐石大桥，承担市区南北两岸间的交通和过境交通。海湾大桥位于城市外围，1995 年通车，过境和对外交通组织对城市交通影响较小；礐石大桥北岸接线位于老城区内部，日过海交通量（单位：pcu/d）为 4.2 万，已呈现饱和的局面。

基于项目所在区的未来发展定位，可以判断目前的过海交通体系无法满足城市各区域之间新产生的交通量，亦无法为滨海新城各组团的发展提供足够的支持。对外交通如沈海高速、汕湛高速、潮汕揭阳机场等，在一定程度上受市区内南北通达不便的限制，功能以疏港和过境为主，无法与市区内各主干道形成有机连接的交通体系。

通过规划整合分析，合作双方达成共识，提升项目所在城市内部交通特别是过海交通的可达性主要在于无缝连接内外部交通体系，实现项目目标定位——"发挥项目所在城市作为国家公路运输枢纽及粤东'区域中心城市'龙头作用"。因此，滨海新城项目运用战略发展概念规划初步确定开辟新的过海通道即苏埃海底隧道的必要性。

（五）城市环境保护专项规划与项目目标定位的关系

项目所在区所处的位置属于榕江入海口区域，具备河口生态系统特色和生态敏感性；拥有长达 92.8 公里的海岸线，大量生态水域、绿色景观资源、山林、红树林湿地、盐田鱼塘等生态资源，以及风景名胜区、历史文化保护区等资源。中信城市运营团队通过对现状的充分调研后发现，虽然项目所在区历来对生态环境的保护较为重视，但对生态环境的经济价值并未有足够认知。

例如辖区内的红树林，其面积为 160 亩，是广东省已发现的面积最大、分布最北、保存较为完整、候鸟种类最齐全的天然次生桐花树林。但城市环境保护专项规划对红树林没有足够的重视，未制定详细的保护和利用方案，不利于系统管理。为了维护稀缺红树林湿地的生态价值，实现南滨片区生态总部RBD 的发展愿景，在后期的规划整合过程，红树林保护区作为重点关注要素，须与环保部门协调，共同打造既具有完善保护、管理机制，同时又能保证市民可达性的红树林生态公园。

三、"五规"差异度比较分析

总体而言，我国规划类型众多，相互关系复杂，不仅纵向的从国家到地方层面，而且横向的各职能部委之间均受各自局部利益驱动、价值取向、专业差异等因素影响，造成了相互之间重叠、脱节甚至冲突等"多规不合一"的矛盾状况。

依据对国内"五规"差异性的分析，"五规"的差异主要体现在编制主体与层次、编制依据、发展程度与内容、编制技术与标准、规划周期与口径等五个方面。其中，编制技术与标准由全国统一制定，具有普适性且已在前文中有所阐述，因此本章将主要对在中信城市运营项目的"五规"分析阶段中涉及的其他四个方面进行对比分析。

（一）"五规"编制主体比较

从编制主体上看，发改委负责编制项目所在城市《国民经济和社会发展第十二个五年规划纲要》。项目所在城市人民政府根据《中华人民共和国土地管理法》，以《广东省土地利用总体规划（2006—2020 年）》为指导，编制项目所在城市《土地利用总体规划（2006—2020 年）》。而项目所在城市《城市总体规划（2002—2020 年）》则由市规划局、市建委委托中国城市规划设计研究院编制。城市环境保护规划，则是根据《广东省环境保护条例》第十条"省人民政府环境保护行政主管部门负责组织制定环境保护规划编制导则"要求，由省环境保护局组织市级人民政府组织编制项目所在城市《环境保护和生态建设"十二五"规划》。当地环境保护行政主管部门依据论证后的规划大纲组织对规划进行审查，规划编制单位根据审查意见对规划进行修改、完善后形成规划报批稿（《广东省环境保护规划编制技术导则》）。城市综合交通体系规划较为不同，由市交通运输局委托广东省交通运输规划研究中心进行编制项目所在城市《综合交通运输体系发展中长期规划（2011—2030 年）》。

我们从编制主体的对比分析中发现，"五规"编制主体差异是造成规划间相互矛盾的直接原因。因此，在规划整合中，中信城市运营团队通过与政府的法律协议获得了规划的编制权，并获得了进行规划整合的工作平台，这样可以最大限度促进部门联动，从根本上减少规划分离的情况发生。

（二）"五规"编制依据比较

表 5 - 1 详细列举了"五规"的编制依据的具体情况。虽然各专项规划由不同部门编制的体制具有一定的合理性并且在世界范围内具有普遍性，比如美国的环境战略保护规划由环境保护署（EPA）独立制定，但是在环境保护规划与其他规划（如土地利用规划）之上存在着当地政府制定的、在专业跨度上有统一性的、在时间跨度上有延续性的"指导性指引政策"，很大程度上保证了各规划的协调。在本案例中，笔者发现五项政府部门规划的编制依据和法律

主体不尽相同，且缺乏一个具有指导意义的规则或者主体进行指导或合一，出现各部门各自为政、各规划"闭门造车"的现象便不足为奇。

表5－1　项目所在城市"五规"编制依据一览

规　　划	规　划　依　据
项目所在城市《城市总体规划（2002—2020 年）》	1.《中华人民共和国城市规划法》
	2. 建设部《城市规划编制办法》
	3. 建设部《城市规划编制办法实施细则》
	4. 城市总体规划审查工作规则（建规〔1988〕16 号）
	5. 建设部《近期建设规划工作暂行办法》
	6. 建设部《城市规划强制性内容暂行规定》
	7. 建设部《关于同意修编汕头市城市总体规划的通知》
	8.《珠江三角洲经济区规划研究（1995 年）》
	9. 项目所在城市《国民经济和社会发展第十个五年计划纲要》
	10. 国家、省、市相关法律法规和标准规范
项目所在城市《土地利用总体规划（2006—2020 年）》	1.《中华人民共和国土地管理法》
	2.《广东省土地利用总体规划（2006—2020 年）》
项目所在城市《环境保护和生态建设"十二五"规划》	1. 国家环境保护法律、法规和标准
	2. 国家和地方国民经济和社会发展规划及其他相关专项规划
	3.《广东省环境保护规划》及《广东省环境保护规划纲要（2006—2020 年）》（粤府〔2006〕35 号）
	4.《珠江三角洲环境保护规划》及《珠江三角洲环境保护规划纲要（2004—2020 年）》（粤府〔2005〕16 号）
	5. 地方环境保护与生态建设规划
交通规划	《广东省综合交通运输体系发展"十二五"规划》
项目所在城市《国民经济和社会发展第十二个五年规划纲要（2011—2015 年）》	1.《中共中央关于制定国民经济和社会发展第十二个五年规划的建议》
	2.《中共汕头市委关于制定汕头市国民经济和社会发展第十二个五年规划的建议》

因此，在实际操作中分两个阶段完成了规划整合，并将非法定的战略发展概念规划上报项目所在城市政府审议，并得到市级人民政府的批复；整合了项目目标定位的战略发展概念规划成为法定控制性详细规划编制的合法依据，是对规划编制依据不统一的有效整合方式。

（三）"五规"规划周期比较

"五规"的规划期限各有差异：国民经济和社会发展规划以五年为周期（现行为2011—2015年），每5年编制一次，与国家"十二五"规划的期限一致；土地利用总体规划以2005年为规划基期年，规划期为2006—2020年，近期为5年；城市总体规划以2002年为规划基期年，规划期为2002—2020年，近期为5年；环境规划的规划期与项目所在城市"十二五"规划一致，为2011—2015年；城市交通规划的规划期限与城市总体规划相一致。

表5-2显示了在规划期限方面，虽然各规划的期限有所差异，但基本遵循了5年的近期划分，以5年为最小单位进行规划的编制、修编以及监督，为"五规"的整合提供了基础和可能；主要矛盾存在于土地利用总体规划与城市总体规划之间，作为政府主导编制的规划，规划的期限不统一，给规划的编制及实施造成了一定的困扰。除了规划的期限不统一导致的规划之间相互矛盾，还有一个不容忽视的问题则是规划的起始编制时间。在规划期限不同的情况下，若能够在相近的时间点进行编制，保证规划编制的大背景环境相同，可以有效避免规划期限带来的矛盾。此矛盾也将在战略发展概念规划作为控制性详细规划的直接合法依据后得到解决。

表5-2 "五规"规划期限对比

规划类别	国民经济和社会发展规划	土地利用总体规划	城市总体规划	综合交通体系规划	生态环境保护规划
规划期限	5年	15年	18年	18年	15年
近期划分	—	近期5年	近期5年	近期5年	—

（四）"五规"规划内容比较

1. 总体目标分析

由于总体目标决定了各规划的发展大方向，毋庸置疑，对总体目标的比较分析可以说是对"五规"内容对比最直接也最本质的分析方式。

国民经济发展规划以项目所在城市《国民经济和社会发展第十二个五年规划纲要》为参考依据。其总体目标是"以科学发展为主题，以加快转变经济发展方式为主线，以特区扩围和新型城市化为抓手，优化提升城市形态和功能布局，加快推动战略性新兴产业倍增、现代服务业提速、传统优势产业提升和蓝色海洋综合开发，推进统筹城乡综合配套改革，提高开放合作水平，突出社会发展和民生改善，全面提升城市综合实力，强化粤东区域中心城市集聚辐射功能，努力把汕头建成东南沿海重要港口和海峡西岸经济区南翼中心城市。"规划的目标主体是城市经济的发展，提出了各项经济指标、产业结构、财政指标等在规划期内的具体要求。并且，规划对空间、土地、环境、交通等方面也有相应的要求。

城市总体规划强调城市的发展，注重经济社会发展对城市建设要求的满足。基于对城市性质的定位：国家经济特区，东南沿海重要港口，粤东中心城市，项目所在城市总体规划的主要规划目标为："推动城乡一体化，加强交通、能源、水利基础设施和环境保护、资源利用等方面的统筹规划和协调，促进整个粤东地区，乃至整个闽粤赣经济协作区经济社会可持续发展。"

土地利用总体规划作为我国土地空间上的重要法定规划，主要强调资源保护、特别是对耕地资源的保护，其规划的编制理论以及规划目标基本都是围绕此问题展开。土地利用总体规划的指导原则是：严格保护耕地和基本农田，节约集约利用土地，统筹各业和区域用地，重视生态建设用地安排且加强与相关规划的衔接协调。并提出了五点具体目标：（1）耕地保有量和基本农田保护目标；（2）节约集约用地目标；（3）土地利用统筹目标；（4）拓展海洋用地空间目标；（5）土地生态环境保护目标。

环境保护规划是以项目所在城市《环境保护和生态建设"十二五"规划》作为参考依据，以可持续发展战略作为基本原则。故其规划总体目标主要是以"城市经济发展与生态环境保护的协调"问题为出发点，可以总结为："统筹规划城市生态体系构架，合理开发利用与保护自然资源；大力实施环境综合整治与生态修复，构建舒适和谐的生态环境安全体系及先进的环境监测预警应急体系，促进经济、社会与环境全面、协调、可持续发展，建设幸福汕头。"其中，对规划期内各项环境指标，如森林覆盖率、绿化覆盖率、工业固体废物综合利用率等，有明确的要求。

干线公路网规划的编制目的是改善、加强城区内部以及与外界交通的便捷性，从而突出项目所在城市区域性中心地位、突出开放式的布局理念，其规划总体上围绕着一个"快"字。交通规划总体发展目标可以总结为：以全面建设小康社会和率先基本实现现代化战略目标为基本依据，以建设粤东中心城市和沿海经济强市为基本出发点，全面提高公路网络化水平和技术等级，以高、快速公路为骨架，形成外连粤东地区主要城市，内通城市中心区、周边区县、交通枢纽、重要旅游景点、大型工业园区的公路网络。

显而易见，国民经济发展规划的主线是实现城市经济的科学、快速的发展；城市总体规划作为一种综合性规划，是以城市建设和经济发展为出发点；而土地利用总体规划是一种专业性规划，以合理安排现有的土地资源为规划目的；环境和交通规划的规划目标则更具有各自的专业性。

同时，经过深度对比后我们发现：虽然各规划的侧重不尽相同，但相互之间有着很强的联系。从城市发展的角度看，都是以国民经济和社会发展计划为参考，在根本目标上存在一致性。土地利用规划、社会经济规划和城市总体规划都强调土地的节约和集约利用，并且连同市级交通规划，都将"建设汕头为粤东中心城市"作为规划的基本目标。而"五规"各自的专业领域，各个规划也存在着相当程度的交织和重叠。例如，国民经济发展规划中除了经济发展之外，其对环境、城镇化水平、公路总里程等发展目标也提出了相应的要求。因此，从城市发展的角度看，"五规"的根本目标都是确保对城市资源高效、合理地开发、利用和保护，最终实现资源的可持续利用和城市的可持续发展。从政府角度来说，规划本源上的目标是一致的，但由于行政体制的约束，造成了种种分歧；这也为城市运营商为主体的规划整合在政府层面提供了可能性。

2. "五规"要素定性分析

由于五项代表政府意志的规划在编制主体、法律主体、编制依据、规划周期以及规划出发点和着重点等方面不尽相同，其规划的具体内容中也就不免出现相互冲突和矛盾的地方。笔者通过对相关规划文件的查阅，针对规划中的一些具体的关键要素进行了对比：

（1）区域定位以及发展目标的差异。

区域发展定位和产业规划存在着模糊不清、相互矛盾的问题。根据项目所在城市《城市总体规划（2002—2020 年）》，南岸城区是具有城市"前花园"特征的非独立性的城市功能区，以发展深水港、港前工业、旅游及休闲度假、教育产业以及现代农业为主，是具有浓郁园林滨海特色的汕头新区。而其"十一五规划"对南岸城区的发展定位描述为："立足自然生态环境保护，主要发展观光农业、生物制药、环保产业、都市生态旅游等，打造生态经济廊道。"可以看出，南岸城区在城市总体功能定位和区域内产业规划在上述两个规划中都存在明显的差异，而且概念模糊。这样的分歧导致各方面政策制定、实施产生不持续性，很大程度上阻碍了南岸城区的经济发展。

（2）人口规模预测的差异。

对人口的预测，由于统计口径差异，城市总体规划预测人口范围比土地利用总体规划预测人口范围大，造成前者预测的人口明显高于后者。在城市总体规划中，近、中、远期（2020 年）规划市域总人口为 540 万、580 万、650万，土地利用总体规划对规划末期（2020 年）人口预测则为 567 万。究其原因，主要是由于各项规划的编制过程相对独立，对同一指标的编制标准并不完全一致，由此导致同一指标在不同的规划中产生差别。

（3）各项规划关键指标的差异。

"五规"中对于诸多关键要素相关规定的交叉、重合以及矛盾点也同时在中信滨海新城项目的商榷、启动和推进过程当中体现出来。在对南滨片区的战略发展概念规划阶段，整合参考了五项规划，对滨海新城项目片区若干要素的规划有着较为明显的分歧，尤其体现在项目所在城市《土地利用总体规划（2006—2020 年）》项目所在城市《城市总体规划（2002—2020 年）》项目所在城市《环境保护和生态建设"十二五"规划》和项目所在城市《干线公路网规划简介》当中。

例如，我们发现在城市总体规划中，对规划末期（2020 年）人均公共绿地的要求为 10 平方米/人；在环境保护规划中，公共绿地面积规划目标为 15 平方米/人。而在土地利用总体规划中，规划末期（2020年）城区人均建设用地为85平方米；但是根据城市总体规划，2020年城区人均建设用地应达到92平方米。

（4）苏埃隧道南岸出入口。

为解决主城区过海交通的瓶颈问题，适应项目所在城市社会经济发展和城市规划的需要，在滨海新城项目战略发展概念规划开辟了新的过海通道：苏埃海底隧道。

为了使项目工程线位方案与项目所在城市《城市总体规划（2002—2020年）》《城市交通规划》《城市发展概念规划》《南滨葛洲片区土地利用规划》和《土地利用总体规划（2006—2020年）》相协调，满足城市、龙湖分区和南滨葛州片区的现状及未来规划，项目研究小组多次向市规划局、市交通局以及其他部门领导专家进行工作汇报并听取相关意见，最终将隧道起点定为天山南路与金砂路交叉处，接天山南路，经苏埃湾海域，接规划的安海路，终点至礐石风景区虎头山北侧。

在项目推进过程中，我们发现在项目所在城市《城市总体规划（2002—2020年）》与《土地利用总体规划（2006—2020年）》中，就苏埃隧道南岸出入口处土地使用性质的规定存在着一定矛盾。依照项目所在区《分区规划》，该区域为"防护绿地"；而在项目所在城市《土地利用总体规划（2006—2020年）》中，该区域的土地使用性质为"独立工矿"。这一"规划打架"的现象对项目的走线选择和工程的时间节点控制产生了一定的影响。

（5）礐石风景区范围界定。

礐石风景区范围的界定在控制性详细规划后期的部门协调中一直都处于矛盾的焦点，原因是在各相关规划中，其用地权属不能统一。在《礐石风景区总体规划（2003年）》中，景区范围为20.77平方公里，已经大大超出了礐石风景区管理局实际管辖范围，其中与项目片区控制性详细规划范围重叠面积约2.91平方公里。由于礐石风景名胜区总体规划即将到期，原有的风景区建设风貌也需要进行较大的提升；而且，其中部分地块的土地使用性质和权属不明确，礐石风景核心区的东南角地块（苏安景区）在项目所在城市《城市总体规划（2002—2020年）》中列为"风景保护区"，但是项目所在城市《土地利用总体规划（2006—2020年）》将该地块界定为"农村居民点"。因此，风景区管理局希望借此机会进行砻石风景区的提升规划，进一步明确权属。

为更好协调南滨片区控制性详细规划草案与景区的关系，并通过规划将南滨片可建设用地从景区范围中划分出来，中信城市运营团队引入了达沃斯巅峰旅游设计团队开展砻石风景区总规修编和提升规划。在征求相关部门意见的过程中，项目地市级规划局、规划委员会以及砻石风景区管理局主张景区范围的调整，要求面积保持在 10 平方公里以上，而市环保局主张维持风景名胜区的现有范围及自然属性。经过项目组与市政府各部门的反复协商，秉承便于管理、便于保护、合理开发自然资源的共同目标，最终达成一致，重新划定了砻石风景区合理的管辖范围，并且明确了土地权属。

（6）南滨路道路等级。

南滨片区由一条紧邻海湾的"南滨路"连接东西，道路全长 7 公里。按照项目所在城市《城市总体规划（2002—2020 年）》的要求，南滨路应建成具有亲水性、开放性的生态走廊，并计划选址建设方便市民的水上公园。但是在中信城市运营项目开展之前，依据交通规划，南滨路被定为城市主干道，严重影响了市民的步行可达性和滨海亲水性，因此将道路性质改为景观性主干道。

3. "五规"要素定量分析

在"五规要素"定性分析的同时，我们也运用了定量分析的方法，对定性分析做出了创新性的补充，其操作方法可以概括如下：

（1）问卷设计。

为了控制调查问卷中选项数目并精简各项问题的文字表述，问卷以城市总体规划为主轴，结合其余四项政府部门规划，将各规划内容中的关键要素进行了筛选和提取，所选规划要素力求保证较强的代表性和重要性，如人口预测规模、城市发展定位、土地开发强度等，最终形成 23 个关键要素，这些规划要素按照其规划对象被分作五组（城市总体经济目标、空间、交通、生态环境和土地），以便于对各组中的要素作为整体进行量化评价"五规"在五个不同维度规划的一致度。问卷详见附录二。

（2）问卷发放。

在问卷形成后，一共发放 130 份问卷，其中政府部门 30 份，投资者与合作方（市场）50 份，第三方（公众）50 份。具体分配见表 5 - 3。

表 5 - 3　问卷发放对象一览

政府部门	投资者与合作方（市场）	第三方（公众）
项目所在区人民政府	中信城市运营团队	策划顾问公司
区城乡规划局	中信城市运营项目公司	规划设计公司
区国土资源局	项目公司股东	
区发改委	项目投资方（金融机构）	规委独立专家
区交通局		其他社会团体（项目所在城市规划协会）
区环保局		

（3）问卷回收。

在发出的 130 份问卷中，共回收 98 份，其中政府部门 27 份，投资者与合作方（市场）39 份，第三方（公众）32 份，总体回收率为 75%，其中有效问卷 88 份，回收情况统计见表 5 - 4。

表 5 - 4　问卷回收情况统计

	政府部门	投资者与合作方（市场）	第三方（公众）	合计
发放数（份）	30	50	50	130
回收数（份）	27	39	32	98
回收率	90%	78%	64%	75%

（4）数据分析。

①问卷信度。

在对问卷中各选项进行赋值之后，笔者首先对问卷的信度进行了检测，运用统计软件 STATA 12.0 程序对 88 份有效问卷中 25 个选项进行信度计算，得到克隆巴赫系数（Cronbach's alpha）为 0.942，大于 0.7，证明整体信度符合要求，汇总结果见图 5 - 1。

```
AQ AR CI CJ constant in analysis sample, dropped from analysis

Test scale = mean(unstandardized items)
Reversed items:  J O Q R AM BB BG BI BJ CE

Average interitem covariance:      .8173647
Number of items in the scale:           84
Scale reliability coefficient:       0.9420
```

图 5 - 1　信度计算结果（汇总）

资料来源：项目所在城市《"五规"一致度调查表》

② "五规"一致度总体分析。

问卷总体统计结果如表 5 - 5 所示，"五规"对于所选 25 个规划要素的一致度调查总平均值为 6.77，稍高于 6.67（基本一致），远低于 10（完全一致）。可以说明：总体来看，五方政府部门制定的规划基本一致，同时存在部分相互矛盾或冲突的地方。由于所选的 25 个规划要素分属五个不同的维度，相互之间具有一定的独立性，"五规"对各要素规划的一致度也存在较大差别。为了印证这一现象，笔者又运用 STATA12.0 程序对 25 项要素一致度值的分布进行了分析，并形成了图 5 - 2 所示的正态分布拟合曲线。

图 5 - 2 中的柱状图描述了"五规"对 25 项要素相关规划的一致度分值多数分布在 6—7 之间（基本一致），但是具有较大的分离度。例如，最小分值"城市空间拓展和建设用地发展方向的规划"为 4.85 分，表明在"五规"中，对该要素的相关规定存在着较大程度的分歧和矛盾。这种"不合一"的现象也具体体现在上文所述的中信城市运营项目"苏埃隧道南出入口"以及"礐石风景区"等相关问题中；此外，城市对项目所在区产业发展定位模糊不清的问题也在一定程度上体现在问卷的结果中，"产业发展的策略，包括主导产业的定位，产业用地空间布局"一项的分值仅为 5.98 分，低于"基本一致"的标准。

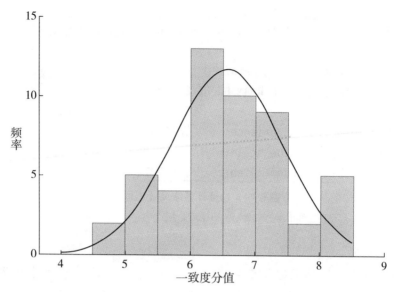

图 5 - 2   "五规"对于各要素一致度分布

资料来源：项目所在城市《"五规"一致度调查表》

表 5 - 5   问卷数据统计汇总

规划要素	"五规"对其规划的一致度（均值）	"五规"一致度（按填表人分）			三因子对各要素影响程度		
		政府	市场	公众	政府	市场	公众
社会经济发展总目标的定位	8.11	8.33	7.88	8.33	56%	32%	12%
城市职能、城市性质和发展目标的定位	7.35	8.06	6.82	7.67	60%	29%	11%
产业发展的策略，包括主导产业的定位，产业用地空间布局	5.98	6.67	6.36	4.33	50%	36%	14%
城乡统筹的发展战略规划	6.97	7.22	6.52	7.67	58%	27%	15%
人口规模、城镇化发展水平的预测	6.21	7.78	6.36	4.00	51%	31%	17%
均值	**6.92**	**7.61**	**6.79**	**6.40**	**55%**	**31%**	**14%**
空间发展格局的规划	8.03	9.17	7.27	8.33	60%	27%	13%

（续表）

规划要素	"五规"对其规划的一致度	"五规"一致度（按填表人分）			三因子对各要素影响程度		
	（均值）	政府	市场	公众	政府	市场	公众
重点建设项目用地空间的布局	7.50	9.17	6.21	8.33	56%	30%	14%
重大市政基础设施的规划	7.35	8.61	6.36	8.00	56%	25%	19%
行政中心、文化、教育、卫生、体育等方面主要公共服务设施的规划	7.05	8.06	6.21	7.67	55%	27%	19%
均值	**7.48**	**8.75**	**6.52**	**8.08**	**57%**	**27%**	**16%**
交通设施发展的规划	7.20	7.50	6.52	8.33	54%	28%	18%
交通发展战略的规划	8.03	8.89	7.27	8.67	57%	27%	17%
综合交通系统网络的布局	7.05	8.06	6.52	7.00	57%	27%	16%
重大交通设施的布局和建设规划	6.74	7.22	6.06	7.67	58%	27%	15%
均值	**7.25**	**7.92**	**6.59**	**7.92**	**56%**	**27%**	**16%**
生态环境保护的总目标	6.97	6.67	6.52	8.33	53%	25%	22%
以保护为主的重点生态要素和地带的规划	5.76	7.50	5.91	3.33	56%	23%	21%
环保分区的规划	6.36	6.39	5.61	8.00	58%	22%	20%
生态环境保护与建设目标，污染控制与治理措施的规划	6.06	6.94	5.61	6.00	53%	26%	21%
重大环保设施的布局	6.82	6.67	6.06	8.67	58%	21%	22%
均值	**6.39**	**6.83**	**5.94**	**6.87**	**56%**	**23%**	**21%**
城市空间拓展和建设用地发展方向的规划	4.85	4.72	5.45	4.67	55%	30%	15%
禁建区的空间管制范围和要求	6.29	6.39	5.76	7.33	62%	24%	15%
建设用地规模和建设用地控制范围的规划	6.52	6.94	5.91	7.33	54%	30%	15%

（续表）

规划要素	"五规"对其规划的一致度	"五规"一致度（按填表人分）			三因子对各要素影响程度		
	（均值）	政府	市场	公众	政府	市场	公众
城市绿化覆盖率和人均公共绿地的目标	5.45	5.83	5.45	5.00	52%	25%	23%
绿地系统的发展目标及总体布局	6.14	7.22	5.30	6.67	51%	25%	24%
基本农田保护区和其他保护用地的规划	6.29	6.39	5.76	7.33	60%	23%	18%
可建设用地土地开发强度的规划	5.08	5.00	4.24	6.00	51%	34%	15%
	5.80	6.07	5.41	6.33	55%	27%	18%
总平均值	6.77	7.44	6.25	7.12	55.7%	27.2%	17.1%

③ "五规"一致度按维度分析。

由表5-5可见，经济发展、空间、交通、生态环境、土地五个维度内各要素均值分别对应的一致度分值为6.9、7.5、7.3、6.4和5.8。由于规划要素的选取着重考虑的是其重要性和代表性，所以各维度要素的均值能够较大程度体现各维度的特征。由此可推知，"五规"主管部门规划的矛盾点较多地集中在土地使用和指标等微观层面，而在宏观层面，如空间和交通布局上更多地偏向为一致性。

④ "五规"一致度按填表人分析。

笔者在得到各维度的偏向性后，将"五规一致度"调查结果按政府、投资人（市场）和公众三方再次进行整理和拆分，得到各方对25项规划要素评分的分布情况，数据统计的结果如图5-3所示。由图5-3可见，较市场方和公众方而言，由政府方所填问卷得出的"五规"一致度较高（7.4分）。这样的数值结果表明，"五规"对各政府部门的影响程度较小，填表人对各矛盾点的存在较市场方和公众方敏感性较弱。或者说，规划中的矛盾点通常体现在具体的项目实施过程当中，在对矛盾点进行协调时，部分政府部门的诉求往往可以得到采纳，具体分析请见第三章第三节。中信城市运营项目中体现的"五规"不一致问题，给项目规划和推进带来了阻碍，投资方为解决各矛盾点需做大量的协调工作，故对问题的存在具有更强的敏感度。

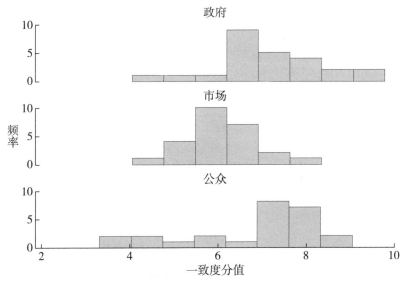

图5-3　"五规"对于各要素一致度分布（按填表人分）

资料来源：项目所在城市《"五规"一致度调查表》

第三方（公众）所填问卷的统计结果具有极强的离散度（其标准差为1.57，政府方与市场分别为1.15和0.74）。这说明对于公众方而言，其对"五规"的了解深度千差万别。我们可以从两方面解释这种现象：首先是因为大部分公众方对政府部门规划的参与度很低，对其中存在的某些矛盾点无法完全察觉。此外，对于作为规划设计方的参与者来说，由于分工较细，"五规"对他们的具体工作有着"深浅不一""方向各异"的影响。比如负责概念规划的人员能够发现"五规"对区整体定位的不一，其余微观层面的矛盾点对其工作几乎不产生实质性的影响。通过对各方评分结果的交叉、对比分析，从某种角度可以总结出"五规"貌合神离的特点。

⑤ "三因子"对规划要素影响程度分析。

我们再看图5-4，通过统计计算25项规划要素在制定实施和修改过程中受政府、市场、公众三方影响程度占比，得到均值：政府56%，市场27%，公众17%。这些数据可以体现出政府方在规划中具有极强的话语权，规划在编制和实施过程中对公众利益的考量存在着明显的缺失。由图5－4可见，各规划要素所受三方的影响程度较为一致，政府方都占据着五成以上的影响力，其中对城市职能、城市性质和发展目标的定位尤为显著，达到了60%，而公众方的影响程度只有11%。

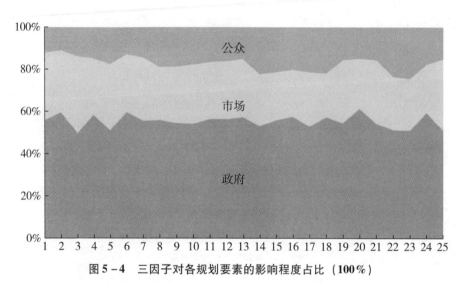

图5－4　三因子对各规划要素的影响程度占比（100%）

资料来源：项目所在城市《"五规"一致度调查表》

第三节　"五规"要素分析整合的工具与方法

一、概述

通过对中信城市运营项目实践中"五规"的比较分析过程，可以看出，本文所采用的"五规"分析方法是立足于政府、市场、公众的利益平衡，从编制主体、依据、周期、内容方面深入挖掘"五规"分离的深层次具体原因和矛盾；并以城市总体规划为主轴，结合其余四项政府部门规划，筛选和提取了各规划内容中的关键要素，并对这些关键要素展开了定量和定性的深入分析，最终得到“五规”的离析、重合和交叉程度，为下两个阶段的规划整合提供科学依据。

　　综上所述，笔者从理论上总结了“五规”比较分析的两个重要工具：（1）定性分析方法；（2）定量分析方法。两个方法互相结合形成如图5-5所示的“五规”动态数据分析模型和工具。“五规”定性分析结果和定量分析结果互相补充、支持，使得分析结果更加全面、可靠。

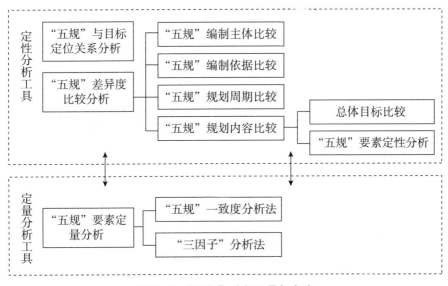

图5-5　“五规”分析工具与方法

二、定量分析方法

　　“五规”定量分析工具是“五规”比较分析方法的核心，是在对“五规”规划内容进行比较时笔者创新地采用的方法。可以说，“五规要素”的定性分析均是基于中信城市运营的实践与“五规”的直观比较分析，只能在一定程度上说明某些要素有离散或者离散的具体情况，但是在“五规”关键要素的离散程度缺乏科学性和准确度。在此基础上，笔者利用问卷调查法，对“五规”关键要素的离析、重合和交叉程度做出了定量分析，以补充和完善“五规"要素分析工具。具体方法总体分为"问卷设计、发放和回收"和"数据分析"两个阶段。

（一）问卷设计、发放及回收

第一阶段分为两个步骤：

1. 问卷设计

问卷设计的关键在于关键要素的选取。为了控制调查问卷中选项数目并精简各项问题的文字表述，问卷以城市总体规划为主轴，结合其余四项政府部门规划，将各规划内容中的关键要素进行了筛选和提取，所选规划要素力求保证较强的代表性和重要性，如人口预测规模、城市发展定位、土地开发强度等，最终形成 25 个关键要素，这些规划要素按照其规划对象被分作五组（城市总体经济目标、空间、交通、生态环境和土地），以便于对各组中的要素作为整体进行量化，评价"五规"在五个不同维度规划的一致度。

按照问卷设计，受访人根据个人对"五规"规划内容的了解进行对比，或者依据工作中所积累的相关经验，就"五规"对各规划要素规划或者规定的一致程度进行评判。每个问题设有"完全不一致""基本不一致""基本一致"和"完全一致"四个选项可供受访人选择。

问卷同时针对政府、市场、公众三项因子分别对所选取的 25 个关键规划要素的影响程度进行了调查。三项因子对每项要素的影响程度之和设计为 9 分，受访人按各因子对规划相应内容的影响程度大小进行分值分配，最小值为 0，最大值为 9，最终形成项目所在城市《"五规"一致度调查表》，详见附录二。

2. 问卷发放及回收

鉴于调查内容本身具有很强的行业特征，即受访人须对项目所在地五项政府部门规划有一定程度的了解，同时，该问卷作为描述性调查，调研对象的选取应具有系统性、结构性和全面性。笔者分别从政府、市场和公众这三个层面选取了若干对象进行问卷发放，且三方问卷数量尽可能均等。

按照调研对象的分类，调研人员被对应地分为三组：A 组负责对政府部门，B 组负责对投资者与合作方，C 组负责对公众的问卷发放、跟踪以及回收。

A 组采用结构访问法，设三名调研员。调研员分赴各个调查地点，按照调查方案和调查计划的要求，与所选择的被调查者进行访问和交谈，当场发放问卷并回收。通过这种形式，调研员能够对调查过程加以控制，减少被调查者由于对问题理解不清或误解所造成的误答，从而提高调查结果的可靠程度，并且保证可观的问卷回收率。

B 组采用自填问卷，设两名调研员。问卷的发放形式与 A 组一致但不进行当场回收，与被访人约定三个工作日后收取问卷。

C 组采用邮寄填答，设一名调研员。调研员将问卷以传真或电子邮件发出，并对选定的受访者的填写进程进行适度跟踪，在三个工作日内将问卷回收。

（二）数据分析

定量分析方法的第二阶段即利用《"五规"一致度调查表》所回收的数据，进行量化的数据分析，其中包括"五规一致度"分析法和"三因子"比较分析。具体操作流程如下：

1. "五规一致度"分析方法

"五规一致度"分析方法分析"五规"要素关键要素的重合、离析和交叉程度，能最为客观地说明"五规"是否离散及其离散的程度。

（1）选项赋值。

为了得到较为直观的量化结果，并且保证统计过程的便捷性，笔者对问卷所设计"项目所在城市五规一致度问题"的四个选项分别按照 0、3.33、6.67、10 进行赋值（见表 5 - 6）。同时，我们将政府、市场、公众三项因子对各规划要素影响程度在最终填表结果中进行了百分化，公式为：影响占比 = （所获分值/9） ×100% 。

表 5 - 6 问卷选项赋值

选项	赋值
完全不一致	0
基本不一致	3.33
基本一致	6.67
完全一致	10

（2）问卷信度。

在对问卷中各选项进行赋值之后，笔者首先对问卷的信度进行了检测，运用STATA 12.0程序对有效问卷中25个选项进行信度计算，得到克隆巴赫系数（Cronbach's alpha）为0.942，大于0.7，证明整体信度符合要求。

计算公式：$\alpha = (n/n-1)(1-\sum S_i/S_t)$

α为信度系数，n为测验题目数，S_i为每题各被试得分的方差，S_t为所有被试所得总分的方差，在本研究中，n值为25。

（3）"五规一致度"总体分析。

基于问卷总体统计结果，笔者运用STATA12.0程序对25项要素一致度值的分布进行了分析，并形成了正态分布拟合曲线，可以从宏观层面把握"五规"相互之间的独立性，"五规"对各要素规划的一致度。

（4）"五规"一致度按维度分析。

由于规划要素的选取着重考虑的是其重要性和代表性，所以各维度要素的均值能够较大程度体现各维度的特征。按维度分析，可以更为深入地从微观层面剖析"五规"各规划要素的一致程度。

2. "三因子"分析方法

采用政府、市场、公众"三因子"比较分析法分析三因子对"五规"要素的影响程度，为接下来两阶段"五规"整合中对"三因子"利益和诉求的平衡提供了参考依据。

（1）"五规"一致度按填表人分析。

笔者将"五规"一致度调查结果按政府、市场和公众三方进行了整理和拆分，得到各方对各项规划要素评分的分布情况。由此项分析可以分别得出政府、市场、公众三方对各规划要素的一致度评判，该项分析结果不仅可以直观地表达"五规"之间貌合神离的基本特征，且能够与本书第八章中"规划整合价值后评价"的三方评价主体对应，形成对中信地产在规划整合工作成果的对比和评价依据。

（2）"三因子"对规划要素影响程度分析。

在此步骤中，通过统计计算规划要素在制定、实施和修改过程中所受政府、市场、公众三方影响程度占比，由此项分析，可以分别得出"五规"在政府、市场、公众三个维度的趋向性，进而指导在下一步规划整合中对"三因子"的利益关注点和相应的调整方向。

三、定性分析方法

如图 5 - 5 所示，"五规"定性分析方法包括"五规"的外部定性比较和内部定性比较。外部定性比较是以项目目标定位为基准，对"五规"与其关联对进行对比，目标是得出"五规"要素与城市运营的关键要素是否分离。内部定性比较对"五规"的编制主体、依据、规划周期和内容的对比，目的是探究"五规"是否分离及其分离的程度，为后续的规划整合提供具体的目标对象。其中，在对"五规"规划内容进行比较时，首先对总体目标进行对比分析，目的是在宏观上定性"五规"是否分离；其次，针对规划中的一些关键要素进行对比，更深入地从细节上把握"五规"的重合、交叉和分离程度。

四、"五规"比较分析成果分析

"五规"的定量分析和定性分析成果是相辅相成的。从两者的结果综合得出，"五规"要素中离散程度最大的五个因子（一致度得分低于6.6）分别为：（1）产业发展的策略，包括主导产业的定位，产业用地空间布局；（2）以保护为主的重点生态要素和地带的规划；（3）城市空间拓展和建设用地发展方向的规划；（4）城市绿化覆盖率和人均公共绿地的目标；（5）可建设用地土地开发强度的规划。而在已采用的定性分析中，上述部分要素在"五规"中的"不合一"情况已被论证。这说明定性和定量分析工具是互相支撑、互为补充的。

因此，在接下来两个阶段的整合中，上述五个要素的整合将在第六章和第七章详细论述；同时，笔者发现得分较低的要素大部分集中在"土地利用"方面，且此方面的一致度平均值最低，只有 5.80，可见土地利用的整合是滨海新城规划整合的关键。

151

另一方面，从表5-5还可以发现，上述五个一致度得分最低的要素，在"三因子"对规划要素影响程度分析中，市场影响度的占比得分较高。这说明，在政府意志的强势主导下，市场因素的影响致使要素在"五规"中的一致度低，各方利益得不到平衡。在这种情况下，亟须一个提供平衡利益诉求的平台，该平台为在城市运营模式下，以市场为导向进行规划整合提供了科学的数据支持。

第四节　启示

在城市运营实践中，规划整合第一阶段的"五规"比较分析与要素整合的方法和工具是由定性工具和定量工具两部分构成，两者相互支持、互为补充，形成了"五规"动态数据分析模型和工具。通过深入比较研究"五规"体系和"五规"要素之间的差异程度，揭示了在新型城镇化的战略发展目标以及城市运营实践的创新模式的前提条件下，项目所在地城市的"五规"要素存在的离析、重合和交叉程度，并通过政府、公众、市场"三因子"比较分析法阐明了"五规"在上述三个维度上的趋向性，提出了"五规"要素整合的基础依据。

在对"五规"与项目目标定位进行直接比较分析基础上，"五规"比较分析工具可以分为定性分析工具和定量分析工具。定性分析工具主要基于对现状及五项政府部门规划文件直观的分析研究；而定量分析工具主要是运用问卷的方法，对"五规"要素的一致度进行数据分析研究，是对定性工具的量化完善。两者结合深入剖析比较了项目"五规"体系和"五规"要素之间的差异程度，用实证的方法进一步论证了"五规"整合的必要性。

通过对政府、市场、公众"三因子"的定量数据分析，可以揭示政府主导编制的"五规"成果中是否存在不平衡倾向，即对市场和公众利益关注是否存在缺失，这样就为规划整合平衡政府、市场、公众三因子的利益和诉求提供了量化数据支持。

06 第六章
规划整合模式之二：战略发展概念规划的组织整合

CREATION OF CITY VALUE ● A Planning Integration Method based on Urban Operation ● ● ●

在完成第一阶段"五规"深度比较分析的基础上，规划整合进入模式之二阶段，即组织战略发展概念规划的编制整合。在本书所提出的规划整合模式中，战略发展概念规划有别于常规意义上的概念规划，它是基于城市运营模式的规划整合的重要工具，是构成本书规划整合模式的第二阶段的主要内容。在城市运营模式下，战略发展概念规划的整合组织是依据上一阶段"五规"比较分析的结果，同时运用"市场校正机制"和"投资平衡机制"整合各项要素形成类法定的规划成果，是一个在表达政府意志的同时体现市场导向的城市运营策划过程。本章以中信城市运营项目实践基础，在充分客观地揭示战略发展概念规划的整合编制实践全过程的同时，阐述了战略发展概念规划作为基于城市运营的规划整合模式中第二阶段的流程和方法，总结了"市场校正机制"和"投资平衡机制"在规划整合过程中所发挥的功能和作用。

第一节　战略发展概念规划概述及常规编制方法

一、概念规划概述

　　概念规划的编制模式源自欧美国家，是一种独立于我国城市规划法定体系之外的、具有战略指导性的规划，其主要内容是为城市社会、空间、经济、环境、交通的综合发展提供全局性的思路和发展战略，而淡化传统规划中的管理性条文和相对固化的指标体系。在目前市场经济正逐渐占据更为重要地位的城市发展大环境之下，概念规划逐渐成为政府主导的战略规划、总体规划、分区规划、控制性详细规划、城市设计以及房地产开发商在新城开发、居住区开发、街区开发等各个层次的前导性规划，实质上属于带有研究性、探索性和综合性的前期调查、定位策划和研发阶段。虽然概念性规划不是法定的规划程序，但多年来一直是规划咨询市场上主要的规划咨询手段，其成果也受到了政府机构和私人开发投资机构的高度重视。

二、常规编制方法

从中国规划咨询市场的实践看，概念规划常规编制程序的基本思路一般划分为以下三个阶段，第一阶段：概念规划的提出阶段。首先由政府提出战略目标和规划编制日程表，通过协商和公众咨询明确规划范围和规划的主要目标，并进行相关基础资料的准备。第二阶段：概念规划研究和建议阶段。以较为开放的方式、组织多学科合作研究，然后通过对所提交的战略研究成果的分析、比选、调整和充实，经多方协商和公众咨询，形成研究的深化成果。第三阶段：概念规划形成和采纳阶段。以研究和深化成果为基础，综合相关规划或计划的原则和要求，形成城市发展概念规划的草案，经多方协商和公众咨询后，最终由政府决策采纳批准。

同时，概念规划并不是只存在于城市规划某一层面，而是从宏观层面到微观层面均有其对应的编制操作方法。

1. 宏观层面

通过对城镇群以及城市的更为广泛的区域研究和经济分析，跳出城市总体规划的框架限制，对城市未来发展空间、规模、城市间经济与交通联系、产业发展格局做出更有想象力、更具前瞻性的判断，一般用于指导城市总体规划的修编与分区规划编制。

2. 中观层面

对于城市的固定区域，根据土地市场判断和资源整合的需求，引入先进设计理念与空间分析方法，对原城市总体规划或分区规划的不合理之处进行修正与调整，更加突出市场导向与区域土地价值，并符合交通优化、生态环境保护的需求，以此指导分区规划调整或控制性详细规划编制。

3. 微观层面

一般为政府或开发商主持编制，针对小范围城市重点发展区域，更加注重景观风貌设计、建筑形体表达、地下地上空间组织等，一般用来优化建设土地的土地出让规划条件，作为控制性详细规划中规划单元调整及拿地后修建性详细规划编制的前提。

第二节　实践与思考

一、项目战略发展概念规划的组织与特色

根据以上概念规划的分类，项目的概念规划属于宏观层面的战略发展规划，规划的具体操作分为市场定位策划、规划定位调整、项目发展理念确定、方案整合以及规划编制五个阶段。2010 年 3 月，中信城市运营团队委托一家英国策划顾问公司开展为期五个月的滨海新城项目市场定位策划工作，2010 年 4 月起相继委托一家美国规划顾问公司，新加坡规划设咨询公司和一家国内规划设计研究院等三家规划单位开展项目的规划工作，最后于 2010 年 11 月 27 日委托法定规划经验相对丰富的国内规划院整合了三家单位的规划成果，编制了城市运营项目所在地《发展概念规划》。在本案例中，规划整合以前文所总结的城市运营理念及运作模式为指导，以平衡政府、市场、公众的三因子整体利益为原则，通过策划定位、经济测算与法律协议三方面工作与规划整合工作同时进行且不断相互作用和博弈，最终达到动态平衡的过程为主要机制进行战略发展概念规划的整合，而《发展概念规划》即是此动态平衡的结果和最优空间表现形式。《发展概念规划》于 2011 年 3 月 1 日完成编制并上报市政府，2011 年 5 月 23 日正式得到市人民政府的批复，2011 年 8 月政府常务会议审批通过并要求总规修编按照项目战略发展概念规划进行——这是标志着概念规划成为法定控制性详细规划编制的合法依据的里程碑。

战略发展概念规划的形成过程如图 6-1 所示。

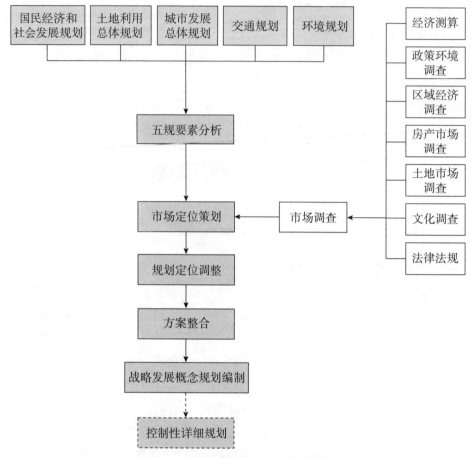

图 6 – 1　战略发展概念规划形成过程

二、市场定位策划

（一）定位策划工作概述

作为未来城市发展的脉络，滨海新城战略发展概念规划对城市未来空间形态和功能布局等具有重要的指引作用，而在概念规划编制之前的定位策划工作，是对城市运营中涉及的各方面利益的整合与利用市场机制进行校正的过程，是保障概念规划满足城市人口、产业、空间、功能等需求，实现可持续发展的重要前提。

　　在城市运营的理念与运作框架下，中信城市运营团队在项目的战略发展概念规划整合的前期市场调查与定位过程中承担了组织者、协调者角色。通过梳理城市发展、产业布局，功能结构，对区域进行重新定位，引导城市土地使用性质和城市结构的优化，以指导战略发展概念规划的编制；英国某策划顾问公司所承担的前期策划研究的核心是针对滨海新城的定性及定量研究，主要包括以下四方面工作：（1）研究项目发展定位问题，包括总体定位，分片区功能定位，项目总体形象定位；（2）功能规划，一方面是从土地规划价值的角度分析整个用地的功能分区，另一方面是从市场容量的角度来判断项目各种业态合理的发展规模，以此研究整体的发展功能布局和战略概念规划；（3）业态研究，包括整个项目业态配比、项目的开发强度和各种业态开发规模压力；（4）关于总体运营方面的研究，包括确定首开区域，确定开发总体的次序，以及在经济上初步的财务分析的评价。

（二）市场调查

　　前期策划研究的基础是以前期市场调查为手段的基础数据收集。策划定位关乎的是宏观层面的战略性的目标，因此，市场调查须涵盖城市发展的各个层面，包括城市政策环境、空间形态、功能布局、产业特征、人口分布、市政设施、公建配套、交通组织等城市功能和城市发展所涉及的方方面面。我们把前期市场调查分析以及基于这些分析成果形成策划定位的过程，定义为滨海新城项目中城市运营的前期定位策划模式。相应，基于策划定位所形成的战略发展概念规划将是符合市场需求的，并可达到符合政策要求、优化城市空间布局、改善城市功能、推进产业发展、优化交通系统、保护生态环境、弘扬文化特色等目标。

（三）策划定位的形成

　　以城市、粤东和亚太三大层面的市场机遇和对实际需求的剖析为基础，滨海新城最终整体发展定位为"生态型的新城市中心、现代服务业发达的粤东首邑、资源复合型的亚太休闲旅游度假目的地"；整体功能定位为"复合生态

159

沿海新城";形象主题定位为"粤东之珠、海洋之心"。需要特别提出的是,在城市运营模式中,项目的策划定位并不是依照上位规划的定位落实,也非运营商"拍脑袋"一蹴而就;而是由中信城市运营团队牵头,英国某策划顾问公司作为策划定位操作主体,多家规划单位参与,以"五规"的各关键要素为基础,从政府、市场、公众三方面进行需求调查,经过市场多轮校正而最终确定。从2010年3月委托英国某策划顾问公司,到2010年7月16日得到最终策划定位成果,历时100天左右。其间,中信城市运营团队提供了整合平台,密集组织了几十次的内外部讨论、会议以及沟通,如图6-2所示。

在中信城市运营项目中,战略发展概念规划的策划定位过程可以体现在以下四个重要节点,这四个节点精彩地展现了策划定位如何经过多轮头脑风暴、多次数据分析、多方意见互换,最终尘埃落定的。

第一个节点:2010年3月,正式委托英国某策划顾问公司开展滨海新城的前期策划工作,策划工作核心在于定位濠江与定量规模。在随后的2010年4月13日,中信城市运营团队召开了项目工作启动会,委托了三家规划单位:美国某规划顾问公司、新加坡某规划顾问公司、上海某规划设计公司平行开展概念规划的编制,并与英国某策划顾问公司同期进行一部分的策划定位工作。4月20日,英国某策划顾问公司在参考上位规划和挖掘潮汕故土文化的基础上首次提出"粤东之珠,三大引擎,一大文化"的发展定位思考,从城市、粤东两个层面定位滨海新城为城市副中心、粤东滨海综合旅游度假中心,主导产业为临港产业。中信城市运营团队基于对现状的深入摸底和对未来的预测,与之沟通讨论后达成初步共识:基于整体发展项目所在区的投资愿景,定位滨海新城为城市次中心;产业以商业服务为主,与东部经济产业形成差异化;土地区划板块化;并指示进一步工作核心为区域定位、规划调整与产业调整。

第二个节点:2010年5月是规划单位作为公众方参与策划定位的主要阶段。此阶段,三家规划单位和策划单位的工作高度重叠,通过不断地交流和碰撞带来新的理念。中信城市运营团队于2010年5月7日和21日分别组织了两次联席会议,由英国某策划顾问公司汇报策划定位,规划单位分别根据自身所长进行战略发展概念规划汇报并对策划定位提出建议和反馈。5月7日英国某

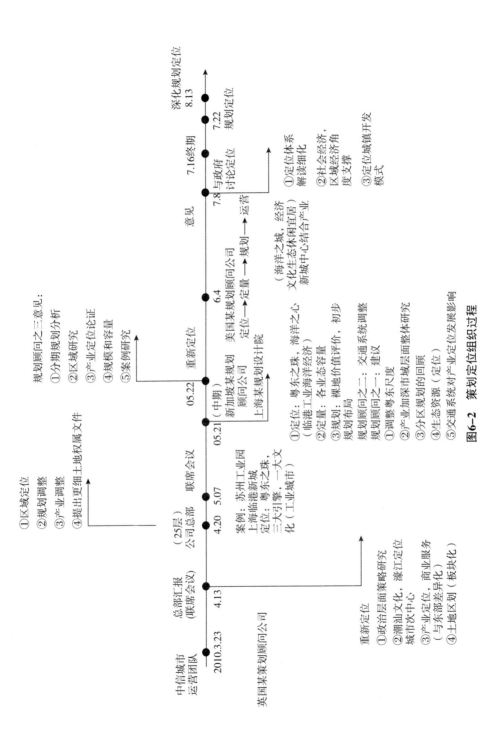

图6-2　策划定位组织过程

策划顾问公司以分区规划为基础，以苏州工业园区、上海临港新城作为典型案例支撑，对濠江新城进行了重新定位——粤东之珠：以生产性服务业、高端制造业为主的新型工业新城；三大引擎——城市副中心、旅游度假、临港产业；一大文化——潮汕文化。中信城市运营团队整合新加坡某规划顾问公司的研究思路，提出定位应从如何与三条经济带联动发展形成区域中心方面着眼，将项目所在区的区域地位从附属提升为主导。5月21日，英国某策划顾问公司在深入进行了大量的区域和上位规划分析以及产业新城案例研究后，延续5月7日的思路，提出了"粤东之珠、海洋之心"的总体发展定位，以临港工业与海洋经济为主导产业，并通过裸地价值评价，初步提出了"一廊、二心、三轴、四区"的总体发展格局。同时，三家规划顾问单位和上海某规划设计公司分别就各自擅长的交通、生态及研究方法提出了建议：新加坡某规划顾问公司建议对交通系统进行调整；美国某规划顾问公司建议策划定位应强调粤东尺度的定位，产业研究应回顾分区规划、加强市域层面的整体产业发展研究，同时重视生态资源在定位中的体现；上海某规划设计公司的主要建议是从更加宏观的层面论述项目所在区的定位，并对主导产业以及规模容量都应在更深入的市场调查后，做出量化支撑。可以看出，三家规划单位的建议在此时已分别涉及整体定位的三个层面的内容。中信城市运营团队在整合提炼后对英国某策划顾问公司提出要求：建议从战略高度整体考虑并重新定位；应着重考虑项目地"一江两岸"的特殊格局；并且拓宽思路，从粤东区域看项目所在区，加强粤东区域内各城市的比较优势研究；要体现生态资源优势，挖掘新的产业类型，盘整土地成本；从城市运营开发商的角度，重新梳理区域土地开发思路。不得不提的是，常规流程中处于上下游的策划和规划工作同时进行，且下游的规划工作反馈参与策划定位的模式是中信城市运营团队在策划定位整合模式中的创新之举，也是公众参与规划的重要表现。

第三个节点：2010年6月4日，英国某策划顾问公司依据中信城市运营团队提出的七点建议，重新梳理、整合思路，从定位、定量、规划、运营四个专题对滨海新城提出了新一轮的策划定位。依托城市独有的"海洋"优势资源，提出主题定位："一座展现未来梦想的海洋之城"。通过分析现状资源和上位规划，"海港"与"工业"是项目所在城市发展中海洋强市的重要战略方向，这个性质不能改变也不易改变。相应，针对以东京湾、尔湾、广州南沙开发区、苏州工业园、上海临港工业园等港城联动的案例分析，明确了产业支撑、新城市中心和旅游休闲模式适合项目所在区新城的借鉴点，它需要走新城市中心结合产业的发展思路。由此提出总体定位为"以临港产业＋新城中心双引擎推动下新城"，并提出促进社会服务业升级，使第三产业成为经济发展龙头和城市发展驱动力。同时，基于土地价值叠合现状提出了"四轴两园两区"的总体功能布局结构。综上可以看出，在整合了各家思路、提议之后，滨海新城定位的核心内容初见雏形，唯语言表达尚显零散。

第四个节点：2010 年 7 月 8 日，合作双方举行了项目工作促进会，在综合了政府所提出的将项目所在区建设成"城镇开发的典范，沿海新城建设的标杆"的目标之后，站在区域、战略的高度，首次提出了从城市、粤东、亚太三个层面来定义项目所在区。整体发展定位为：（1）生态型的新城市中心；（2）现代服务业发达的粤东首邑；（3）资源复合型的亚太休闲旅游度假胜地。三个层面层层递进，相辅相成。第一个层面从城市层面出发，提出新城发展的最基本要求；第二个层面在第一个层面基础上，上升到粤东层面，提出发展现代服务业核心定位要求；第三个层面，在第一、第二层面支撑下，向亚太层面靠拢，提出亚太休闲度假胜地概念。三个层面相互关联，互相促进。滨海新城的定位符合城市未来发展需要，即面向粤东乃至亚太，对接海峡西岸，现代服务产业体系发达、具有临港产业和高技术产业特色的复合生态型沿海新城。根据中信城市运营团队提出的"复合生态型沿海新城"定位，英国某策划顾问公司继续深化研究，于 2010 年 7 月 16 日就滨海新城总体发展策划做了终期汇报。其通过对新入案例：东京港片区、东莞松山湖、中新生态城、深圳大梅沙旅游度假区等研究进一步明确项目所在区发展模式与功能，并从产业、功能、交通、空间、生态和文化六个体系（如图 6-3 所示）细化对定位的支撑，其中提到了 TOD、RBD 等理念对发展策略的决策提供了决定性的理念支持。同时，也从土地规划价值角度确定用地功能分区并从市场容量角度判断合理发展规模，定量地确定了"一带、两轴、三湾、多核，组团式有机发展"的城市规划布局，这保证了后期规划结构的科学性、可操作性与指导性。

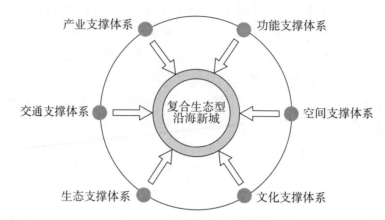

图 6 – 3　定位支撑体系关键点

资料来源：英国某策划顾问公司，项目总体发展策划终段成果汇总，2010

三、规划定位调整

在策划定位确定后，我们需要进一步引申到规划定位。可以说，规划定位的确定与调整是策划定位的空间延续。具体来说，规划定位是以策划定位为根据，整合空间规划需求，深入挖掘后得出的对规划具有直接指导意义的定位。

根据相关上位规划，区政府已存在针对各种层级、各个方面的定位，然而在进行了市场调查与分析后，笔者认为原规划定位已经不再适合项目所在区的持续发展。因此，中信城市运营团队针对滨海新城的区域定位、项目发展定位、分区域定位和形象主题定位做出了相应的调整，并最终整合得出符合项目所在区战略发展的新的规划定位。

（一）区域定位的调整

从 2003 年 5 月完成的项目所在城市《城市总体规划（2002—2020 年）》可以看到，项目所在区被定位为城市的"前花园"，为辅助城区的地位，以增长极点发展为主导；广澳港区是国家级沿海港口枢纽和保税区，决定了项目所在区对沿海经济发展的重要意义。在 2005 年 8 月完成的项目所在城市《城市发展概念规划》中，项目所在区被置于城市三大经济带的"生态经济带"和

"工业经济带"。可以看出，除各政府规划之间的定位不统一之外，项目所在区的区域定位与当地资源现状、外部市场需求等因素的不统一更加造成了项目所在区无法得到持续稳定的政策鼓励的困境，其发展也易受忽视。笔者意识到，只有将项目所在区放在更广阔的区域中进行审视，才能真正地明晰其未来发展的定位和目标，协调与旧城的关系，进而引领整体城市水平的提升。

（二）项目发展定位调整

项目发展定位是城市运营规划定位的主要内容之一，属于中观层面的战术定位。以宏观的总体发展战略为背景，结合项目现状条件及区域发展条件，综合考量区域竞合关系下，对项目既有相关规划进行定位分析并进行包括产业、土地利用、城市空间发展、交通、环境保护及文化与品牌目标的调整。上述目标是承接"五规"原有目标并经过市场机制校正后滨海新城发展目标的拆解，具体联系如图 6-4 所示。

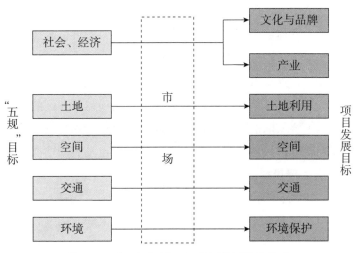

图 6-4 "五规"目标与项目发展目标关系

1. 产业目标调整

项目所在区《分区规划（2009—2020 年）》中要求产业发展具有时代特征，在巩固发展港口经济等优势产业的同时，并未强化未来以旅游业为代表的现代服务产业将对城市发展起到的巨大推动作用。随着改革开放力度的持续增大，经济特区与其他沿海城市之间的政策差别正在逐渐缩小；周边城市的同质化竞争态势一直持续，体现为港口资源的争夺、产业同质化竞争，经济总量偏小，如本章中讲到，项目所在区现有产业结构亟待优化。根据市场定位策划中产业规划的要求，滨海新城从项目所在区的政策优势、广澳深水港口优势、现状资源优势出发，应发挥港城联动组合效能，明确产业导向，培育产业集群，选择临港工业、现代物流及商务会奖旅游和养老保健等现代服务业作为其主导产业方向。

2. 土地利用目标调整

项目所在地行政区土地存量达 33 平方公里，约占整个中心城区的 54%。在项目地整体人多、地少的背景下，区人口总量只有 28 万人，局部区域呈现出人少、地多的状况。从目前土地利用来看，城区内用地结构混杂，工业用地包围城市，工业比重较大且布置分散，生产和运输过程对整个城区造成了较大的负面影响。临港片区紧靠市中心城区，发展石化产业会造成对生态环境的负面影响，也降低了中心城区的商务环境质量。基于项目所在区拥有的丰富生态资源，滨海新城的发展更需要把握生态友好的原则，发展低碳经济产业，不宜大量开发低密度工业，造成土地产出效率低。同时，基本农田保护区占用了滨江较好的空间区位，滨海低端的土地利用和空间价值发挥不足。

在中信滨海新城的规划中，经济、有效地利用项目所在区的土地存量是土地利用的目标。主要采取的方法是从土地综合价值角度划分用地功能分区，从市场容量角度判断合理发展规模，以得出最适宜城市发展的功能布局模式。

3. 城市空间发展目标调整

回顾 20 世纪六七十年代至"1992 版总体规划"，由于跨海交通的限制、外砂机场的启用，以及对老城基础设施的依赖，城市的空间增长，主要是向东拓展。而南岸的发展仅限于最靠近老城的礐石风景区。项目所在城市《城市总体规划（2002—2020 年）》强调南北两岸整体开发建设，提出了向东扩展城市发展空间，明确了城市建设的重点为北岸东部，形成"一市两城，中间为海"的新城市格局。要提升项目所在区的整体价值，必须使其承担独立城市功能并占据与北岸同等重要的地位。因此，滨海新城的定位为"生态型的南岸"，因此《中信城市运营项目战略发展概念规划》明确地在战略上提出了城市空间的发展方向将是向南。

此外，从对现状的研究可以看出，项目所在区目前空间布局相对零散，不够系统化和集约化。因此，滨海新城的空间发展目标是构建有效的空间体系网络，优化功能配置，项目所在区空间资源的合理利用也成为项目地参与城市竞争的核心战略资源依托所在。

4. 城市交通发展目标调整

众所周知，项目所在城市因港而起，依港而生；广澳港区是国家级沿海港口枢纽与保税区，这决定了项目所在区的发展对于未来城市在国家沿海经济带中的地位的确立，以及以港兴城的前景和潜能的发挥，都起着举足轻重的作用。然而，南岸发展的现状并不尽如人意，仅靠海湾大桥和礐石大桥联系南北两岸，同时原有相关规划都只强调了道路交通对城市发展的影响，所有组团均围绕主要匝道口布置，呈现"马路经济"的现象；项目所在区山水环绕的鲜明特色及倚靠广澳深水港的优势也未被充分发掘，也不能符合中心城区的发展需求。项目所在区在区域交通体系中的地位及与旧城交通的衔接决定着滨海新城自身的空间架构，影响着未来的城市运转的效能和可持续动力的产生。为了支持广澳深水港发挥其应有的带动效应，综合交通服务体系的强化是滨海新城重点解决的问题之一。规划中投资60亿元的苏埃过海隧道的建成和通车将为南北两岸开辟新的过海通道，解决过海交通瓶颈问题；伴随区域交通设施的提升，城市将扩展辐射半径，彻底摆脱交通条件的制约，使粤东各个城市真正成为其腹地，也进一步确立项目所在区"粤东首邑"的地位。

5. 环境保护目标调整

项目所在区生态自然优势的发挥对于提升其城市空间价值，形成城市的空间特色具有重要的意义。项目所在区拥有大量的需保护的自然、历史资源：长达92.8公里的海岸线，大量生态水域、绿色景观资源、山林、红树林湿地、盐田鱼塘等生态资源以及风景名胜区、历史文化保护区等。虽然项目所在区历来对生态环境的保护较为重视，但对生态环境的经济价值并未有足够认知；在滨海新城的开发中，生态资源的复合利用是环境保护的重要手段，同时也是提高区域居住品质、带动相关产业发展的途径之一。

6. 文化与品牌目标调整

潮汕文化已经形成完善的体系，并具有明显的文化特征和影响力。项目地与周边城市的潮汕文化资源相近，充分利用潮汕文化且挖掘自身的文化资源是提升独特城市形象的重要方法。项目所在区有达濠古城（中国现存最小的"古城"）、陈厝祠等文化价值较高的历史文化遗存，但挖掘和再利用不足，旅游价值未能发挥；其作为潮汕文化的空间载体应通过潮人故里概念和氛围的打造，唤起潮人对故土的依恋和归乡情愫，提高项目所在区在区域中的"归乡"吸引力——这也是对新型城镇化"望得见山，看得见水，记得住乡愁"愿景的呼应①。

（三）分区域定位

中信城市运营项目战略发展概念规划从土地规划价值角度确定用地功能分区，从市场容量角度判断合理发展规模，整合得出滨海新城"一心、两带、三湾、多组团"的发展布局。这是对总体发展策划中"一带、两轴、三湾、多核"的组团式有机发展模式的延续。

具体而言，"一心"是项目所在区政府所在地的新城核心中央商务区（CBD），"两带"是指沿着山体的景观带和沿着濠江的生态景观带，"三湾"包括北部的苏埃湾，东部的北三湾，还有南部的南三湾，并将重点形成新城CBD、RBD、临港产业区以及旅游度假的多个功能组团，塑造一个复合型生态沿海新城（如图 6-5 所示）。整个结构体系是对定位策划的延续和优化整合。英国某策划顾问公司原来提出的规划结构中城市开放带和"两轴"中的生态轴是有一些重合的，中信城市运营团队在对现状分析后发现南北向的"经济发展轴"基本被一个比较完整的山脉隔断，无法连续发展。因此，中信城市运营项目与上海某规划设计院经过校正形成了战略发展概念规划中"一心、两带、三湾、多组团"的结构。从本质上来说，分区域定位是以产业定位为指导，整合了城市空间要求进行的产业活动分区配置。

---

① 资料来源：中央城镇化工作会议，2013 年 12 月 12 日至 13 日

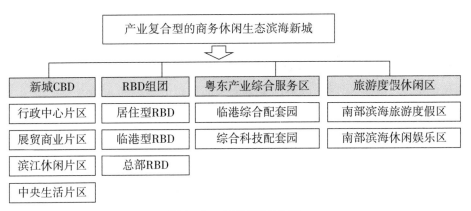

图6-5　分区域定位体系

（四）形象主题定位

基于对项目所在区的现状条件分析后得出，项目所在区的优势在于"海洋"，海洋是城市发展的动因，也是城市形象的文化基础。滨海新城的规划要充分运用海洋经济、海洋产业，滨海城市潮汕人文景观，以及海洋历史，海洋环境资源等丰富的海洋概念，把"海洋"的概念贯穿落实于整个新城的规划和发展中，努力展现滨海新城鲜明的海洋文化特色，使项目所在区成为城市向世界开放的、展示海洋文明的、充满生机和活力的、和谐宜居的海港新城，即"粤东之珠、海洋之心"的形象主题定位，具体如图6-6所示。

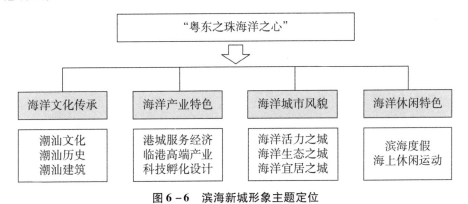

图6-6　滨海新城形象主题定位

资料来源：英国某策划顾问公司，项目总体发展策划终段成果汇总，2010

（五）规划定位方案整合

2010 年 7 月 22 日，中信城市运营团队举行联席会议，听取了三家规划单位的概念规划汇报后，以英国某策划顾问公司的策划定位为基础，筛选并重新整合后，确定规划总体发展定位为：生态型的南岸新城；现代服务业发达的粤东首邑；亚太高端文化商务休闲之都（如表 6 - 1 所示）。

表 6 - 1　策划定位与规划定位对比

策划定位	规划定位
1. 生态型的新城市中心	1. 生态型的南岸新城
2. 现代服务业发达的粤东首邑	2. 现代服务业发达的粤东首邑
3. 资源复合型的亚太休闲旅游度假胜地	3. 亚太高端文化商务休闲之都

上述三个定位是相辅相成。层层递进的：在市域层面策划定位提出的生态型"新城市中心"，规划定位中改为生态型的"南岸新城"，更明确了项目所在区与北岸同等重要的地位；在粤东层面表述一致，提出发展现代服务业的产业要求；在更高一级的亚太层面，基于对文化目标的调整，在策划定位"休闲旅游度假"的基础上融入了文化和商务的概念，因此规划定位中改为"亚太高端文化商务休闲之都"。同时，规划定位在表述方式上也考虑到尽量向政府常用的语言靠拢，为后期我们的规划定位直接写入政府"十二五"规划奠定了基础——不言而喻，这是我们有意识地对"政府因子"诉求的整合。2010 年 8 月 13 日，中信城市运营团队与上海某规划设计院共同在进一步梳理历时 4 个月英国某策划顾问公司的策划定位以及几家规划单位提出的发展理念和定位的基础上（如表 6 - 2 所示），以市场需求为"过滤器"进行筛选，整合深化了 7 月 22 日的总体发展定位，形成总体发展战略；总体发展战略是城市运营项目规划定位的主要内容之一，属于宏观性战略，为下一步发展理念和策略奠定了基础，具体如下：

（1）生态型的南岸新城，即以高品质自然生态环境为特征，与北岸城区并重互动发展，具有完善的城市功能和服务体系。

（2）现代服务业发达的粤东首邑，即发达的现代旅游产业链，以交通与港口为依托的发达物流业中心，泛珠三角、海西经济圈与闽粤赣经济合作区的对接平台，粤东现代服务业聚集中心。

（3）亚太高端文化商务休闲之都，即全球潮人文化的聚集地，高端商务会奖旅游目的地，亚太地区具有高度影响力的养老休闲旅游度假胜地，区域创新发展活力之源。

表6−2 策划及规划单位定位策划理念一览

日期	美国某规划顾问公司	新加坡某规划顾问公司	上海某规划设计院	英国某策划顾问公司	中信城市运营团队
2010. 5.07	从资源入手	（1）定位：现代服务旅游业 （2）提出商务会奖旅游（MICE）		产业：服务性产业及高端产业 定位：粤东三珠，三大引擎，一大文化	各单位研究土地开发，七日前提出土地性质调整建议
2010. 5.21	策划： （1）强化粤东尺度 （2）加强市域层面产业发展研究 （3）产业定位加强对总规研究 （4）生态资源 （5）交通规划建议	交通 （1）过境交通外移 （2）预留东侧主干路确保东部经济带一体化 （3）能否增加连接深圳高速出入口 （4）增加连接深汕高速的北侧出入口	（1）区域研究 （2）对分区规划的态度和研究 （3）产业定位深层次论证 （4）规模和容量 （5）案例	（1）定位。粤东之珠，海洋之心（临港工业＋海洋经济） （2）定量。 （3）规划。	（1）现状分析，完善规划，重新定位 （2）重点：一江两岸 （3）从粤东看濠江 （4）生态 （5）新产业 （6）盘整土地成本 （7）运营高角度

（续表）

日期	美国某规划顾问公司	新加坡某规划顾问公司	上海某规划设计院	英国某策划顾问公司	中信城市运营团队
2010.6	（1）定位：海港经济增长新引擎 区域复合生态休闲旅游目的地（产业导向城市→滨海宜居城市）生态休闲宜居的滨海临港新城。 （2）产业：临港商贸 ①旅游度假目的地 ②现代产业集群 ③宜居生态新城 （3）结构：一港一城一园两带	（1）定位：三个层面，衔接点，粤东中心城市，南岸中心城区 （2）结构：三湾一心 （3）产业：依托交通，临港产业；依托自然资源，生态旅游及 MICE		（1）从定位、定量、规划、运营出发 （2）海洋之城：经济、文化、生态、休闲宜居 （3）新城中心结合产业 （4）规模和容量 （5）案例	
2010.7.7	策划定位形成： 1. 生态型的新城市中心 • 以生态环境品质为根本 • 与北岸城区并重齐驱发展 • 具有 RBD＋CBD 新城市中心功能 2. 现代服务业发达的粤东首邑 • 粤东现代服务业聚集中心 • 粤东对外开放的重要窗口 • 珠三角与海峡经济合作对接平台 • 交通畅达的枢纽之城 • 世界潮商文化的展示基地 3. 资源复合型的亚太休闲度假目的地 • 融外海、内海、山地、湿地等多层次生态度假资源体系 • 具有完善城市功能配套与发达的现代服务业体系 • 吸引世界潮人疗养、休闲、度假的目的地 • 亚太地区具有高度影响力的休闲度假之城				

　　第一个层面从城市层面出发，包含三层含义：第一，依托项目所在区丰富的生态景观资源，建立高品质的自然生态环境。第二，原来项目所在区在城市"前花园"的定位中，北岸城区为中心城区，处于主导地位，承担综合性职能，以轴向发展为主导；南岸城区为辅助城区，处于从属地位，承担部分城市职能，以增长极点发展为主导。通过策划和规划对它重新定位为与北岸并重的南岸城市新区。第三，具有完善的城市功能和服务体系，《雅典宪章》①指出，城市规划的目的是解决居住、工作、游憩与交通四大功能活动的正常进行，其中居住为首位，经过市场分析后得出滨海新城的主导城市客户群是本地市民，因此以居住功能为主的"生态南岸新城"是首要定位。这个层面的定位是对区域目标、环境保护目标和交通发展目标的整合。

　　第二个层面是在对区域目标、产业发展目标进行整合后得出的针对粤东层面的定位，是在城市功能完善和城市形象提升的基础上，实现并挖掘更深入的价值。经粤东三市竞合分析后，从环境保护的目标出发，在产业定位上首先摒弃政府关于工业、制造业的定位，滨海新城将着力发展现代旅游产业链，以交通和港口为依托，形成发达的旅游业中心，打造珠三角、海西经济圈与明月港经济合作区的对接平台，形成粤东现代服务业与制造业的聚集中心。

　　第三个层面是针对亚太层面，是对区域目标、文化与品牌目标、产业目标、环境保护目标以及形象主题定位目标的整合。中信城市运营团队与项目所在区的合作范围是37平方公里，只上升到粤东层面定位显然无法覆盖全部客户群的需求。经过对政策、周边区域、客群组成等一系列的分析研究后，亚太层面定位的核心聚焦为两个方面：潮人聚集地＋休闲旅游度假胜地。对潮人文化聚集地的定位是对文化目标的延续；而通过对项目所在区的区位分析发现其正好处于北回归线上，且资源条件独特，在吸引亚太乃至全球荣归型的潮汕养老、度假、消费、居住方面具有巨大优势，所以在定位策略方面提出潮人是项

---

　　① 1933年8月，国际现代建筑协会（CIAM）第4次会议通过了关于城市规划理论和方法的纲领性文件——《城市规划大纲》，后来被称作《雅典宪章》。

目所在区在亚太层面定位的一个重要的理论依据、支撑和突破口，瞄准项目所在区成为世界潮人的精神文化胜地，是基于市场调查和研究所形成的准确定位。关于对休闲旅游度假胜地的定位来自两方面考量：首先，项目所在区的生态条件良好，包括红树林湿地、海岸线、礁石风景区，具有可以发展休闲旅游业态的自然基础，业态的定位在战略上抑制了项目所在区的工业区规模的盲目扩大，这是对下一步空间功能规划的重要参照；其次是度假胜地的定位，这是中信城市运营团队以泰国的清迈、普吉，印尼的巴厘岛，马来西亚的云顶作为参考案例确定的，上述几个城市社会经济发展状况和城市水平均较低，但因有良好的资源条件和完善的市场服务体系，均成为亚太著名、重要的旅游度假胜地。根据对项目所在区自然文化条件的挖掘和对服务设施的规划滨海新城具有足够作为亚太度假胜地的资源基础。未来的濠江将是一个全球潮人文化的聚集地，高端商务会奖旅游的胜地，亚太地区具有高度影响力的养老休闲旅游度假胜地，形成区域创新发展活力之源。

总体发展定位确立了滨海新城在区域的地位与发展方向，又反过来在战略的高度指导三家规划单位的概念规划工作齐头推进，依据定位，各展所长。

四、发展理念与策略

（一）项目发展理念的确定

项目发展理念与策略的确定，即基于规划定位进行的发展策略决策，是规划定位的后续与延伸，这也是在满足各方利益平衡的基础上，用规划的空间表现手段，对土地资源、产业资源、资本资源的整合过程。如表6-3所示，美国某规划顾问公司主要是从生态景观的角度切入，通过生态分析，把整个区域分为适建区、限建区、禁建区等，包括发掘项目内在宝贵的景观资源，并提出了RBD的发展理念；新加坡某规划顾问公司是从交通和基础设施方面来对交通策略做出空间建议，并依据交通的发展提出了TOD和MICE的发展理念；上海某规划设计院更多是全方位、多角度更为综合地从土地整个功能架构进行综合的分析和专题研究。

表 6 - 3 比选单位战略发展概念规划对比

设计单位	上海某规划设计院	美国某规划顾问公司	新加坡某规划顾问公司	英国某策划顾问公司
研究重点	综合研究	生态、景观	交通、基础设施	策划定位
主要分析手段	综合分析、专题研究	结合地理信息系统（GIS）等以生态为导向的因素评价分析研究	以土地价值分析为主导的因素评价分析研究	背景与案例结合研究
特色	全方位、多角度综合考虑，具有较强的可操作性	以生态为导向，重视基地的可持续发展	重视土地价值，有较强的可操作性	通过案例经验与基地自身特点结合分析

资料来源：中信城市运营项目所在地《发展概念规划》，2011

（二）TOD、RBD、MICE

在综合分析了现状资源及定位的基础上，中信城市运营团队从多家单位提议的多个发展理念中选取了 TOD、RBD 和 MICE 作为滨海新城整体性、综合性的项目发展策略。

1. TOD 的内涵与规划

为了构建完善的对外交通体系，加强滨海新城与主城区的联系，滨海新城的首开启动项目包括对苏埃过海隧道的建设。基于隧道和配套轨道交通的建设，新加坡某规划顾问公司在对新城交通体系进行梳理研究后提出了 TOD 模式，即以公共交通为导向的开发模式：组织紧凑的有公交支持的开发；将商业、住宅、办公楼、公园和公共建筑设置在步行可达的公交站点的范围内；适宜步行的街道网络；混合多种类型、密度和价格的住房；保护生态环境和河岸带，留出高质量的公共空间；公共空间为建筑导向和邻里生活的焦点；沿着现有邻里交通走廊沿线实施填充式开发。以过海轨道交通为骨干，配合步行和地面公交接驳，可大大减少滨海新城市民出行对私家车的需求，形成可持续的宜居社区。总部 RBD 区域，为扩大地铁站的服务半径，有效利用站点优势，使各生活、工作片区与地铁无缝接驳，布置了三条公交接驳路线，并在沿线功能组团适合位置布置公建配套设施，形成相辅助的公共生活服务体系，使周边土地价值最大化。TOD 的开发模式通过对绿色交通出行方式的引导和投资结构的优化，可促进城市可持续发展和经济效益的提高。

2. RBD 的内涵与重点地区规划设计

美国某规划顾问公司通过对项目所在区大量生态要素：海岸线、红树林湿地、礐石风景区以及濠江生态敏感区的研究，提出引入 RBD 概念，即是指城市内部以休闲服务、信息服务和商业服务为主的各种设施（休闲、购物、办公、商务、饮食、娱乐、文化、居住）聚集的特定区域，是城市中央商务区和城市游憩的重要组成部分，其包含的基本功能板块有休闲游憩功能、商业功能、商务功能、文化功能、居住功能等。倚靠不同的生态要素和区位，打造不同主题的 RBD。其中，游憩和零售商业是 RBD 的核心要素，RBD 丰富的游乐设施、配套住宿酒店、优美的景观景色是对外地游客的核心吸引力，这也是目前在建的 RBD 人文中轴线的理念起源。生态景观轴上重点 RBD 区域设计如附表 -1 所示。

3. MICE 的内涵与规划

新加坡的新加坡某规划顾问公司在对旅游资源进行分析后，在 2010 年 5月 7 日的联席会议上提出了 MICE 的产业发展理念，这是对 RBD 理念的深化。MICE 的含义是：Meetings、Incentive travels、Conventions、Exhibitions，即商务会议、奖励旅游、国际会议、展览。从对新加坡的商务会奖旅游案例研究可以得出，MICE 的成功因素包括：良好的基础配套，设施便捷的交通与电讯网络，国际化的多元构成安全，整洁的环境，政府机构的支持，旅游活动多样化。滨海新城凭借基地的自身生态环境优势，随着广澳港的建成和相关产业的升级，利用商务活动本身拓展到住宿、餐饮、娱乐等方面，进而争取在游览、购物、旅行等方面创造新的需求，借助城市旅游魅力的彰显，以吸引投资者。项目所在区 RBD 被赋予 MICE 策略后，将成为立足粤东，着眼东南亚，以商务旅游产业为主，兼顾休闲度假的高品质、高消费的 RBD。

（三）概念规划方案优选整合

中信城市运营团队从 2010 年 4 月起邀请三家单位平行来组织编制战略概念规划，三家单位在 2010 年 10 月 27 日左右提交了最终结果。中信城市运营团队

综合三家的方案进行比较分析，吸取各家所长，委托上海某规划设计院总体规划
方案，统一明确相关主题思想将英国某策划顾问公司的策划成果及几家规划单位
的战略发展概念规划成果整合成为一份最终的概念规划方案；同时，通过对区域
基本情况和现有规划情况的研究，对相关区域的资源和开发现状进行梳理，对区
域内可开发建设的用地进行价值的合理分析判断，以支持确定开发范围、开发强
度、开发时序、相关技术经济指标。在策划定位、法律协议和经济测算之间不断
相互作用的指导下，上海某规划设计院经过三轮成果的调整，最终于 2011 年 3
月 1 日，形成上报政府的《发展概念规划》，整合过程如图 6－7 所示。

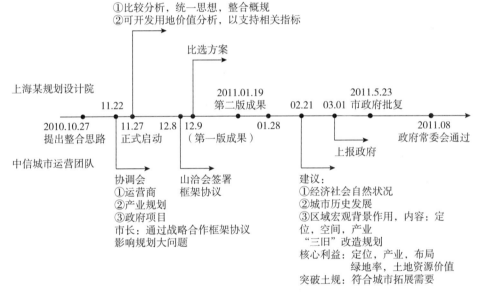

图 6－7 上海某规划设计院概规整合过程

第三节 概念规划整合的工具与方法创新

一、概述

通过对滨海新城项目概念规划阶段的工作梳理，并结合第四章中对城市运
营模式的系统特征和规划整合模式原则的阐述，可以看出，滨海新城项目的城

市运营实践充分体现出城市运营坚持以市场为导向，注重城市产业、文化、交通、生态、人居环境整体功能协调的提升等重要特质；同时，根据笔者对"五规"的剖析，体现出目前对应城市各项功能或指标的规划要素之间存在着不同程度的矛盾，编制的过程缺乏市场与公众的参与。在新型城镇化的背景之下，这些具体的诉求与城市运营的自身特质产生了多重关联。同时，就概念规划过程中对"五规"进行的第一阶段整合工作（如图 6-8 所示），我们可以发现其与第三章所述的由政府主导操作的规划整合有着三点显著的区别：（1）以市场需求为导向构建筛选体系，（2）以项目的投资平衡作为决策依据，（3）广泛地整合各方的利益诉求。

综上所述，笔者从理论上总结了概念规划整合组织阶段创新性地运用的两个重要工具，即市场校正机制和投资平衡机制。通过两项工具与规划要素的有机串联和相互动态作用，各规划要素不再是独立的状态，"五规"中规划要素的相互矛盾也不仅限于规划制定部门内部的矛盾范畴，而都与市场需求、城市的发展发生了间接或直接的关系。因此，在各方矛盾的协调中，市场校正机制的运用使得中信城市运营团队作为第三方独立、客观地对规划进行整合。

二、市场校正机制

（一）市场校正机制的含义

何为市场校正机制？《国家新型城镇化规划（2014—2020 年）》提出："市场在资源配置中起决定性作用"。以新型城镇化为目标的城市运营，坚持"市场主导、政府引导"的原则。本书的重要观点是，市场校正机制是以实际的市场环境和需求作为决策依据，对各政府部门规划中存在的分离、矛盾的问题进行重新梳理、过滤和筛选。该机制的具体操作方式是多层次、多领域的市场调查分析，在战略发展概念规划阶段主要体现为前期市场调查。该机制的运用为市场在城市资源配置中发挥重要作用提供了现实基础，是规划整合得以合理实施的重要工具，同时也是城市运营模式"以市场为导向"特征的具体体现。

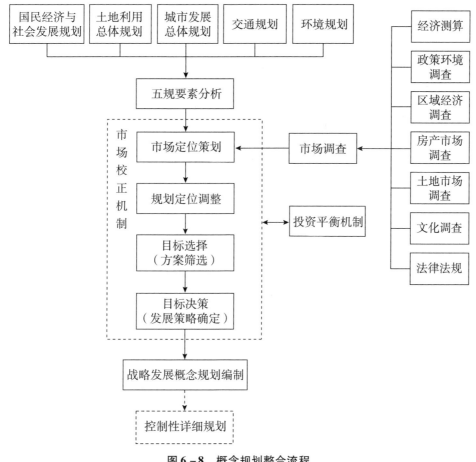

图6-8 概念规划整合流程

（二）前期市场调查

城市运营的目标是城市综合功能的整体提升，涉及的领域十分宽广，可以说中信城市运营团队在滨海新城案例中所开展的前期市场调查体现了其范围的全面性：从城市发展的市场需求角度上看，结合《雅典宪章》提出的城市四项基本功能，中信城市运营团队针对当地生活需求、工作需求、游憩需求和交通需求都展开了翔实的调查；从城市发展的市场环境角度上看，针对各层面的政策环境、宏观经济背景、当地文化背景、土地使用情况等进行了调查。通过对各项调查结果的汇总分析，最终形成一个系统的项目背景数据库，直接指导各层面的定位等工作，同时为"五规"各矛盾和冲突的化解提供了重要的决策依据。

从规划整合的角度上看来，前期市场调查作为战略发展概念规划阶段规划整合中关键的一环，须基于先行的"五规"分析，有针对性地对"五规"中宏观的、相互冲突明显的规划要素进行深入细致的调查研究。学者张庭伟认为，市场经济环境下，规划中所要处理的关系主要分为政府、市场和公众三方面，而规划整合的本质是各方利益的平衡。基于以上观点，本书将从政府、市场和公众三方面，从规划整合的角度对中信城市运营项目开展的各项具体调查进行梳理和总结。

1. 政府方调查

可以说，在过去很长时间内，我国综合城市开发和管理从本质上来说政府行为远大于市场行为，主要原因是我国的土地公有制以及特殊国情。虽然城市运营是以市场为导向对城市资源进行整合的过程，但是政府意志对整个项目的发展运营仍然有着举足轻重的影响力。通过充分解读政府的意图，结合当地发展的实际情况，运营商可获取政府更多的政策条件支持，提高运营效率和可行性。

从某种意义上说，对各政府部门的调查和访谈即是对当地"五规"分析的延续和深入。在本案例中，针对第四章总结的"五规"中相互冲突的规划要素，对各规划的编制单位或部门进行深度访谈以了解各部门的发展诉求，对战略发展概念规划和控制性详细规划的编制落地，以及规划要素的整合工作都至关重要。

就以上目的，笔者对政府方的调查采用了文献查阅和访谈法，具体调查内容如下：

（1）城市政策环境。

（2）项目区位。

（3）项目属性。

（4）政府合作协议内容及签署时间。

（5）项目所在城市《国民经济和社会发展第十一个五年规划纲要》

（2006—2010 年）。

（6）项目所在城市《土地利用总体规划（2006—2020 年）》。

（7）项目所在城市《城市总体规划（2002—2020 年)》。

（8）项目所在城市《分区规划（2007—2020 年)》。

（9）项目所在城市《环境保护和生态建设"十一五"规划》。

（10）项目所在城市《干线公路网规划》。

（11）项目所在城市《公共交通规划》。

（12）相关法律法规。

2. 市场方调查

城市运营是市场主导下的城市综合开发运营模式，因此市场因素是定位策划至关重要的影响因素，这也是恰恰以政府为主导的"城市经营"的规划中缺失的一环。前期市场调查是对策划定位的直接指导，调查结果同时也与运营项目的规划、实施和落地紧密相关。比如通过对市场数据的调查，可形成对城市发展现状的科学分析和对城市未来发展的科学预测，为后期的经济测算提供量化支持，从而指导形成高水平的规划，避免城市的粗放式扩张，为实现绿色可持续发展奠定良好基础。

对于政府方调查而言，市场方调查的总体思路需要在一定程度上独立于地方政府意志。换句话说，在深度分析、了解当地"五规"的基础上，市场方调查的主要目标是构建以市场为导向的"过滤器"，对"五规"中偏离市场规律的规划要素进行过滤、校正及整合，对市场因子的调查主要采用实地考察、访谈、问卷以及资料分析法。具体调查内容如下：

（1）客群调查：项目客群划分，项目客群定位。

（2）产业调查：产业外环境研究，产业内环境研究。

（3）房产市场：城市房地产市场概况，各种住宅市场概况，各种商业物业市场概况，各种写字楼市场概况，各种服务式公寓市场概况，星级酒店市场概况，各种旅游度假物业市场概况分析和初步发展研判。

（4）土地市场：土地利用现状与性质，土地掌控与权属情况（市、区、企业），地上附着物情况及相关数据，旧改涉及的范围及面积，地形地貌，相关成本资料。

3. 公众方调查

从某种意义上说，规划整合的出发点以及最终受益方是公众。因此不难理解，在欧美国家的规划体系下，规划的整合伴随着公众诉求的表达，例如在美国区划（Zoning）的司法程序中，针对公众方的公告（Notice）和听证（Hearing）是对规划实施中产生的矛盾进行协调的最重要的手段之一。然而根据本书第五章对城市"五规"的分析，规划要素的相互矛盾和冲突直接关系到公众的实际利益，但是公众的利益诉求在政府部门编制的规划中无法得到充分的体现，政府主导的规划整合工作同样缺乏公众的参与。

作为新型城镇化背景下转型发展而来的城市运营商，中信城市运营团队注重"以人为本"，关注城市发展对人的关怀，满足居民与日俱增的物质、文化以及环境需要，创造全面发展和健康成长的人居环境。在考虑人口密度、建筑密度、住宅布局、交通网络等规划问题时，着重考虑居民的生活舒适度和便捷度要求，并力求将整个区域营造为市民安居乐业、国内外人士乐于来此工作、居住、旅游、消费全方位发展的新型城镇化示范区。并且，在与地方政府建立起具有中国特色的 PPP 城镇化发展合作模式框架下，合作双方以区域的远期发展为目标，以城市总体功能的构建为核心实施长周期的战略合作，通过远期土地升值和未来收益权来平衡大规模城市重大基础设施建设投资。而人口的聚集是新城区域长期持续发展的首要条件，运营商对公众意志的维护是项目发展的重要保障。

如此而言，从公众方参与的角度分析，城市运营模式在滨海新城项目中的实践较好地顺应了规划整合的具体要求，很大程度上弥补了现阶段国内由政府所主导的规划整合工作当中的缺失。

从具体操作上看，对公众方的调查一方面是对普通市民及潮汕藉海内外成功人士的访谈和问卷调查，加强对社会及文化需求的深入了解，由于潮人独有的故土情节，滨海新城的基础客群不止当地居民，更有大批的海外潮人。基于对潮汕的历史文化、社会现状的深入了解，首发启动区在建的 RBD 人文中轴线即是潮汕文化的保留与植入。对公众方的调查另一方面体现于策划单位与规划单位同步办公的体系中。策划工作和规划工作在传统意义上是"上下游"关系，而在滨海新城的战略发展概念规划的前期过程中，策划与规划却是先后启动、同时进行的。具体调查内容如下：

（1）本地居民的需求调查：人口结构、家庭户数、收入水平、消费水平、购买行为、交通方式、生活形态、就业情况、文化需求、城市形象愿景等。

（2）海外潮人的需求调查：人口结构、家庭户数、收入水平、消费水平、购买行为、故土情节等。

（3）规划单位的专业需求：公共服务设施要求、基础设施要求、环境保护、道路交通要求、历史文物保护要求、城市形象要求等。

三、投资平衡机制

（一）城市运营模式下投资平衡机制

城市运营模式下的投资平衡机制是将项目的投资行为用数据模型进行客观描述。具体来说，就是通过建立数据模型，从投资经济的角度对项目不同阶段的规划成果进行评估，并通过模拟各种可能的开发运营策略，对投资收益、资金峰值、回收周期、融资需求以及风险平衡等进行动态预测与评估，统筹考虑，以寻求投资效益最大化的过程。经过论证确定后的经济测算将指导项目总体运营方案的编制。相应，"五规"中部分相互矛盾的规划要素可量化为不同数值，作为输入参数导入数据模型后对生成的投资收益、资金峰值、风险平衡点等产生相应的影响。这些结果可对具体规划要素的调解和整合提供量化的评判依据。

基于城镇化发展的 PPP 合作模式本质——利益共享、风险共担，可以认为市场校正机制是以目标区域内的整体提升，即实现公共利益为目标对规划要素进行整合的工具和保障；而投资平衡机制则是以实现企业利益为目标对规划要素进行整合的工具和保障。

在具体操作层面，投资平衡机制贯穿规划整合的全过程——从城市运营项目的前期调研至概念性规划编制完成，项目边界由模糊到清晰，相关技术经济数据也由粗略到较细致，经济测算的数据计算模型的搭设也逐步成型。所以，投资平衡机制的具体操作在概念规划阶段和控制性详细规划阶段有着明显的区别。

笔者将概念规划阶段的规划整合中所运用的投资平衡机制主要总结为两部分：静态投资收益预测以及动态的投资收益预测。

（二）静态的投资收益分析

静态的投资收益预测主要包括投资估算、土地出让收入预测、土地收益预测。

1. 投资估算

概念规划基本定型后，片区内的路网结构、学校、幼儿园、绿地公园等公建配套设施规格、数量及分布相应基本确定，可以通过编制投资估算来匡算投资总额度。战略发展概念规划阶段的投资估算编制主要依据本地典型一级开发的成本水平、以往同类项目的战略发展概念规划的经验数据、项目定位策划成果、项目战略（概念）规划成果。战略发展概念规划阶段的投资估算编制，要求遵照相对保守的原则，精度控制要求在15%以内。一般来说，投资估算主要包括：征地拆迁费用、工程建设费用、财务费用、管理费用等。

项目的战略发展概念规划阶段投资估算在编制的过程中参考了当地城市东部新城填海区、南山湾工业区，广州经济技术开发区、广州科学城以及在成都郫县投资的中信未来城、在北京亦庄投资的中信新城等的投资估算，编制了相对准确、符合精度控制要求的投资估算，基本满足了项目投资评审的需要。

2. 土地出让收入预测

城市运营项目的主营业务收入是土地出让收入。在战略发展概念规划基本定型之后，片区内的可出让土地的数量、土地的性质、规划要点、景观区位等条件就基本确定，土地的价值可以通过假设开发法、市场比较法等并根据相对保守原则进行预估测算。

项目的战略发展概念规划阶段土地出让收入预测，通过聘请咨询机构对城市房地产市场的研究，提出各地块在既定的条件下房价的预测，再采用假设开发法，即通过房价扣除开发成本、税费以及二级开发商的正常利润来测算地价，再将各地块的地价汇总成片区的总地价，作为项目的总收入。

3. 土地收益预测

通过以上土地出让收入及投资估算，在扣除相关上缴国家、省、市的土地基金后，即为土地收益。土地收益是判断项目经济可行的一个重要指标。

项目静态的投资收益预测是为了从静态的角度对项目的经济可行性进行简单判断，除非有超越经济的目的或在超出本片区外更大范围内的经济平衡需要，否则项目的土地收益将是决定项目可行的重要指标，项目的收益必须为正，而且须大于资金的投资机会成本。

（三）动态的投资收益分析

城市运营项目作为长周期的投资项目，仅仅依靠静态的投资分析来决定项目是否进行投资远远不够，还必须进行动态的投资分析。投资估算以及土地价值的评估一般都是静态的，加入运营策略和开发计划，将对静态的投资、收入在时间的维度上进行"扁平"化，即可形成动态的现金流量表，在现金流量表的基础上可以进一步考虑项目的融资计划。

1. 运营策略和开发计划

城市运营项目的运营策略包括项目的计划、组织、实施和控制的战略指导思路，具体来说主要包括征地拆迁计划、开发建设计划、土地出让计划、融资计划等。征地拆迁计划、开发建设计划主要体现为资金的流出；土地出让计划体现为经营性现金流的流入；融资计划体现为融资性现金流的流入，是对资金流出大于流入后形成资金缺口的补充。城市运营项目的可行性，从静态来看，应该产生足够的利润；从动态来看，现金流必须足以支撑项目的可持续，现金流的"断流"将意味着项目的中断、失败。从实践来看，往往更应该看重现金流的可持续，所以城市运营项目必须以现金流管理为核心，运营策略的制定必须以这个基本原则为指导。

中信城市运营的首开区在战略发展概念规划阶段时就已经进行多轮的项目运营策略和开发计划讨论，并形成指导性的运营策略。

关于征地拆迁计划，在资金充足时，可以对片区内的集体用地在项目开始之初，一次性全部征收，这样会加大前期资金的投入，加大资金的峰值但避免以后征地成本的上涨；在现金流不足时可以分期进行征收，减少前期的资金投入及减少资金峰值，但可能会面临征地成本大幅上涨对利润的吞噬，甚至造成投资失控的风险。

关于开发建设计划与土地出让计划，要求开发建设计划必须以土地出让计划为导向，进行土地整理，避免投资的沉淀，尽快实现土地出让收入。

2. 动态经济测算数据模型

在初步的投资估算、土地出让收入预测、运营策略和开发计划等因素基本确定后，可以搭设经济测算数据模型。经济测算数据模型搭设完毕后，反过来可以用于评估规划成果、运营策略和开发计划的优缺点。具体的评估标准是，除了投资经济指标须符合投资可行基准指标的要求外，还要求检验其是否符合中信城市运营团队原来既定的现金流基本规划模式，不符合以上要求的必须对规划成果、运营策略和开发计划进行调整，甚至放弃项目的投资，以规避可能存在的投资风险。

战略发展概念规划阶段，根据中信城市运营以现金流管理为核心的思路与操作方式，采用相对保守的原则，模拟项目开发过程，编排征地拆迁方案、土地出让方案、工程建设方案等，以每半年为计算单元，编制现金流量表。城市运营项目作为长周期的项目，投资人（地方政府或城市运营商）不仅要关注利润率，还要关注资金峰值、净现值（NPV）、内部收益率（IRR）、投资回收期等动态经济指标。这些静、动态的经济指标将作为评估规划成果、运营策略和开发计划的主要依据。

城市运营要求规划方案、运营策略和开发计划都必须进行多方案论证，各规划方案及各开发方案进行组合，并用经济测算的数据模型进行论证，最后形成相对于项目具体情况的最优方案组合。最优方案组合的经济测算动态数据指标出来之后将作为项目后续控制性详细规划修编以及项目投资运营阶段的总控制指标。

中信城市运营项目战略发展概念规划阶段规划成果、开发计划就是通过多方案组合论证并进行 SWOT 分析，优选组合。其当时根据对方案的组合先后共编制 100 多版的经济测算，最大限度对规划成果和运营策略的优劣评判，做到尽可能量化评估。

（四）融资与资本运作

城市运营项目是以规划为导向的资本运作。理论上，只有当项目的内部收益率超过资本市场的资金成本后，才可以利用资金杠杆，设计资本运作的方案，以达到通过较小的自有资金投入获取较大的投资收益，最大化自有资金的投资回报率。

在项目最优方案组合的经济测算动态数据指标出来之后，现金流的资金峰值与自有资本金的差距，即是融资的资金要求。城市运营更多的是基础设施的投资，可以通过政策性银行、商业性银行、基础设施信托机构、私募机构等各类型金融机构进行融资。

项目的 IRR 决定了项目可承受的融资成本，所以好的项目可以有更大的空间来解决融资难的问题。前面也提到过，经过经济测算动态数据模型的论证，可以找到有相对较好投资效益的项目上马，这些项目由于本身具有较高的投资收益水平，也往往能够吸引各层次资本的介入。多层次的资本，可以通过普通股、优先股、优先债、次级债、可转债等多种形式，参与项目的资本运作。

项目公司根据与政府的投资协议约定注册资本金为 5 亿元，在战略发展概念规划阶段，已经着手对各种潜在的金融机构、利率水平及相关政策进行了摸底，并制定了利用政策性银行、商业银行、夹层基金、信托机构、大型机械融资租赁机构等融资手段的规划，初步起草资金运作架构，进行融资成本估算。

另外，中信城市运营项目具有投资额度大、投资周期长等特点，风险控制管理自然成为城市运营项目运作过程中的重中之重。对此，中信城市运营团队运用最新的风险管理理念，采用"风险预控"思路代替常规的"风险事后管理"，在前期论证中即将风险控制机制嵌入到规划修编、运营策略等方面，并通过经济测算的动态数据模型进行论证，对风险点的敏感性进行分析，在规划方案、运营计划编制及后期的运营中，尽量规避项目的敏感性风险点。

四、"五规"整合成果分析

（一）"产业发展的策略，主导产业定位"整合

笔者对"五规"进行前期分析研究后发现，政府对区级发展定位和产业规划存在着模糊不清、相互矛盾的问题。城市总体规划对项目所在区的产业定位是"以发展深水港、港前工业、旅游及休闲度假、教育产业以及现代农业为主"，而国民经济发展规划则以"主要发展观光农业、生物制药、环保产业、都市生态旅游等，打造生态经济廊道"作为项目所在区产业定位。

中信城市运营团队一方面通过对政府方城市发展意图、市场环境、实际市场需求及公众需求的系统调查，另一方面结合投资平衡机制对项目片区的经济估算，得出结论：经济特区与其他沿海城市之间的政策差别正在逐渐缩小，周边城市的同质化竞争态势一直持续，项目所在区应利用其宝贵的自然资源优势，适当选择临港工业，着力发展现代物流及商务会奖旅游、养老保健等现代服务业——这一定位获得了市政府高度认可。

显然，针对"五规"中产业定位规划相互矛盾的现象，城市运营商作为规划整合的主体和协调者，并不拘泥于在两项规划中做"二选一"，也不限于对各规划的编制主体进行利益协调，而是作为相对立的第三方，以市场需求为导向、投资平衡为依据，提出了"政府认同、市场合理、公众需要"的产业发展定位原则。

（二）"城市空间拓展和建设用地发展方向规划"整合

项目所在城市《城市总体规划（2002—2020 年）》强调南北两岸整体开发建设，提出了向东扩展城市发展空间，明确了城市建设的重点为北岸东部，形成"一市两城，中间为汕头海"新的城市格局。但是从项目所在城市《土地利用规划》来看，基本农田保护不仅占用滨江片区较好的空间区位，而且分布零散，造成项目所在区城区内用地结构混杂，农田、工业用地

包围城市，生产和运输过程对整个城区造成了较大的负面影响。特别是东面临港片区紧靠市级中心城区，发展石化产业会造成对生态环境的负面影响，也降低了中心城区的商务环境质量，无法与北岸东部城市中心区域协调发展。

针对这一问题，基于项目所在区拥有的丰富生态资源，中信城市运营团队认为滨海新城的发展更需要把握生态友好的原则发展低碳经济产业，不宜大量开发低密度工业以免造成土地产出效率低下。在滨海新城概念规划中，主要采取的方法是从土地综合价值及区域间协调发展的角度划分用地功能分区，从市场容量角度判断合理发展规模，以得出最适宜城市发展的功能布局模式，提出"生态型的南岸新城"的定位，从而将南部片区规划为"一心、两带、三湾、多组团"，为主城区的"东延"发展方向提供支持。

五、整合实施

（一）编制主体

在滨海新城的城市运营模式下，作为城市运营商规划整合编制的主体，规划编制权也是双方合作的首要条件和前提。比较政府各部门根据各自的部门职责履行审批职责，以城市运营商为主体编制规划最大限度地规避了政府部门条块分割、职责重叠造成的目标相似，各自表述，资源浪费，互不买账，最终无人负责的现象。同时，在城市运营中，城市运营商是"三因子"的平衡体，因此由城市运营商为主体编制的规划必然是符合多方利益诉求的，兼顾经济利益和社会效益同时发展。

（二）管理流程

在项目的概念规划编制中，中信城市运营团队严格遵循团队内部的管理流程执行，以对规划的节奏科学地把控，对规划科学地指导。具体管理流程如图6-9所示。

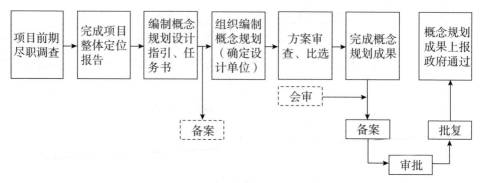

图6-9 战略发展概念规划管理流程

第四节 启示

在对"五规"要素进行定量和定性分析的基础上,城市运营商在战略概念规划的编制整合中充分运用"三因子"分析法,可以有效平衡政府、市场和公众三者的利益诉求,达到了各利益相关者的预期目标。

城市运营商在战略概念规划的编制整合中充分运用"市场校正机制",通过组织市场调查和策划定位,有效地校正了"五规"中严重偏离市场需求和规律的要素因子,在科学合理表达了政府意志的同时,综合考虑近中远期的区域发展目标和市场客观需求,引导城市运营走上以市场为导向的轨道。

城市运营商在战略概念规划的编制整合中充分运用"投资平衡机制",通过定量的动态经济测算模型将"五规"要素的定性利益诉求转化为可量化的指标、成本数据和财务数据,经过反复测算模拟,形成了良性的项目投融资结构,在不增加地方政府任何财务负担和融资压力的前提下,使项目合作双方为城市提供大规模高质量的公共产品的PPP合作意向成为可能。

城市运营商在战略概念规划的编制整合中通过访谈、调查、会议、咨询等开放的方式,了解并捕捉到公众——市场的未来潜在客户的意愿和需求,及时补充平衡了在"五规"中对公众利益关注的缺失,使项目在长周期的运作中得以化解利益相关者的潜在冲突。

通过预设的创新程序,使不具备法定规划地位的概念规划成果顺利通过市政府常务会议的审议，从而获得准法定规划成果的地位，成为项目启动区控制性详细规划编制的有效依据和前提条件。

　　总体而言，城市运营模式下的战略发展概念规划的整合编制过程整合贯穿多个维度：在思维层面它是在公共产品运作、市场运作与资本运作上的整合；在资源层面是对土地、产业、资本三种要素资源的整合；在社会利益层面是对政府、市场、公众"三因子"利益诉求的整合；在操作层面它是贯穿于整个组织流程的上、下游工作过程的规划整合。

07 第七章
规划整合模式之三：控制性详细规划的组织整合

CREATION OF CITY VALUE • A Planning Integration Method based on Urban Operation • • •

根据第四章设定的规划整合原则和工作流程，在完成第二阶段战略发展概念规划的整合编制基础上，规划整合进入模式之三阶段，即组织控制性详细规划的整合编制。在本书所提出的规划整合模式中，控制性详细规划同样有别于常规意义上的法定控制性详细规划，它是构成本书提出的以"五规合一"为核心的规划整合模式体系中相对独立的规划整合子模式，是基于城市运营模式的规划整合的重要工具之一。在城市运营模式下，控制性详细规划需要在国家法定的规划编制内容基础上，转变规划理念和编制程序，依据上一阶段战略发展概念规划的成果，同时运用"市场校正机制"和"投资平衡机制"整合各项要素，通过法定程序形成法定规划成果，是一个在表达政府意志的同时体现市场导向的城市运营策划和规划落地过程。

在中信城市运营项目南滨片区控制性详细规划的编制过程中，基于第二阶段的战略发展概念规划整合成果的基础上，控制性详细规划的整合与组织模式在前提、逻辑、方法和方式上的重大变化。

第一节　常规编制方法

一、控制性详细规划的常规编制方法

控制性详细规划是以城市总体规划或分区规划为依据，以土地使用为重点，确定建设地区的土地使用性质、使用强度等控制指标，道路和工程管线控制性位置以及空间环境控制的规划。目前国内控制性详细规划编制的方法大致如下：

1. 前期研究

控制性详细规划的前期研究主要是针对当地政府部门编制的上位规划，如城市总体规划、土地利用总体规划、国民经济和社会发展规划、生态环境保护规划、交通规划等进行梳理研究，作为控制性详细规划编制的主要依据。同时，前期研究还包括控制性详细规划影响区域内生态环境、名胜古迹、交通疏导等方面的摸底。

2. 用地分区规划

用地分区规划主要根据前期研究成果，以及国家和地方性城市规划的技术标准和规定等，提出公共服务设施的配套要求，以及对规划区域内的公共设施布局、功能配比、市政工程等方面进行统一的区划。从实际经验来看，用到分区规划基本上是较为严格地依照城市总体规划和土地利用总体规划的大框架进行划分。

3. 土地用途细分规划

通常的操作方法是以总体规划为基础，通过城市次干道和支路系统的规划来细分地块；同理，细分土地用途从总体规划的以大中类为主深入到控制性详细规划阶段的以小类为主。对于用地产权或使用权边界的区别，有时依据有偿出让和转让的要求进行划分。

4. 用地指标的确定

作为控制性详细规划编制的核心内容，用地指标主要根据现行规划的技术参数的统计结果，以及上位规划提出的地区人口等发展预测提出开发强度指标和环境控制指标，包括容积率、建筑密度、建筑高度、绿地率等。

二、问题与诉求

（一）缺乏实效性

在当前的控制性详细规划操作实践中，因不能适应实际操作中的要求，不断出现"控规修编"的现象。仔细审视控制性详细规划的编制依据和编制工作要求，两者间的逻辑关系并不充分：控制性详细规划中涉及的城市的形态和尺度规划问题一方面是城市发展的目标，另一方面也有城市历史发展的惯性，总体规划对这一问题只能提供参考，不能提供直接指导。由于城市空间形态与城市生活质量密切相关，为确定城市未来发展的空间形态需要新的规划工具——城市设计。目前，尽管城市设计不是法定规划类型，但是在中国大部分城市的具体规划实践中，已基本形成"城市设计/控制性详细规划"的工作模式。理论上，城市设计完善了"总体规划—控制性详细规划"的逻辑链条，弥补了控制性详细规划城市形态控制的理论缺陷，但在规划实践中并未产生预期的效果；其主要原因是我国城市设计的思想与原则仍旧是"视觉"导向的设计，在现实制度下往往是"权力审美"的产物，长官意志和好大喜功的城市设计往往脱离实际，不仅不能保证控制性详细规划的实效性和可操作性，将其形态法定化的控制性详细规划反而成为城市发展的束缚。可以看出，市场经济条件下控制性详细规划自身存在着功能定位含糊、管制内容和技术手段难以适应发展需要等方面的不足，控制性详细规划编制的缺陷与成果法定化同时也加剧了矛盾。

本质上，控制性详细规划是服务于管理的规划，管理的目标和要求不能脱离城市发展的实际情况和潜在可能性。市场经济条件下，城市发展的基础是城市经济发展水平及其衍生的各种市场需求，规划实效性主要表现为城市开发的经济性和城市开发的可操作性。目前较为常见的编制模式有"总规—控制性详细规划"和"总规—城市设计—控制性详细规划"，其中，总体规划关注的是城市长远而综合的目标，经济目标仅仅是一个估测和远景，对近期开发指导不足；而城市设计关注空间形态，是视觉维度的规划，鲜有经济目标的分析，导致地方政府主导下的控制性详细规划编制常忽略城市经济发展水平和市场需求的考量，从而影响整体性实效。我们注意到，经济性成为规划逻辑缺失的一环，弥补这个缺陷既是规划编制体系的理论问题，也是城市开发运营管理实践中亟待解决的实际操作问题。

（二）缺乏市场和公众诉求的表达

控制性详细规划因其自身的具象性和法定性，对市场的运行、公众的利益具有直接的影响，可以说控制性详细规划阶段实质上是各上位规划中所积累的矛盾和冲突集中凸显的时点。在自然公正的逻辑下，各相关方理应得到表达意见的机会。以纽约市为例，该市对听证主体、听证公告、公众出席等都有严格要求，如主持方人员构成、公众方出席人员、会上具体程序等。根据本书第四章对项目地五项政府部门规划的量化分析，无论在城市发展战略层面的宏观性规划要素分析中，还是在具体层次的规划指标的制定和编制过程中，市场主体及公众都缺乏实际意义上的参与机会。我国常规的控制性详细规划不具有完全公开性，虽然作为法定规划，但是很多城市在控制性详细规划的规划管理中将其作为政府部门的内部资料，社会的参与更无从谈起。甚至在部分地区，不公开、不透明的控制性详细规划沦落为政府与土地开发商利益交易的工具。

综上所述，控制性详细规划作为城市发展控制的空间规划和管理工具，应与城市开发模式相一致。以市场为导向的城市运营，亟须控制性详细规划编制的机制创新，以提高控制性详细规划的实效性、可操作性、经济性、公正性和对城市空间发展的有效管制。

第二节　实践与思考

一、项目规划实践概述

在城市运营的模式下，为减少操作过程中的控制性详细规划反复调整，提高可操作性和城市开发效率，滨海新城南滨片区的控制性详细规划整合以"城市设计+控制性详细规划"为工作框架，控制性详细规划编制的主要工作是城市设计成果的技术性转译。可以说，南滨片区加入"城市设计"的控制性详细规划与中央城市工作会议以及《国务院关于深入推进新型城镇化建设的若干建议》所强调的"加强、全面开展城市设计"的指导方针不谋而合。该项目控制性详细规划的编制可具体分为市场调查、项目定位、项目发展目标调整、市场需求细化分析和规划编制五个阶段（如图7-1所示）。2011年1月，中信城市运营团队正式委托新加坡某规划顾问公司开展对南滨片区的城市设计，同步委托英国某策划顾问公司和广东某策划顾问公司进行南滨片区的概念策划和深化业态策划。2011 年 4 月，中信城市运营团队正式委托项目所在城市和广东某规划设计院开展《南滨片区控制性详细规划（草案）》（以下称《南滨控制性详细规划》）编制工作。

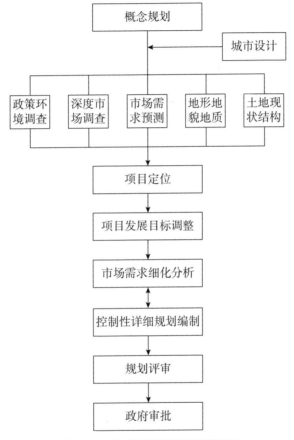

图 7 - 1　控制性详细规划形成流程

在战略发展概念规划的指导下，控制性详细规划整合的目标非常明确——将战略发展概念规划阶段的成果，如区域整体定位、产业发展定位、项目发展理念等符合市场环境与需求的要素，通过法定的控制性详细规划形式落到实处。同时，通过复杂的经济测算，并综合考虑各种可能的风险，确定可出售建筑面积指标目标，然后将不同类型的可经营的建筑类型规模落实到具体的土地单元上，并在满足社会经济、环保、交通、土地利用和总体概念规划等各类规划的综合要求前提下，达到项目预期的投资、开发和运营目标。

二、项目定位

（一）项目市场调查

2011 年 1 月，中信城市运营团队正式委托新加坡某规划顾问公司开展对南滨片区的城市设计，同步委托英国某策划顾问公司和广东某策划顾问公司进行南滨片区的项目背景调查和深化业态策划，之后，再根据两家机构提供的调查结果进行项目定位的决策。其中，控制性详细规划阶段项目背景调查是战略发展概念规划阶段市场调查的深入与细化，包括一系列的地形地貌分析、土地现状结构调查、深度市场调查和市场需求预测等。

1. 地形地貌分析

对地形地貌的分析是规划设计的基础工作，尤其是在地形复杂的南滨片区，更是大量后续工作的依据。由于南滨片区现状用地受自然地形的制约比较大，控制性详细规划采取尊重自然地形，整合地形地貌资源，建设区域的划分以及道路设计的选线均从自然地势的高程、地质、地形出发，从山地的无序中寻找地形秩序的规划策略。同时，经过分析，发现复杂的地形隐含着南滨片区作为首发启动区的优势：

（1）依山傍水：整个南滨片区北面临海，东、西、南三面被山包围。礐石风景区等不少山体植被良好、形态优美；红树林和一些天然形成的小湖成为本片区靓丽的风景线。

（2）地势平坦：南滨区景观较多，山体主要在片区南侧，大部分山体开发难度较大，相反北侧平地较多且临海，景观资源良好，高程基本上在珠基 2～4 米之间，适宜开发建设。

2. 土地现状结构调查

对土地现状结构分析的必要性体现于它是一切空间规划的制约因素，是下一步土地利用规划的直接参考依据，土地现状结构包括土地利用现状和土地权属现状。

从土地利用现状来看，该片区大部分为未开发用地。南滨片区当时只建成了游泳跳水馆，其余用地主要为花木场、水塘及稀疏林地（含空地）；而东南侧的澳头——葛洲片区除了大片的山地、农田和水面之外，主要是村民住宅，以及极少量的工业和公建设施。

关于南滨土地现状权属，新加坡某规划顾问公司在对南滨片区进行城市设计前开展了翔实的调查。南滨片区的规划面积为 720 公顷，现状用地包括村镇用地、体育用地、公共绿地和林地等。如表 7-1 所示，根据濠江现状土地权属的评估，基地内分为三类：已建设用地、已征未建用地、村镇用地。20 年规划期限内可开发用地 489~720 公顷。南滨片区较为明确权属关系的建设用地共有约 349.0 公顷，其中公共设施用地 59.7 公顷，工业，仓储用地 95.4 公顷，对外交通用地 20.1 公顷，市政公用设施用地 2.43 公顷，特殊用地 22.9 公顷。另外，已形成的红树林自然保护区近 5.7 公顷。可以认为，土地现状权属是南滨控制性详细规划中规划区与协调区划分的影响因素和标准。

表 7-1 南滨片区土地权属一览

用地权属统计	（平方米）
已征已建用地	480 038
已征未建用地	341 331
村镇用地	1 486 958
可开发用地	4 893 191
南滨片区总用地	7 201 519

资料来源：《南滨片区控制性详细规划》，2014

3. 深度市场调查

南滨片区深度市场调查于 2011 年 1~3 月由英国某策划顾问公司和广东某策划顾问公司同时进行，以战略发展概念规划及城市设计中对南滨片区的定位为出发点，对房地产市场、南滨片区物业市场以及周边可参照对比的项目进行调查，为市场需求预测及深化业态策划提供了基础资料。

从市场总体表现来看，全市商品住宅市场需求较为平稳；自 2004 年开始进入快速发展阶段，销售面积与销售金额均保持良好发展态势；商品住宅销售均价也呈整体稳定上涨趋势。经过对现状的深度分析，广东某策划顾问公司将房地产市场划为东、南、西、北四大板块，得出如表7-2所示的全市房地产市场的综合情况。

表7-2　全市房地产市场的综合情况

板块划分	产品类型	价格水平（元/平方米）	客户群	区域特征	未来发展趋势研判
东区板块	三房、四房为主	6 000~8 000	高端客户为主	城市未来城市发展的核心区域，高端楼盘云集	位于市域东部经济带，是城市未来发展的中心区域，未来价格会稳中有升
南区板块	三房、四房为主	8 000~12 000	高端客户为主	有一线海景资源及众多名校资源，片区内是市委、市政府等行政机关的所在地	由于拥有丰富的资源及配套设施，是目前城市楼市的价格高地，目前已开发楼盘的住宅小区略有规模，是市域房地产开发的热点区域之一，但后续开发供应不足
西区板块	两房、小三房为主	3 800~5 000	中端客户为主	属于老城区，片区城市配套设施日益老化，楼盘开发以旧改项目为主，规模普遍较小，中上阶层群体大量东移	受制于旧城改造推进的难度较大，区域的发展进程较慢，有待于政策支持和大规模旧改项目的带动
北区板块	三房为主	4 000~6 000	中高端客户为主	原为工业区，区域内工厂较多。近年来随着多个品牌开发商在片区内开发，区域的居住氛围逐步浓厚	目前已成为热点供应片区之一，随着区域内工业的改造搬迁，未来片区的价值将会逐步凸现，宜居程度也将进一步提升

资料来源：广东某策划顾问公司，项目地价房价测算专题报告，2011

物业市场调查是从市场容量的角度，为判断项目合理发展规模而进行的基础资料收集过程。通过对市域老城区内住宅市场、商业市场、写字楼市场的调研和数据分析，以分类对比的方法对南滨片区的住宅、酒店、写字楼、商业等物业的需求、产品、分布及开发强度等做出研判。物业市场的调研结论如下：（1）项目所在区目前产业发展尚不成熟，应积极争取吸引人气，培育产业，促进物业需求；（2）南滨片区房地产市场尚属于成长期，投资需求旺盛而常住和商务型需求不足，房地产物业建设应配合产业稳步推进；（3）南滨片区应以旅游业为引擎，拓展更高层面市场，加快区域发展。

同时，中信城市运营团队对基地周边项目进行了研究——涵盖该城市以及深圳、广州的物业研究，目的是在深化业态策划时，作为参考资料，对各物业类型的定位、规模、入市销售均价、容积率、开发策略提出比较与修正。

4. 市场需求预测

在市场调查阶段，以英国某策划顾问公司为主体对南滨片区市场需求进行了预测。主要包括对人口规模的预测，以及以此为基础对可经营性用地规模以及各功能物业、产业发展及配套设施的预判。依据英国某策划顾问公司从市场需求角度判断出的南滨片区 30 万人口规模，从人口的就业及居住需求出发，得出如表 7 – 3 所示的居住及商业建筑的规模配比。通过以上市场研判，对区域产业、旅游设施、房地产物业等发展空间的建议如表 7 – 4 所示。

表 7 – 3　各功能物业规模的建议

用地性质	功能	建筑面积比例	建筑面积（万平方米）
综合居住	住宅	93.7%	900
	办公	3.3%	30 ~ 35
商业	酒店	1.3%	12 ~ 15
	零售商业	1.7%	20 ~ 25
	小计	6.3%	60 ~ 75
合计		100%	960

资料来源：英国某策划顾问公司，项目所在城市南滨片区概念策划，2010

表7-4　南滨片发展空间研判

	近期（1—3 年）	中期（3—10 年）
产业	以旅游、度假需求为主； 商贸服务、会议交流等产业的需求将随着规划落实逐步产生	随着项目所在区规划和开发的全面落实，相关产业将全面加速发展，包括服务业、高新科技产业、港口工业
旅游设施	以体育、休闲为主题的旅游、娱乐、观光等需求为主	随着区域成熟，各类体育和休闲旅游设施需求趋向全面化
地产物业	以度假居住物业需求为主。按中等或低容积率开发优质住宅，以特色商业、高端酒店为配套； 写字楼、传统集中商业需求不明显，不宜作大规模开发	常居型居住物业需求逐步增长，中高容积率住宅成为建设趋势； 随着区域产业发展，写字楼等商务物业需求增加

资料来源：英国某策划顾问公司，项目所在城市南滨片区概念策划，2010

（二）南滨片区项目定位

南滨片区控制性详细规划编制的主要依据为：2011 年 5 月 23 日同时得到项目所在城市人民政府的批复的《发展概念规划》和《南滨·中信湾城市设计》（以下简称"南滨城市设计"）。此外，项目所在城市《内海湾"一湾两岸"概念设计》也是南滨控制性详细规划重要依据，控制性详细规划的编制对该设计做出了协调与深化。控制性详细规划的项目定位是结合了上述规划和设计，并在进一步的现状分析以及需求预测的基础上而确定的。

1. 上位规划定位

在项目所在地区战略发展概念规划中，南滨片区的定位为：总部与旅游度假 CBD——主要功能为集总部企业商务会议、奖励旅游、国际会展等功能于一体的企业旅游休闲度假区；在《南滨城市设计》中，则定位为集休闲旅游、海洋生态、商务办公、体育文化于一体的生态智能的总部 RBD；在"一湾两岸"设计中，南滨片区的定位是：立足粤东，着眼东南亚，以商务旅游为主题，兼顾养老保健的高品质、高消费的 RBD。横向对比后，我们惊喜地发现，三者都将南滨定义为 RBD，并均提出了商务、旅游的产业定位目标。

2. 项目定位的调整

在对整体发展目标、项目经济性目标、市场需求预测等因素综合考虑的基础上，2011 年 3 月英国某策划顾问公司对南滨片区提出了项目的主题定位："南滨中信湾 Citic Bay：一座展现未来城市生活的港湾新城"，强调复合型海湾资源的开发利用。2011 年 11 月 11 日，在控制性详细规划初稿完成后，中信城市运营团队结合空间规划的需求，提出整合重要生态要素海岸线，并将片区的定位融合到一湾两岸的规划定位中。2011 年 11 月 17 日，中信城市运营团队在听取项目所在城市规划设计院和广东某规划设计院的南滨片区控制性详细规划成果汇报后提出：定位上应强化战略发展概念规划中提出的新城市中心以及三个规划中均提及的总部 RBD 的定位，减少"一湾两岸"中提及的养老保健等与滨海新城总体定位不符的阐述。根据上述思想的演进，中信城市运营团队又就新加坡某规划顾问公司南滨片城市设计中的功能定位部分进行了深入研究，同时整合市场调查以及经济测算成果，充分分析片区所处区位和各方优劣，结合片区土地利用现状，以保留完善原定位为前提，最终定位南滨片区为：城市副中心；南岸功能复合型 RBD 新城区；集休闲旅游、海洋生态、商务办公、体育文化、生活居住于一体，融海洋主题公园、RBD 人文景观中轴线、红树林生态中心、礐石风景区景观、滨江休闲带等多功能的"北回归线的湾区天堂"。上述定位阐述了南滨片区在城市的地位、主题定位以及产业定位，并结合城市设计点出了亮点项目，将传统意义上较为保守的控制性详细规划定位表述得更为市场化、更形象生动、更能弘扬地方特色。

三、项目发展目标的细化和调整

项目发展目标的细化和调整是根据项目定位，并结合项目所具有的资源要素，进行发展目标的细化和调整，最终得出发展策略的决策过程。具体可分为两部分：资源要素的整合和项目发展目标的调整。

在南滨片区项目定位的指导下，中信城市运营团队结合新加坡某规划顾问公司设计中的南滨发展目标，将区位优势、产业要求、土地配置、生态资源、交通模式及文化要素整合入南滨发展目标为：与城市北岸遥相呼应，打造可持续发展，融合山、水、林的生态宜居新城，以 TOD 模式为导向的绿色交通系统和城市独特的生态集群。与北岸珠港新城、11 街区等共同构成城市中心区，承担市级体育中心、会展会议、旅游娱乐、康体疗养及生活居住等职能。通过整合后的发展策略，是对产业、土地、景观、交通、文化等资源要素的整合，是创造资源要素价值的指导性步骤。

（一）资源要素的整合

在项目定位确立之后，中信城市运营团队对项目所在片区的资源要素进行了更进一步的分析和整合——这是城市运营项目发展策略制定过程中的重要一环。在控制性详细规划编制过程中，需要整合的城市资源要素包括以下 6 类：

1. 区位要素整合

南滨片区位于滨海新城最靠近老城的位置，与龙湖区隔海相望，东南濒临浩瀚南海，是城市生态经济带的起点，便捷的交通和区位条件成为其作为完善城市功能现状的有机组成部分的重要资源条件。

2. 产业要素整合

笔者根据英国某策划顾问公司对南滨片区发展路线的策划：双线互动——"宜业宜居"，依照现状资源以及项目定位中的产业定位：休闲旅游、海洋生态、商务办公、体育文化的产业定位，对南滨片区发展过程中所需的产业及配套功能进行分类，研判其推进过程中的轻重缓急，进而确定如表7-5所示的南滨片区发展过程中的分段主导功能。产业要素目标的确立对控制性详细规划中产业的需求以及城市功能空间的构成有前瞻性的指导意义。

表7-5　南滨片区产业功能筛选结果

产业发展策略	功能选择
全力发展：体育旅游及休闲商业	居住、体育运动、滨海度假
稳步发展：旅游及居住配套	休闲娱乐、购物、酒店、餐饮、居住配套
选择性发展：城市功能及旅游产品升级	会议交流、主题公园、修身疗养、教育科研、文化配套、商贸服务、邮轮码头
伺机发展：区域产业升级	总部经济、服务外包、创意产业、高新科技

资料来源：笔者根据英国某策划顾问公司《汕头南滨片区概念策划》总结

3. 土地要素整合

笔者经过现状调研后发现南滨片区有大量的空置地，其余用地仍以工业、仓储及对外交通为主，另零星分布有体育、市政用地，西部有一公园，东部有红树林湿地。另外，结合现状中对现有建筑的拆除和保留进行评估后决定：现状游泳跳水馆为市级的体育场所予以保留；现状村居规模较大，部分为安置房和华侨村，近期迁移相对较难，保留现状作为备用地。同时，根据对土地权属的研究，南滨片区规划区域被巧妙地分为规划区和协调区两部分。其中，规划区东起深海高速公路，西至石林公园，北临海湾，南靠礐石风景区，总面积约9.38平方公里；协调区包括部分华能电厂片区、澳头村和葛洲村，总面积为3.02平方公里。

4. 景观要素整合

南滨片区位于项目所在城市海南部，区位景观价值优越，其中包括滨海岸线、背景山体、红树林湿地、礐石风景名胜区等丰富的景观资源。在"湾区天堂"的形象定位下，南滨片区的发展以山海为纲，生态保育为本底，充分发挥南滨片区优质的山海自然特色，建设环境优美，人地和谐，宜居、宜游、宜业、宜商、宜达的、体现未来生活理念的标志性的城区环境。

南滨控制性详细规划坚持可持续的发展原则，通过分析城市独特的区域文化，尊重地方文化特征和吸收地区文化特性，对当地一些自然和城市基本元素进行保存和结合、区别和独立，以便创造一个和谐而多样化的城市空间。在控制性详细规划层面内提出对山地丘陵地貌、滩涂水域、生态湿地保护规划原则，并严格划分了禁建区、限建区、适建区，以此指导规划设计。

5. 交通要素整合

完善的对内、对外交通，将成为促进中信城市运营项目南滨片区发展、提升土地价值的重要契机。区域外部交通较通达，国道324、汕汾高速公路、深汕高速公路及铁路规划贯通于此。南北两岸主要通过基地两侧的礐石大桥和海湾大桥联系，缺少必要的道路联系，腹地资源的通达性较弱。区域内城市道路不成体系，只有一条滨海南滨路作为主干道，次干道和支巷布局混乱，分布不均，多断头路，通达性不强。作为RBD新城区，南滨片区的交通体系首先应能构建新城骨架体系，同时可以满足滨海新城旅游业与物流业方面的要求。在控制性详细规划编制中，路网规划也是地块划分的主要依据，是经济有效利用城市土地的基础，就此而言，为了土地经济利益的公正分配，地块的规模应统一量化限制，使其形状、大小、朝向和与道路的连接方式尽量相同。其他建设控制指标，如容积率、红线后退距离等也应做一视同仁的规定，以利于规划立法和审批管理标准统一、简单明确。

通过现状研究后发现，项目所在区疏于发展的重要原因之一是与主城区交通联系不便利。中信城市运营团队通过投资 60 亿元修建苏埃海底隧道来解决过海交通瓶颈问题，加强项目所在区与主城区的联系，而苏埃通道的出口即位于南滨启动区内。新加坡某规划顾问公司在对滨海新城的交通体系进行梳理研究后，也对南滨片区提出了以 TOD 模式为导向的绿色交通系统的构建设想。

6. 文化要素整合

中轴线以便捷的交通区位、优美的环境及良好的用地条件作为南滨片区的首发启动区，在深化业态策划中定位为：结合展示馆，融入潮汕具有代表性的人文景观，打造个性化的特色商业街区。在项目发展目标中，结合山体景观和潮汕有代表性的文化主题及建筑要素，形成 RBD 人文景观中轴，以景观的整合树立片区生态形象，以文化赋予商业活力并提升整体价值。

（二）项目发展目标的调整

在对整体发展目标、项目经济性目标、市场需求预测等因素综合考虑的基础上，中信城市运营团队更新了南滨片区的规划定位，该定位与市政府原有规划对南滨片区的总体定位不同。因此，在对项目发展的目标进行细化的过程中，需要解决与政府原规划存在矛盾冲突的问题，并进行发展目标的优化和调整。

1. 建设发展目标的调整

在南滨片区控制性详细规划中，建设发展目标的调整主要涉及片区规划范围以及相应的功能业态的调整。在控制性详细规划编制初始，片区规划范围为11.89 平方公里。中信城市运营团队基于项目定位的特点，即生态宜居新城应有更高的人均绿地率，提出向外扩充海岸线。经过与海洋局的多轮沟通，最终于 2011 年 12 月 27 日将海岸线做出调整，向外扩充（附表 - 2），作为大型海滨公共绿带，规划总面积也相应增长为 12.4 平方公里。

2. 发展规模的调整

以项目所在区《战略发展概念规划》和《南滨城市设计》对南滨片区的形态规模为依据，经过整合广东某策划顾问公司提供的深化业态策划，中信城市运营团队对原有一湾两岸控制性详细规划中土地一级市场以及二级市场的发展规模均提出了调整。一级市场的调整体现为片区性质的调整；二级市场的调整体现为开发指标的调整，同时通过经济测算对业态总规模进行了调整。

3. 景观资源的提升

南滨片区拥有大量优质的自然景观资源。在对土地价值进行经济测算的基础上，不同的景观资源确立了不同的发展目标。例如滨海岸线即通过整合休闲设施来提升景观价值；通过整合人文景观中轴，将固化硬轴变"活"；通过海洋主题公园的打造，赋予海洋景观资源新活力；同时，通过对城市天际线与山体的融合，在整体形象上将整个南滨片区打造成为"湾区天堂"。一般来说，景观的提升可提升周边地区土地价值，高强度的开发更能提升项目的土地出让收益。但在南滨片区的控制性详细规划中，在重要的景观资源周边，采用开发强度、高度的梯度控制的策略，并在海岸线及红树林湿地都留出大量公共绿地。

4. 配套标准的优化提升

设施配套影响居民日常行为的可达性和便利性。一般配套设施完善的地区，其土地开发吸引力较强，但各类设施对紧邻地区土地开发影响具有较大差异。以新型城镇化为目标，南滨片区作为城市副中心，相对老城区而言呈现出"地少人多"、基础配套设施标准落后的情况，以高标准配置人均公共服务设施及市政设施，提高片区的居住品质及价值。

四、市场需求的细化分析

市场需求细化分析是对资源整合利用的承受力的预估。对应城市运营整合的"三要素"——产业、土地和资本，市场需求的细化也被分为以下三个方面。

（一）产业需求

根据产业功能的选择，南滨片区控制性详细规划中规划需考虑的产业，建筑性质大概可以分为两类：公建与居住。结合广东某策划顾问公司的策划报告中提出的四大片区的概念，中信城市运营团队将南滨片区整合为四大主题商圈，以完善各片区主题功能，形成相互影响和相互依存关系的"产业链"；同时，结合英国某策划顾问公司所做的市场需求预测，以城市设计中规划总量作为原始参照，依据各公建所对应的物业类型的市场发展情况，对各公建业态分类需做具体业态策划，如表7-6所示。

表7-6　南滨片区公建业态深化策划一览（医疗教育具体需求）

商圈	定位	酒店（万平方米）	商业（万平方米）	写字楼（万平方米）	公寓
中轴线	结合展示馆，融入潮汕具有代表性的人文景观，并与酒店、写字楼形成互动，打造个性化的特色商业街区	四星级酒店：6~8　五星级酒店：10~12	5~7	12~18	6
体育公园	结合体育公园、跳水馆、射击馆等运动场所及酒店，打造以体育为主题的商业服务功能，实现"24小时"生活圈	3	20~25	—	—
红树林	以保护红树林为前提，突出生态概念，打造满足基本消费需求的少量商业	精品酒店：3	社区商业：1	—	—
华能电厂	结合海洋公园，打造亚太知名高端商业区	19	10	6~8	—

资料来源：笔者根据《中信·南滨项目定位及开发时序》总结

同时，广东某策划顾问公司将南滨片区住宅按所处区位、地块拥有资源划分为四个层级，并按照城市住宅市场的现状，针对各类客户群，给出如表7-7所示的各层级产品建议。

表7-7 南滨片区住宅策划分级

层级	住宅分区	定位	面积区间	产品
第一层级	低密度红树林山体住宅区	高端别墅	450～700m² 的豪华别墅，300～450m² 的别墅	楼王独栋、双拼联排以及连栋房屋（Townhouse）
第二层级	中低密度滨海综合住宅区	舒适超越性大宅	130～180m² 三房，170～230 m² 四房	高层、小高层的舒适超越性住宅
第三层级	中高密度综合住宅区	舒适性中高档住宅	120～150 m² 三房和90～110m² 二房	高层、小高层的舒适型住宅
第四层级	原高密度回迁居住区	经济适用型住宅	90～100m² 为主力面积	高层，具有潮汕特色的旧城改造新村

资料来源：广东某策划顾问公司，中信城市运营项目相关研究报告

（二）土地需求

土地需求的预测是对土地要素承受力的预估，主要方法是基于人口规模的预测，来判断土地的分类以及分类比例，直接落实于土地分类结构规划。参照《城市用地分类与规划建设用地标准》（GB137-90）和《城市居住区规划设计规范（2002版）》的要求，在控制性详细规划策划与编制修正的全过程，均采用人均建筑面积作为参考依据，基于新加坡某规划顾问公司与广东某策划顾问公司的经济测算成果，中信城市运营团队进行了可经营建筑面积和片区总人口的预测，作为下一步项目定位以及深化业态策划的方向依据。主要方法是以人口为基数，参照全国公共面积配套标准，对南滨新城规划中的学校、医疗配套体量进行预测，数据结果如下：

南滨片区应建教育规模为：7.8万～30万平方米。按照比例，南滨控制性详细规划区内最终设立示范性中学3所，九年一贯制学校1所，小学5所，幼

儿园 10 所；协调区内规划示范性初级中学 1 所，小学 1 所，幼儿园 1 所，保留现状村庄（澳头村、葛洲村）小学两所、幼儿园两所。根据人口规模得出南滨片区需要两家 500 张床位以上的综合医院，总规模约为 6 万~9 万平方米；需要门诊部面积为 8 125~15 625 平方米。结合功能布局以及协调区的暂缓考虑，南滨控制性详细规划最终设一处综合性中心医院，服务整个规划片区，占地 6.1 公顷。

（三）空间需求

空间需求的预测是对由可计量的经济指标转换而来的空间指标分析、转译过程，从本质上来说，是基于产业和土地的需求落实到特定的空间的过程。其中，容积率是空间指标中的核心——各类业态在空间上的三维开发强度，这也是容积率处于利益博弈核心点的原因。传统控制性详细规划中容积率大多属于"拍脑袋"或者视觉导向，即使从经济学角度分析利润和成本的得失来确定"最佳容积率"，也较缺乏从宏观的整体机制上分析合理容积率的讨论。基于此，中信城市运营团队提出从多层次、多系统的角度来探讨容积率的确定机制，整合规划中容易忽略的问题，来达到最符合中信城市运营团队投资愿景的容积率分布方案。中信城市运营团队对容积率的判断融合了宏观整体机制、中观经济测算以及微观空间形态 3 个层级对三维开发强度的需求，主要分两个步骤进行，如图 7-2 所示。

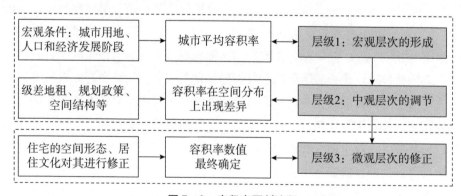

图 7-2 容积率预判流程

资料来源：广东某策划顾问公司，20110323 中信城市运营项目相关研究报告

1. 整体容积率初步确定、调节和佐证

图7-3说明了中信城市运营团队对整体容积率确定的方法。首先分析市域现状，得出容积率的初步范围为2.5~6.0，随即结合南滨片区"生态宜居，功能复合型RBD新城区"规划定位，建议整体容积率分布的值域在2.0~3.0之间；接着从老城区房地产市场容积率的调研和类似案例的定位及规划的对比等市场的角度佐证，得出整体容积率最终的范围是2.0~3.0。

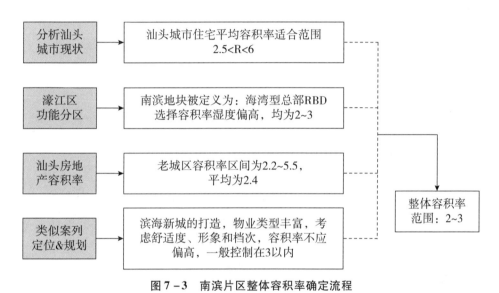

图7-3 南滨片区整体容积率确定流程

资料来源：广东某策划顾问公司，20110323中信城市运营项目相关研究报告

2. 各地块容积率确定

图7-4进一步展示了中信城市运营团队对各地块容积率修正流程，其主要从四个角度进行研究，最终整合容积率的分布分为三个梯度：一线临海与依山地带为中低容积率，生态总部基地为高容积率，边缘地带为中等容积率。依据容积率的分布梯度，整合南滨片区城市设计中原有的空间形态分布，对局部超出2.0~3.0范围的地块根据市场需求细化进行了容积率调整。同时，为了达到经济目标，不仅确定了规划用地容积率，还对建设用地和经营性用地的容积率进行了经济测算，分别得出的数据为2.5和2.8，以协调总体开发强度的分配。

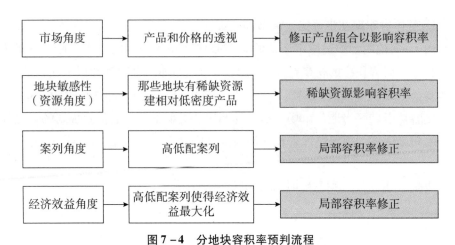

图 7 - 4　分地块容积率预判流程

资料来源：广东某策划顾问公司，20110323 中信城市运营项目相关研究报告

五、规划成果分析

南滨片区控制性详细规划的整体过程可以划分为经济指标规划和空间规划落实两个阶段。第二阶段的空间规划落实是以第一阶段的经济指标规划为基础，采用城市设计作为空间规划的主要形式。城市设计工作的重点放在整体空间结构和空间特色的营造。新加坡某规划顾问公司从区域和城市整体发展层面论证片区的功能与发展定位，从建设场地的周边环境特征出发确立规划范围的生态保护格局，在场地内创造 3 个加强山海联系的湿地公园、体育公园和海滨公园，从城市的历史文化特征和居住需求出发确定住宅的类型及其社区形式，较好地将经济目标与城市总体发展目标、自然环境、历史文化特征和居住需求结合起来，形成综合性的规划方案，为在后续的控制性详细规划阶段的部门协调和公共参与的过程中，获得公众的理解和说服政府部门提供强有力的技术支撑。

第二阶段是落实城市设计概念，编制法定的控制性详细规划过程。前面已经提到，南滨片区的控制性详细规划编制范围分为规划区与协调区。其中，规划区东起深海高速公路（深汕段），西至石林公园，北临汕头湾，南靠礐石风景区，总面积约 9.38 平方公里；协调区包括部分华能电厂片区、澳头村和葛洲村，总面积为 3.02 平方公里。作为法定规划，控制性详细规划成果必须遵循规范要求的形式，规划经济性考量的表达形式和特征基本作为隐性成果都不能出现在法定文本成果中，但本次实践仍然做了一定程度的创新，在规划文本中增补了新加坡某规划顾问公司公司按照新加坡的标准编制的《城市设计控制》章节，将空间形态纳入了法定管理内容。本小节将重点阐述规划区的规划成果。

(一) 规划结构

南滨片区控制性详细规划是以城市设计作为直接参考的，因此，控制性详细规划的规划结构、土地利用规划、空间形态及强度规划都基本以城市设计为基础，根据经济测算调整而来（如附表－3 所示）。结合城市设计及土地利用规划，本次规划区域的规划结构可表述为：一轴、两带、三园、多功能组团。一轴即 RBD 人文景观中轴线；两带即滨海生态绿带和山体景观带；三园即体育公园、海洋主题公园和红树林生态公园；多功能组团包括体育休闲组团、总部经济组团、滨海文化组团、国际商务组团、红树林生态组团。通过"一轴"将"两带"相互贯穿。"两带"串联 3 个主题性公园，以城市生态集群的模式，创建多功能的特色组团，提升了片区价值。

(二) 土地分类结构

如附表－4 所示，南滨片区控制性详细规划土地分类结构是以城市设计的土地分类为基础，以项目定位和深度业态策划作为市场调整机制，对城市设计的土地利用做出调整而形成。可以看出，控制性详细规划在功能定位和空间布局上符合上位规划的要求，在说明书和汇报文件中，也充分分析了上层次相关规划的内容，提出了协调方法及手段，对上位规划的衔接是控制性详细规划顺利通过的重要前提。

从表 7－8 可以看出，规划区内居住用地共 333.4 公顷，占规划区面积的 35.54%。其中二类居住用地面积 286.36 公顷，占规划区面积的 30.53%。规划区内公共设施用地面积约为 128.41 公顷，占规划区面积的 13.69%。主要包括：商业金融业用地面积 60.31 公顷，体育用地 24.7 公顷，文化娱乐用地面积 37.19 公顷，其他公共设施用地 6.2 公顷。规划区内绿地包括公共绿地和防

护绿地两类，总面积约为 304.37 公顷，占规划区用地面积的 32.45%。其中公
共绿地面积约为 218.91 公顷，占规划区面积的 23.34%；生产防护绿地面积约
为 26.34 公顷，占规划区面积的 2.81%。遵循生态优先原则，本规划将生态绿
廊与城市景观休闲功能相结合，形成复合型生态绿地系统。主要包括：红树林
生态公园、体育公园、海洋主题公园、滨江休闲带、礜石景观带等。规划区内
市政设施用地面积约为 15.85 公顷，占总用地面积的 1.69%。为实现本规划区
的发展目标，同时服务当地规划人口，按照本规划区及周边地区居住人口数
量，配套服务设施按区域级——居住区级——小区级，三级配置。

表 7-8　总规划区土地利用平衡

类别	用地代号			用地性质	用地面积（公顷）	比例（%）
	大类	中类	小类			
城市建设用地	R			居住用地	333.4	35.54
	R1	R11		一类居住用地	49.6	5.29
	R2			二类居住用地	286.36	30.53
		R21		住宅用地	250.72	26.73
		R22		中小学	31.58	3.37
		R24		绿地	1.5	0.16
	C			公共设施用地	128.41	13.69
	C2			商业金融业用地	60.31	6.43
		C21		商业用地	57.67	6.15
		C25		旅馆业用地	2.65	0.28
	C3			文化娱乐用地	37.19	3.96
		C32		文化艺术团体用地	3.06	0.33
		C36		游乐用地	34.13	3.64
	C4			体育用地	24.7	2.63
		C41		体育场馆用地	24.7	2.63
	C9			其他公共设施用地	6.2	0.66

（续表）

类别	用地代号			用地性质	用地面积（公顷）	比例（%）
	大类	中类	小类			
城市建设用地	G			绿地（含水体59.12公顷）	304.37	32.45
		G1		公共绿地	218.91	23.34
			G11	公园	177.39	18.91
			G12	街头绿地	41.52	4.43
		G2		生产防护绿地	26.34	2.81
	S			道路广场用地	132.2	14.09
		S1		道路用地	132.2	14.09
类别	U			市政公用设施用地	15.85	1.69
		U1		供应设施用地	4.57	0.49
			U11	供水用地	2.08	0.22
			U12	供电用地	0.87	0.09
			U13	供燃气用地	1.62	0.17
		U2		交通设施用地	6.51	0.69
			U21	公共交通用地	4.89	0.52
			U29	其他交通用地	1.62	0.17
		U3		邮电设施用地	0.66	0.07
		U4		环境卫生设施用地	2.17	0.23
			U41	雨水、污水处理用地	1.22	0.13
			U42	粪便垃圾处理用地	0.94	0.10
		U5		施工与维修设施用地	1.39	0.15
		U9		其他市政公用设施用地	0.56	0.06
	D			特殊用地	23.88	2.55
		D1		军事用地	23.88	2.55
总用地	总计				938.11	100.00

资料来源：中信城市运营项目《南滨片区控制性详细规划》，2014

（三）土地开发强度

南滨片区人均建筑面积约为 55～60 平方米/人。根据规划区居住用地 300.32 公顷，平均容积率 2.69，规划区居住人口不宜超过 14.0 万，因规划区内有大型公建，推测就业人口约 1.2 万，总人口不宜超过 15.2 万。规划区内居住人口 14.0 万，就业人口 1.2 万，共计人口 15.2 万。

本次规划的容积率为地块的净容积率，主要用地的容积率控制范围如表 7-9 所示。

表 7-9　容积率上限控制

用地类型	容积率
一类居住用地	≤0.6
二类居住用地	≤4.5
中小学、幼儿园	≤1.0
商业金融业用地	≤4.5
旅馆业用地	≤4.5
文化娱乐用地	≤4.5
一类居住用地	≤0.6
二类居住用地	≤4.5
中小学、幼儿园	≤1.0
商业金融业用地	≤4.5
旅馆业用地	≤4.5
文化娱乐用地	≤4.5
体育用地	≤1.5
医疗卫生用地	≤2.0
市政公用设施用地	≤0.8

资料来源：中信城市运营项目《南滨片区控制性详细规划》，2014

本次规划的建筑密度为地块的净建筑密度，主要用地的建筑密度控制范围如表 7-10 所示。

表 7 – 10 建筑密度上限控制

用地类型	建筑密度（％）
一类居住用地	≤40
二类居住用地	高层≤25；多层≤30
中小学、幼儿园	≤25
商业金融业用地	≤40
旅馆业用地	≤35
文化娱乐用地	≤35
体育用地	≤35
医疗卫生用地	≤35
市政公用设施用地	≤30

资料来源：中信城市运营项目《南滨片区控制性详细规划》，2014

绿地面积的计算包括：公共绿地、生产防护绿地、道路绿地、宅旁绿地、公共服务设施附属绿地和各种建筑用地内部的附属绿地，但不包括屋顶、天台和垂直绿化。规划按下限控制。主要用地的绿地率控制范围如表 7 – 11 所示。

表 7 – 11 绿地率下限控制

用地类型	绿地率（％）
一类居住用地	≥40
二类居住用地	≥35
中小学、幼儿园	≥35
商业金融业用地	≥25
旅馆业用地	≥30
文化娱乐用地	≥30
体育用地	≥30
医疗卫生用地	≥40
市政公用设施用地	≥20
绿地	≥70

资料来源：中信城市运营项目《南滨片区控制性详细规划》，2014

本次规划的人口密度指的是居住人口密度，即每公顷居住用地上容纳的规划人口数量。本次规划的人口密度为地块的净人口密度，规划按上限控制。各类居住用地的人口密度控制范围如表7-12所示。

表7-12　人口密度上限控制

用地类型	容积率	人口密度（人/公顷）
一类居住用地	0.6	104
二类居住用地	1.0	174
	2.0	347
	2.5	434
	3.0	521
	3.5	608
	4.0	695
	4.5	803

资料来源：中信城市运营项目《南滨片区控制性详细规划》，2014

根据用地性质不同，采取不同开发强度。

高强度开发：容积率为3.5及以上，主要为包含15%商业的二类居住用地（商住用地），主要集中在规划区西北部。中等强度开发：容积率为2.0～3.5，主要为高层住宅居住用地、中高层住宅用地、商业金融用地。中低强度开发：容积率为1.0～2.0，主要为多层住宅居住用地、医疗设施用地、保留村庄等。低强度开发：容积率小于1，主要为沿河道的公园、市政等用地。

根据城市功能区的不同划分与安排，为了形成较好的城市空间，规划区总体建筑高度控制如下：

● 90～150米：商业金融建筑。

● 54～90米：含15%商业的二类居住用地（商住）、居住地块的高层住宅。

- 30~54 米：小高层及高层混合住宅。
- 20~30 米：卫生建筑、小型商业配套。
- 20 米以下：多层住宅及保留村镇建筑、市政等建筑。

（四）城市设计控制

南滨片区的控制性详细规划的特点是：兼具环境与人文相结合的特色，重视对城市空间形态和整体景观的塑造，在规划文本中整合了新加坡某规划顾问公司公司按照新加坡的标准编制的《城市设计控制》章节，将空间形态纳入了法定管理内容——用城市设计的方法，在图则中的规划控制条文中通过文字表述的方式做出引导，对规划范围的整体布局、建设面积和开敞空间、建筑形态等方面进行设计管理，为下一阶段的各项设计提供依据。

城市设计导则的整合是对亮点项目实施的保证，规划通过分期开发人文景观中轴、体育公园、红树林生态公园、大型商业、都市商务文娱中心等亮点项目，带动南滨片区的开发与建设。这是控制性详细规划整合中的高水平的创新点之一。同时，规划将重点打造红树林生态公园、海洋公园，RBD中轴线公园、体育公园、礁石风景名胜区等，通过滨海岸线景观建设、城市绿道建设、城市整体空间形象控制，打造景观优美的城市新区。控制性详细规划编制通过后续深化城市设计及控制性详细规划严格细致的建设控制手段，保证城市整体空间架构的完整，确保各条景观廊道的畅通，保障各景观节点的突出形象。

在控制性详细规划中加入城市设计导则，具有两方面的优点：一是通过控制性详细规划的技术手段确定建设指标，进行原则控制；二是整合城市设计的表现手法研究空间形象，进行风貌控制。二者的结合，是优化规划建设管理的机制和手段，能够确保城市功能与形态的协调，保障各景观节点的突出形象。

（五）项目开发时序

如图 7-5 所示，策划机构（广东某策划顾问公司、上海某策划顾问公司、英国某策划顾问公司等均用"策划机构"代替）经过市场调查后对地块资源及价值、交通、地块成熟度和村镇拆迁等因素进行了综合分析，对项目的地块开发时序提出建议：通过每 3 年开发一个包括人文景观中轴、体育公园、红树林生态公园、大型商业、都市商务文娱中心在内的亮点项目，带动南滨片区有节奏地开发与建设。本着可实施性和可操作性的原则，控制性详细规划的开发时序是结合市场情况而进行规划，是经济、有效地带动区域有节奏发展的重要手段。如表 7 - 13 所示，控制性详细规划将项目开发时序划分为 4 期，除了协调区的开发时序之外，其他基本与广东某策划顾问公司的开发时序及策略相对应。在南滨片区的实际开发建设中，已率先启动的中轴线潮汕历史文化博览园建设即依此策划进行，并对南滨片区的形象提升起到了显著作用。

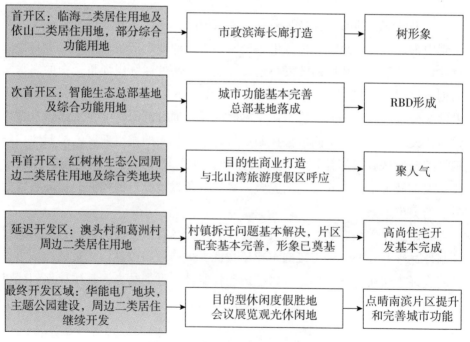

图 7 - 5　南滨片区开发时序策划

资料来源：广东某策划顾问公司，20110323 中信城市运营项目相关研究报告

表 7 – 13　南滨片区控制性详细规划分期建设一览

分期	重点项目	描述
第一期	苏埃海底隧道 RBD 人文景观中轴	完善城市交通等重大基础设施为主，作为启动点，带动整个片区的开发；红星村的整体改造，为第二期居住用地的开发提供条件
第二期	体育公园	南滨片区东南部沿濠州路西侧的商业和居住用地，位于第一期东部，及规划区西部居住用地，随着第一期的带动顺势发展
第三期	红树林生态公园	南滨片区南部的湿地公园及居住用地，着重打造良好的度假、休闲公园，提升环境品质
第四期	海洋主题公园 都市商务文娱中心	协调区华能电厂改造，进行海洋主题公园和滨水商务区及大型文化娱乐设施的建设，为城市构建良好的活动休闲空间，提升整体的环境品质；协调区东部澳头及葛洲村的村庄整治

六、创新点

在城市运营的模式下，控制性详细规划一方面具有城市发展控制工具的传统职能，另一方面也是城市运营商进行第二阶段规划整合的重要过程，是进行市场运作、资本运作的重要法律依据和经济依据。通过分析本项目案例在控制性详细规划操作过程中遇到的问题和经验，可以发现，在城市运营模式下，控制性详细规划在策略、编制主体、目标、依据、作用和经济测算等方面存在如下创新和变化。

（一）编制主体的变化

根据战略框架协议，滨海新城的非法定与法定规划的编制权都属于作为城市运营商的中信城市运营团队，控制性详细规划的编制主体从政府转变为城市运营商。此时，政府和运营商不是简单的土地买卖关系，而是共同合作开发的关系，政府以出让土地未来收益权来换取城市发展必要的重大基础设施，实现城市建成区向南跨海拓展的战略目标；运营商借助资本运作投入巨额资金获取政府特许土地一级开发和基础设施运营权，通过长周期土地开发和产业引进运营获取未来土地的预期收益，与地方政府共同承担发展过程中的综合性风险。这种开发模式可以追溯至英国早期开发管理体系中出现的 PPP 机构，比如新城开发公司、开发委员会、城市开发公司等，具体从事某一方面的、大规模的、较长周期的城市开发工作，政府与这类公司的关系不是简单的管理与被管理的关系，也不是单纯的经济合同关系，而是基于特殊约定的法律协作关系。在所有约定中，城市规划的编制与审批关系的约定是此类政府与企业合作的重要前提。

在城市运营的全过程包括规划编制中，"市场主导、政府引导"是基本原则。由于受目前国家规划法规的约束，政府与企业采取了一些法律允许的变通方式，在依然确保政府审批权的前提下，借鉴英国新城镇开发公司的运行机制，授予新城公司在控制性详细规划层级上的编制权，这种做法基本上确立了市场在规划编制全过程的主导地位，同时也相应确立了规划与市场建立更好互动关系的可能性。

（二）市场主导以及多方利益的平衡

在市场主导的原则和环境下，控制性详细规划不仅仅是总体规划或分区规划的延伸和深化，而且是以战略发展概念规划的法定成果为依据，以城市设计的过程和成果为重要参考，以城市运营的规划整合、逻辑整合而成的具有独立目标和要求的独立规划，是"五规合一"的最终产物。在市场主导的开放条件下，参与城市开发运营的利益主体众多，利益诉求各异。因此，控制性详细规划的工作致力于提供、依据"协作式规划"模型，为利益各方提供交流、对话的平台；并以帕累托改进的原则，积极平衡和重新分配各方利益，从而达成集体理性共识，使各方发展形成矢量相加，通过规划提高片区整体价值，达到多方共赢的目的。

1. 控制性详细规划编制协调过程

控制性详细规划在确定项目定位、发展目标和规划内容要求之后，规划设计单位的规划编制周期并不太长。从 2011 年 5 月正式委托启动控制性详细规划编制，到 2011 年 8 月草案初稿完成，大约只经历了 3 个月时间，随后即进入长达 3 年的协调工作期（如图 7-6 所示）。草案的协调过程历经区政府、市规划局组织的多次汇报，市规划委员会发展与策略委员会的审查，市政府常务委员会关于规划项目 3 次的专题协调，组织多轮公共参与会议，再由市长主持的市规划委员会审议通过，最后由市政府审批通过和颁布实施；经统计协调阶段的各类汇报会、讨论会、协调会、审查会等正式组织的会议 15 次，共收到各部门反馈意见、建议 121 条。这些数据均说明了一个事实：控制性详细规划的难点不在于编制阶段，而在于复杂的协调工作。

2012 年 3 月，控制性详细规划草案初稿完成编制。2012 年 3 月至 4 月，控制性详细规划草案在区政府网站对全社会公示和征求意见。公示期间，中信城市运营团队组织了市、区两级相关部门对控制性详细规划草案的意见征求会约 40 次，广泛征集各利益相关方对控制性详细规划草案的意见。在反复征求意见的基础上，以项目利益最大化和打造多赢格局为目标，不断优化和融入利益相关方的规划诉求。2012 年 5 月，项目团队召开市规委会专家征求意见会，广泛收集专家、委员意见。2012 年 10 月，市城市规划委员会发展策略委员会（小规委）审议并通过控制性详细规划草案。

2013 年 5 月，市委市政府决定结合上一阶段概念规划提出的"打造 RBD 人文中轴线"的理念，进一步确定将城市级公共建筑——"潮汕历史文化博览中心"选址在南滨片区的中轴线，并通过全国范围内的比选最终选定委托华南理工大学何镜堂院士团队对博览中心项目进行规划设计。根据这一重大举措，中信城市运营团队在第二阶段的规划整合中成功实现了对政府意志的落实，同时维护了两个阶段在市场与规划定位的连续性。

2013 年 7 月，经过优化的控制性详细规划成果经市规委审议并通过。这是中信在城市运营项目实施土地运营、通过规划创造项目价值取得的重大成果，它为新城项目进一步的城市运营，以及土地一级开发等业务的顺利开展奠定了坚实的基础。

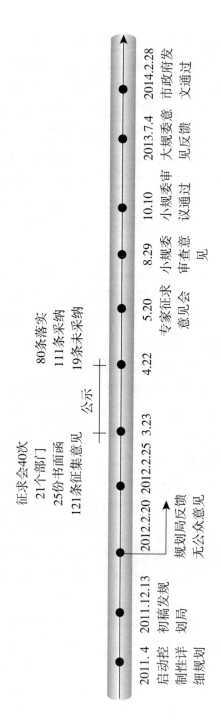

图7-6 控制性详细规划编制过程

2. 各方意见采纳情况

控制性详细规划草案编制完成后，中信城市运营团队组织开展约 40 余次专项汇报会，共计收到 21 个政府部门和单位发送的 25 份书面意见函，征集意见 121 条（详见附录三：控制性详细规划草案各部门征集意见汇总）。不计部门内重复意见，各部门意见则为 110 条，落实的情况如图 7 − 7 所示：最终落实 80 条意见（73%）折中采纳意见 11 条（10%），最终未予采纳意见 19 条（17%）。具体部门提出意见的落实情况详见附录四。如图 7 − 8 所示，本次控制性详细规划征集意见中有 17 条相互重叠（不计重叠次数），2 条相互矛盾的意见（详见附录五）。这些意见同时也是本次控制性详细规划草案中争议影响较大的意见。这 17 条意见中，由规划局、小规委、市海洋与渔业局提出的"华能片区不纳入规划范围"，以及规划局和项目所在区提出的"南滨路、南滨南路在中轴线采用下穿的形式"未给予采纳。其他绝大部分意见都给予采纳和落实（如表 7 − 14 所示）。

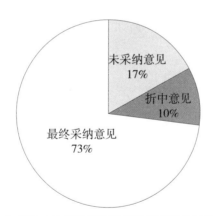

图 7 − 7 各部门对控制性详细规划反馈意见的最终落实情况

从表 7 − 15 可以发现，规划草案最终未予采纳的意见主要有 4 类：规划范围调整问题、规划选址问题、用地调整问题和技术经济问题等。

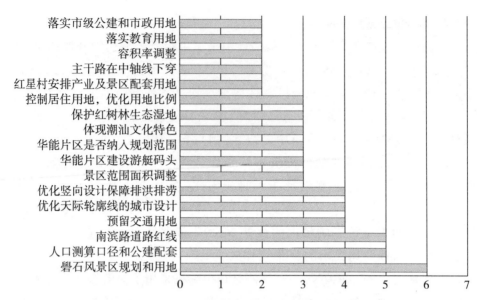

图7-8 各部门重复提出的规划意见及其提出次数

表7-14 部门间相互矛盾意见（不一致）汇总

序号	意见提交单位	矛盾意见摘要	次数	是否采纳
1	规划局、规委会、礐石风景区	同意景区范围调整，面积保持在 $10km^2$ 以上	3	是
	市环保局	应确保风景名胜区的现有范围及自然属性	1	否
2	地方政府	华能片区纳入规划范围可以促使其搬迁	1	是
	海洋与渔业局	填海需科学论证，确认对海洋景观和环境无不利影响，并征求海洋行政主管部门的初步同意	1	是
	规划局，小规委	按人大决议华能片不能填海，不纳入规划范围	4	否

表 7 – 15　控制性详细规划未予采纳的意见情况

未予采纳的意见		相关部门理由	不采纳理由
规划范围	华能片区不纳入规划区	市人大决议内海湾不能填海	华能片的规划已经多次跟市委市政府汇报，并得到市委市政府领导的高度认同和评价
	维持鲎石风景区的范围	确保省级名胜区的范围和自然属性	本规划遵循了 2006 版南滨控制性详细规划界线和范围。引荐设计团队开展总规修编和提升规划。通过合理调整风景区范围，可以为项目争取到更多的优质可建设用地
规划选址	体育中心西落实文化产业园市级项目	落实市级相关项目	要根据项目情况，视项目必要性、可行性、合理性、可操作性综合协商确定
	东通文具厂用地的中学选址	优化教育设施布局，使其更具实施性	优化片区功能，保持片区规划布局完整、合理，提高土地价值。促进厂区搬迁置换
	水泥厂选址	水泥厂是南滨片区组成部分，建议纳入规划区	据上层次规划，市水泥厂属于北山湾职教旅游休闲区的范围
用地调整	核心区用地不宜兼容住宅	规划应强化中轴线公共服务和文化会展功能	由于中轴线定位为 RBD 人文中轴，居住功能是中轴线城市功能的重要组成
	居住用地过多，增加公建配套	适当控制居住用地规模，准确把握用地的比例关系	片区用地结构与发展目标和规划定位一致，用地平衡符合相关规范
	将华能电厂公建配套分散布局	考虑到工程实施的可能性	不符合"一湾两岸"发展思路、片区整体定位及规划布局、实施可操作性要求

（续表）

	未予采纳的意见	相关部门理由	不采纳理由
技术经济	海水资源利用	节约淡水，充分利用海水	海水资源的利用成本高昂，实施技术难度大
	红星片区以西区域的排水	避免提高红星片区地坪高度后造成其他区域的内涝	已经超出本次规划的法定界线范围

3. 各方利益的协调与平衡

值得注意的是，控制性详细规划阶段的规划整合所处理和应对的是更加具体、更深层次的规划矛盾，是"五规"中各维度之间、各维度内要素之间不协调的最终体现。这些矛盾的展露直接影响到各方的切实利益，规划整合的核心诉求也在这一阶段集中展现。为实现城市运营所提出的"五位一体"城市整体功能的提升，运营商在这一阶段的协调整合工作十分艰巨且重要。因此，笔者对中信城市运营团队在控制性详细规划整合阶段所做的协调工作进行了进一步的梳理。

具体来说，协调的困难在于政府与企业新的合作方式带来的问题，以及项目多方利益相关者之间的利益冲突。在广泛的政府部门参与和公共参与过程中，既存在着城市规划管理中长期难以有效处理的多规不协调问题，同时又夹杂着远期目标与近期利益的冲突，规划的合理性与合法性矛盾，导致多重矛盾纠结在一起。在与政府相关部门汇报、协商、博弈的过程中，中信城市运营团队牢牢坚持在原则性问题上的主导地位，同时充分考虑政府的利益诉求，重视政企沟通，坚持政企双赢，充分发挥良好协商机制和组织保障的作用，在处理政府各部门、利益相关方的诉求方面能够做到有理有利有节，最终推动了控制性详细规划的成功获批。

详细来说，政企双方的矛盾与冲突大致可以归为以下几类：

（1）各类法定规划主体之间的冲突。

在中国目前的规划体系中，社会经济发展规划、土地利用规划、环境保护规划、交通规划和城市总体规划都是具有法律地位的"规划"。如果追溯到更高的层级分别对应国家发改委、国土资源部、环保部、交通部和住建部，都是自成一体的强势部门。在各自强大的垂直业务系统的牵引下，规划的目标、方法、周期等不完全一致，数据支持也存在差异，并且各自具有独立的法律解释权和监督权。在苏埃过海通道南侧引桥接驳城市道路的用地功能方面，交通规划与土地利用规划、城市总体规划在设施的空间安排上就存在很大的差异，需要依靠新城公司在控制性详细规划层面进行跨规划主体之间的协调并最终进行规划成果的整合（如附表 –5 所示）。

（2）利益冲突。

尽管政府和企业在城市宏观发展目标上取得一致，形成利益共同体，但是在内部利益分配上仍然存在冲突，集中表现在以政府为代表的公共利益与以运营商为代表的市场经济利益之间的冲突，具体体现在开发规模和土地开发强度的争议，公共配套设施规模与标准的争议等，在规划协调过程中，政府代表公共利益参与规划过程，但是无法垄断代表权，许多政府部门的代表从部门的角度仍然有权质疑开发规模是否合适，是否侵害了公共利益。在多个场合出现政府参与规划的人员向政府部门解释经济指标现象；在协调过程中任何一个人都可以出于公共利益的考量提出对规划指标的质疑，但多数都只是怀疑，并未有实质性的争议，规划协调做了大量重复性的解释工作，耗费了大量的时间和人力。的确，公共利益如何界定和公共利益的代表权问题在学术研究层面尚未有定论。

（3）观念与价值冲突。

关于南滨片区的发展目标和功能定位自始至终就是一个有争议的话题；政府的总体规划将其确定为集文化、体育、商业功能于一体的综合性城市副中心，但到目前也仅仅建设了一个跳水馆而已；新的规划提出 RBD 中心区定位，有人出于城市远景发展的设想坚持城市副中心的定位，有人出于现实发展的可能同意新的规划目标，这实际是城市规划的本质问题，即规划的理想与现实的矛盾，规划的远期目标与近期建设结合的问题，这个问题也没有标准答案。可是为了这个没有答案的问题，规划协调会纠缠许久，做了许多规划知识的普及工作。如何在具体规划实践中回避一般性规划问题的争论是一个有待解决的问题，也是今后提高规划协商效率需要努力的方面。

（4）部门的权力与责任的协调。

如附表-5所示，控制性详细规划涉及多个政府部门的权责范围，规划协调中一个突出的问题是政府部门权力与责任的协调，比如规划范围涉及礐石风景区的用地调整，而礐石风景区已经省城乡规划主管部门批准，规划范围调整需要经过省主管部门的批准；因此需要市园林部门推动礐石风景区保护规划的调整。同时，开发项目还涉及是否影响海军基地的使用问题，其影响评价也不是基地本身可以判别的，这需要获得总部的同意，这种与军事部门的沟通渠道有限、不可预期和无法确定，因此等待较长的时间。城市规划的政府外部协调问题是影响规划审批效率的关键，这是国家层面的规划编制办法需要完善的规划协调方面的制度规定，不能仅仅提出规划协调的原则和要求，应明确法定的规划协调人，是规划的组织编制单位，还是规划编制单位，以及作为规划协调者的权力与责任。

（5）公共参与。

在所有规划编制和规划协调过程中，公共参与本来都应该是最重要的，但现实却是最简单也被忽视的——基本上只是程序化公示规划草案和按程序回收意见。由于制度和环境限制，公众参与的热情也并不高，仅有的几条意见也不一定需要向公众回复，只是向规划委员会做出解释即可，由此可见，在现行城市管理体制下，社会公众对规划的影响力仍不及拥有行政权力的各主管部门的影响。

第三节　控制性详细规划整合的工具与方法

一、概述

在中信倡导的以市场作为主导的城市运营模式下，控制性详细规划的编制在结合了政府意愿与目标的基础上，而是从市场需求出发，以上位战略发展概念规划和城市设计成果为参照，调整项目的发展目标和策略，是再次挖掘整合项目资源，对"五规"进行的第二阶段整合的过程，也是城市运营商追求空间合理发展与经济效益并重的体现（如图 7-9 所示）。

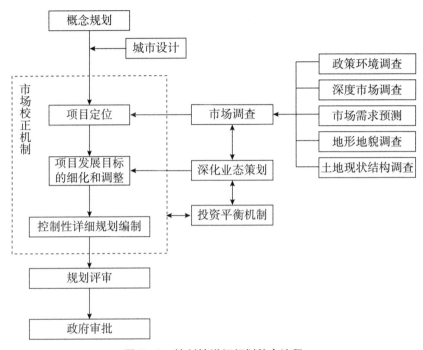

图 7-9　控制性详细规划整合流程

通过对在滨海新城项目控制性详细规划阶段的具体工作的梳理，如细分市场调查、深化业态策划、联席会议等，并结合本书第四章对城市运营模式的阐述，可以看到，项目在控制性详细规划阶段的实践与战略发展概念规划阶段类似，同样体现出城市运营坚持以市场为导向、注重城市产业、文化、交通、生态、人居环境整体功能协调、力求平衡"三因子"利益等重要特质，但是工作的重点较战略发展概念规划阶段更加细致；对应本书"五规"的深度剖析成果，各维度（城市经济、土地、空间、交通、环境）中规划要素在控制性详细规划层面上存在更加具体、微观的整合诉求。笔者也对这一阶段的规划整合工作做了以下梳理和总结。

市场校正机制与投资平衡机制作为规划整合的两项重要工具，贯穿了战略发展概念规划和控制性详细规划两个阶段。可以认为，市场校正机制是以目标区域内城市功能与城市人口的供需要求为基础，以提供特定周期内的城市公共产品为目标，以市场需求为导向对规划要素进行整合的工具；而投资平衡机制则是以实现企业利益为目标对规划要素进行整合的工具和保障。较战略发展概念规划阶段而言，两项整合工具的具体实施对象和操作方法有所区别：控制性详细规划阶段市场校正机制包括细分市场需求调查和深化业态策划；而控制性详细规划阶段投资平衡机制的测算科目更加细化，计算的精度要求也较战略发展概念规划阶段更为精细。

在规划整合的范畴下，通过两项工具的运用，规划编制的主体（城市运营商）得以根据更加实际和具体的项目市场环境、细分需求以及经济测算的各项指标，对"五规"中微观层面上相互矛盾、冲突的规划要素进行进一步的协调和整合。

二、市场校正机制

（一）市场细分调查

在控制性详细规划阶段，市场调查的内容相比概念规划阶段更加细致具体，以中信城市运营项目为例，具体包括政策环境调查、地形地貌调查、土地现状结构调查、深度市场调查。

1. 政策环境调查

首先，由于城市运营项目的特殊性，其首先应适应社会经济发展的特点，同时要顺应当下的政策环境，积极争取政府的政策支持。其次，由于城市运营项目具有周期长的特点，政策变动会对项目的预期收益产生较大的影响。严谨细致的政策环境调查可以降低项目后期所面临的政策风险。

在具体操作当中，须结合概念规划中对目标区域的定位，以及当地"五规"中的规划要素有针对性地进行调查。比如通过对地方政府招商引资、税费减免、人才引进等方面的优惠政策的调查，可在一定程度上指导目标地区产业的引入，进而指导各业态在空间上的配比。

2. 地形地貌调查

地形地貌的调查和分析是规划设计的基础工作，是大量后续工作的依据。首先，地形地貌是规划边界以及地块划分的依据，南滨片区的规划边界基本上最大限度地依照山体的山脊线（分水线）和山谷线（合水线）划分，使规划能最大限度尊重区域地形变化的规律性，对整合"五规"具体用地性质划分的分歧点提供客观依据。其次，地形地貌的分析对生态景观的营造、功能区的分布，特别是住宅区的布局以及分级具有直接指导价值；同时，地形地貌的分析也为后期投资平衡计算提供了基础资料。

3. 土地现状结构调查

对土地现状结构的调查和分析的必要性体现于它是一切空间规划的制约因素，是下一步土地利用规划的直接参考依据。土地现状结构包括土地利用现状和土地权属现状。土地权属现状是南滨控制性详细规划中规划区与协调区划分的影响因素和标准。

4. 深度市场调查

深度市场调查的内容主要包括项目所在地区的房地产市场调查、物业市场调查和周边可参考对比项目的调查，其目的是为市场需求预测及深化业态策划提供基础资料。物业市场调查是从市场容量的角度，为判断项目合理发展规模而进行的基础资料收集过程。在滨海新城的规划整合中，笔者通过对项目地城市老城区内住宅市场、商业市场、写字楼市场的调研和数据分析，以分类对比的方法对南滨片区的住宅、酒店、写字楼、商业等物业的需求、产品、分布及开发强度等做出研判。对周边项目研究是为深化业态策划提供参考资料，对各物业类型的定位、规模、入市销售均价、容积率、开发策略提出比较与修正。同时针对"五规"中关于"建设用地规模"和"土地开发强度"规划相互矛盾的现象，调查结果可以提供科学客观的整合依据。

（二）深化业态策划

深化业态策划是对市场需求进行更细致的分析，进而对项目发展的目标和规划要素的具体落地指标提供调整的依据。在战略发展概念规划阶段，定位策划的工作内容偏重宏观指导性，主要包括：整体发展定位、产业定位和功能布局结构。深度业态策划对应控制性详细规划，是对经济目标的落实，更注重项目的落地性与可操作性，侧重业态配比、开发强度与规模的研究。在滨海新城的城市运营实践中，南滨片区深化业态策划对各部分业态总量、业态细分、市场容量及需求、用地及建筑管理要求进行研究，基于项目发展策略对住宅商业以及公共服务配套的规模进行深度研究，可以说是市场需求预测在经过项目发展目标细化与调整后的进一步分解，这是控制性详细规划编制前市场校正机制的第二个步骤。

基于"五规合一"规划整合模式下编制完成并获得市政府审批通过的《发展概念规划》是控制性详细规划编制最重要的基础和依据。因此，南滨控制性详细规划是在"五位一体"框架下操作的，市场需求的预测是对资源整合利用的承受力的预估；对应城市运营整合的产业、土地、资本"三要素"资源，市场需求的细化被分为：产业需求、土地需求和空间需求。而当产业、土地、资本落实在控制性详细规划层面时，即是产业的分布、土地功能的配置和空间开发强度的设定。

如图 7-10 所示，深化业态策划阶段的市场需求预测的具体工作内容为：计算可出售的建筑面积，分解可出售建筑的功能和业态类型，比如住宅的类型和规模，商业的功能、形态和规模等；参考市场预测的户均建筑面积和户均人口，据此测算人口规模，再以人口规模推算配套公共服务设施和市政服务设施的用地和建筑面积，提出各类用地的规模和比例，并落实到空间上转换为总体建筑面积的分配比例。市场需求指标大多成为空间规划的刚性要求和必须满足的条件，甚至成为后来多部门协调、公共参与过程中项目公司坚守的底线。

我们不难看出，控制性详细规划阶段的深化业态策划是城市运营模式下的市场校正机制的第二个重要步骤，是将第一个步骤中市场调查及需求预测的结果同城市设计的空间需求进行整合、校正，是对控制性详细规划的核心要素进行定量及定性前置性预判的一个过程。市场校正机制中的两个重要步骤是控制性详细规划定位及科学编制的前提，是保证规划的实效性、可操作性以及可持续性发展的基础，也是城市运营商在近远期利益目标结合基础上提升区域整体价值的核心创新手段。

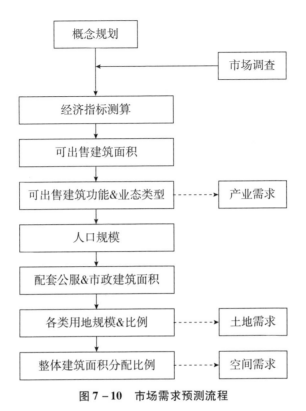

图 7 - 10 市场需求预测流程

三、投资平衡机制

控制性详细规划作为法定规划，它的最终确定必须基于翔实的经济测算，必须与城市运营的投资规模、开发时序、业态比例等要素相结合，控制性详细规划阶段的投资平衡机制与战略发展概念规划阶段的相比较，其操作的指导思想与基本流程基本一致，但在实际操作中必然存在着其特点和区别。

第一，在战略发展概念规划阶段，重点在于多方案的优劣论证，体现在经济测算上更多是整体方案经济效益优劣性的比较。在控制性详细规划阶段，经济测算更多是根据控制性详细规划的具体指挥和数据进行经济测算的细化和微调。由于控制性详细规划一旦确定，将具备法定效力，对片区的开发计划将具备法定的约束和指导意义，因此，涉及的各利益方的意见及干预将会深度影响规划的落地。当然，颠覆性的修改一般不会发生，更多是细微的调整，因此经济测算主要是根据细微的调整而测算其对投入与产出结果的影响。

第二，控制性详细规划阶段的估算科目会进一步细化。控制性详细规划阶段要为接下来的各专项规划做好基础，所以在投资估算科目方面要求细化到每个专项项目，比如对路网工程的估算，每延长米的投资会先区分不同路幅宽度，再细化到各细分专业如道路、排水、排污、给水、绿化等单项工程的估算；而征地成本可能会细化到每块土地的性质，如耕地、山地、林地、荒地等，并根据不同的土地性质、不同赔偿标准进行测算。

第三，控制性详细规划阶段的经济测算精度要求相对于战略发展概念规划阶段更高。控制性详细规划阶段由于对片区的开发计划将具备法定的指导意义，所以其精度将会比战略发展概念规划阶段有更高的要求。根据以往的实践经验，控制性详细规划阶段的精度一般会要求在 ±10% 以内。

总之，控制性详细规划阶段的经济测算是战略发展概念规划阶段的深入与细化，对精度上提出了更高的要求，但原则上不应该超出战略发展概念规划阶段定下来的"测算框架"，如果出现较大幅度的变化或突破，则可能意味着项目的可行性必须进行新一轮的论证。

四、"五规"整合成果分析

在以中信城市运营项目为例的城市运营模式下，中信城市运营团队通过控制性详细规划阶段市场校正机制和投资平衡机制的运用，将市政府部门编制的"五规"进行了第二阶段整合，具体体现是"五规"中相互矛盾的微观规划要素的"合一"。结合本书第四章对"五规"量化分析结果中差异度较大的若干项规划要素，笔者也对控制性详细规划整合的成果做了以下梳理和总结。

（一）"以保护为主的重点生态要素和地带的规划"整合

规划要素"以保护为主的重点生态要素和地带的规划"在本书第四章的量化分析中分值较低（5.76），该规划要素的具体体现之一是滨海新城项目区域内礐石风景区的管理范围界定问题：风景区内部分地块的土地使用性质和权属不明确，礐石风景核心区的东南角地块（苏安景区）在项目所在城市《城市总体规划（2002—2020年）》中被规划为"风景保护区"，但是项目所在城市《土地利用总体规划（2006—2020年）》将该地块界定为"农村居民点"。同时，在《礐石风景区总体规划（2003年）》中，景区范围为20.77平方公里，已经大大超出了礐石风景区管理局实际管辖范围，其中与项目片区控制性详细规划范围重叠面积约2.91平方公里。因此，风景区管理局希望借此机会进行礐石风景区的提升规划，进一步明确权属。

通过引入旅游设计专业团队开展礐石风景区总规修编和提升规划，并且根据在市场校正机制下形成的定位策划及项目发展理念，中信城市运营团队认为礐石风景区优美的景观及风景区科学高效的管理是保证南滨片区RBD理念实现的关键因素，同时通过控制性详细规划阶段的投资平衡测算以及对利益相关公众方的访谈，经过与各部门的反复协商，秉承便于管理、便于保护、合理开发自然资源的共同目标，最终达成一致，重新划定了礐石风景区合理的管辖范围，并且明确了土地权属。通过控制性详细规划的编制完成，原地块在《南滨片区控制性详细规划》中被划出风景区管理范围，统一规定为建设性用地。

（二）"综合交通系统网络的布局"整合

按照城市总体规划的要求，南滨路应建成具有亲水性、开放性的生态走廊，并计划建设方便市民的水上公园。但是在原有的城市总体规划和交通规划当中，靠海的南滨路被规划为交通性主干道，断面宽度控制在40米，而现状道路断面宽度为32米，严重影响到市民的步行可达性和滨海亲水性。结合概念规划阶段的策划定位，中信城市运营团队认为城市总体规划中对南滨路亲水性、开放性的规划符合南滨片区"湾区天堂"的定位，并且在控制性详细规划阶段运用市场校正机制以南滨片区未来交通流量预测、道路改建费用等数据作为变量测算投资回报，提出在南滨路以北规划一条与之平行的南滨南路替代其交通主干道的作用，进而在《南滨片区控制性详细规划》中南滨路可作为滨海景观休闲绿道设计。

(三)"禁建区的空间管制范围的规划"整合

在苏埃隧道出入口选址阶段,中信城市运营团队对项目走线的各方案结果以具体经济指标进行量化分析,并结合各走线方案对龙湖分区、南滨葛洲片区的交通影响评价,综合南滨片区未来"城市副中心"的发展定位,认为隧道起点的最佳方案为项目所在城市天山南路与金砂路交叉处,接天山南路,经苏埃湾海域,接规划的安海路,终点至磐石风景区虎头山北侧。

城市总体规划与土地利用总体规划就苏埃隧道南岸出入口处土地使用性质的规定存在矛盾:依照项目所在区《分区规划》,该区域为"防护绿地",而在项目所在城市《土地利用总体规划(2006—2020年)》中该区域的土地使用性质为"独立工矿区"。针对这一问题,中信城市运营团队多次向市规划局、市交通局以及其他部门领导专家进行工作汇报并听取相关意见。最终在《南滨片区控制性详细规划》中将该地块规划为防护绿地,保证了隧道走线的合理性及经济性。

第四节 启示

在城市运营模式下,控制性详细规划一方面具有城市发展控制工具的基本功能,另一方面也是城市运营商进行第三阶段规划整合的重要过程,是进行市场运作、资本运作的重要法律依据和经济依据。通过对中信城市运营实践操作过程中遇到的问题和经验进行分析总结,我们认为,在城市运营模式下,控制性详细规划在策略、编制主体、目标、依据、作用和经济测算等方面需要进行以下创新和变化:

1. 策略的转变

在以市场作为主导的城市运营模式下,控制性详细规划的编制不再是自上而下的行政意愿的机械落实,而是从市场需求出发,依据战略发展概念规划成果和城市设计成果,通过再次引入市场机制,经济测算配合辅助,反推控制性详细规划的目标和需求过程。

2. 编制主体的转变

在城市运营的模式下，控制性详细规划的主体由政府转为城市运营商，这总体上符合《国家新型城镇化规划（2014—2020年）》中"市场主导、政府引导"的基本原则。实际上政府"往后退一步"获得了更大的向前空间。政府改变以往大包大揽的传统做法，在继续行使先期引导和监督职能的同时，通过市场机制进行调节，是实现资源整合与最优配置的根本表现。

3. 编制目标的转变

在城市运营模式下，控制性详细规划的目标是由政府与市场达成的共识决定的。控制性详细规划在编制过程中创新性地引入对经济性、市场性的互动校正，显示了城市运营在空间控制和经济控制的双重目标。在城市运营模式下，规划的经济性是其可实施性与可操作性的前提。

4. 编制依据与逻辑的转变

在市场主导的原则和环境下，控制性详细规划不仅是总体规划或分区规划的延伸和深化，还是以战略发展概念规划的法定成果为依据，以城市设计的过程和成果为重要参考，以城市运营的规划整合、逻辑整合而成的具有独立目标和要求的独立规划，是"五规合一"的最终产物。

5. 规划作用与功能的转变

在市场主导的环境条件下，参与城市开发运营的利益主体众多，利益诉求各异。因此，控制性详细规划的工作致力于提供"整合平台"，依据"协作式规划"模型，为利益各方提供交流、对话的平台；以帕累托改进的原则，积极平衡和重新分配各方利益，从而达成集体理性共识，使各方发展形成矢量相加，通过规划提高片区整体价值，达到多赢共赢的目的。

6. 规划手段与工具的转变

"经济测算＋城市设计"是城市运营模式下实施控制性详细规划编制组织工作的重要手段和技术工具，是体现城市运营商对规划整合在空间控制与经济控制并重的追求。

基于前面各章对城市运营、"五规"以及规划整合的理论认知，以及对实践的回顾和思考，基于城市运营模式的"规划密码"：规划整合理念、理论体系及其实操方法。已经呈现在我们面前：本书提出的"五规合一"不是简单的图形叠合，规划整合也不是简单的要素加法，更不是简单的利益妥协或捆绑，而是建立在上位规划目标即区域新型城镇化发展的远期目标的基础上，以市场作为配置城市资源的主导平台，非强制性地引导不同类型、不同层级的规划在逻辑、内容、空间和时间上最大限度地有机统一到城市发展目标上的过程或方法论。本书所提出的规划整合理念，其目标是促进被整合的规划或各方机构总体上分享到比整合前更大的利益和发展空间，因此，如何客观判断、科学评价本研究所提出的规划整合理论的实施结果，评价的标准、判断的依据如何设定，是一个综合性、系统性的课题。针对上述问题，在前述各章理论与实证分析的基础上，笔者认为应该结合其他常规的规划评价理念和方法，形成专门面向基于城市运营的规划整合整体价值的后评价方法和体系，与前三个章节的整合内容共同构成完整的、具有创新意义的规划整合模式理论体系。本章将重点阐述基于本研究提出的规划整合价值的综合、系统评价方法和体系，以及对建立在实证案例客观评价基础上的规划整合模式的理论总结。

第一节　规划整合价值后评价体系

一、规划整合价值后评价的目标和意义

（一）规划整合价值后评价的目标

在城市运营模式下，"五规"比较分析、战略发展概念规划、控制性详细

规划三个阶段的规划整合成果将最终以法定性规划为主要表现形式作用于目标区域。同时，与政府主导的"多规合一"有所区别，基于城市运营模式的"五规合一"不是简单合成一张图，而是在一条以"五规"比较分析、战略发展概念规划、控制性详细规划三个阶段工作内容为内在逻辑关系的主线上进行的规划资源整合过程。

城市运营模式下战略发展概念规划与控制性详细规划的成果除表现在最终的法定规划中用地分区、土地利用细分和空间指标等具体要素的合理性之外，还表现在城市运营模式下"五位一体"系统目标的实现程度，即规划成果对当地产业、文化、交通、生态、人居环境的整体功能的影响。结合第五章中"五规"的分析结果，经过概念规划与控制性详细规划的编制和实施，上述各项城市功能及整体效益的变化必然对项目所在城市"五规"中各项规划要素有着不同程度的影响。并且，上述改变和影响也将在不同程度上对城市经济、土地、空间、交通和环境五个维度的规划要素既存的矛盾和冲突产生对应的整合效用。因此，笔者期望通过建立评价体系客观地对城市运营模式下的规划整合对"五规"的实效性和科学性进行评估，为规划整合提供自我修正的手段与后评价机制。

因此，规划整合价值的评价不等同于对"五规"各规划要素的叠加评价，而是通过评价体系的建立，以城市整体功能的综合考量为目标对规划整合的成果进行综合评价。并且鉴于城市运营、规划整合多方参与的特征，评价体系须以政府、市场和公众三个维度为评价主体进行。

具体来说，基于城市运营的规划整合应包含以下两项基本内容：首先，要从宏观上总体考量城市的整体功能布局。在城市规划过程中，战略发展概念规划、城市设计以及各专项规划等，都要以有效满足城市整体功能为出发点，通过战略性的思维，对城市的功能设计进行通盘考虑，运用前瞻性的规划理念和规划方法，着眼于城市功能的整体性和系统性，全局性地规划城市功能布局，坚持高起点规划，为城市各项机能的正常运转提供各种有效保障和支撑作用。其次，要考虑项目投资平衡。企业是以盈利为目的的经济组织，城市运营项目在开发过程中坚持市场机制，以投资效益为导向，在项目开发过程中始终以企业的投资平衡为底线，所有的规划设计要满足经济上的可行性要求，即项目的规划设计应以投资效应为导向，而底线就是项目的投资平衡，在此基础上考虑其他社会因素的利益诉求。

（二）规划整合价值后评价的意义

城市运营的规划整合评价在现实中有重要的指导意义，通过对城市运营项目规划整合的评价：首先，从规划整合的层面，可以论证以"五规合一"为核心内容，"五位一体"为系统目标，以市场为导向的城市运营的正确性和科学性；其次，在城市运营模式下的区域整体开发层面，通过理论分析和实证研究，进一步提炼、总结和归纳出科学的城市运营项目开发模式，在现实中指导项目的跨区域复制，在各地区稳步高效地推进新型城镇化，进而印证城市运营模式本身以及在这种创新模式下的规划整合具有可复制性的现实意义。

二、规划整合价值后评价的对象和主体

（一）规划整合价值后评价的对象

根据城市运营模式下规划整合的特殊性，本书提出的规划整合价值后评价是以城市整体功能和项目投资平衡的综合考量为目标，故评价的对象并不局限于本案例中的战略发展概念规划与控制性详细规划。同时，由于规划具有多因素的特性，在对规划实施进行评价时通常很难分离出哪些结果是由于规划因素的作用而产生，哪些结果不是，所以针对规划本身的评价存在一定的局限性。而且，基于城市运营的实施目标即实现城市"五位一体"整体功能的提升，一系列的规划工作实为实现城市运营目标的工具与方法。

综上所述，本书是以"'五规'要素分析整合、战略发展概念规划组织整合、控制性详细规划组织整合"三阶段规划整合的成果及其对项目所在区域的产业、文化、生态、交通、人居等系统的整体功能为评价对象，构建规划价值评价体系。

（二）规划整合价值后评价的主体

在规划整合评价方法建立之后，评价的主体是城市运营的影响对象，主要

由三方面组成：政府、公众和市场。本书中规划整合评价由城市运营商牵头组织、具体实施，并且政府、公众和市场均有参与。

政府：主要体现于对当地的发展愿景，是城市运营规划编制的重要参与者。作为当前阶段传统城市规划编制的主体，其在城市运营规划的编制中也发挥着巨大的作用。区别于传统的规划编制，在城市运营中，运营商拥有对规划的主导权限，但是政府依然发挥着至关重要的作用。因此，对城市运营规划整合的评价，政府是必不可少的主体之一。

市场：主要包括投资者与合作方，体现了资本对规划的诉求和属性，代表了以城市规划为对象，将城市运营作为实现项目投资效应的有效手段之一。作为市场的主要代表之一的城市运营商，是项目的投资方，对城市运营规划拥有主导权，是规划评价的重要参与者。

公众：主要包括社会公众和团体，是城市运营项目最直接的影响者。为实现规划的社会公众属性，以及公众对规划的实际参与，须将公众纳入评价主体之中。

三、规划整合价值后评价指标的筛选

（一）指标选取的原则

1. 科学性原则

规划整合价值后评价作为一种评价方法，带有一定的主观性和不确定性。评价指标的选取要根据现有的科学依据，结合实践经验，建立较为全面、客观、公正的评价指标体系，可以准确反映城市运营规划方案的内涵、价值和构成要素。同时，确保相关数据来源的客观性和可测量性，并能够运用科学的统计方法进行分析。

2. 系统性原则

基于城市运营的"概念规划—控制性详细规划"两个阶段的规划整合，从宏观层面到微观方面，既有不可直接测量的宏观规划内容，也有可测量的规划指标。因此，相关指标必须尽可能涵盖这两个阶段的规划内容，综合而全面系统地反映方案的各个层面。

3. 操作性原则

指标的选取除了满足科学性和系统性之外，还要满足可操作性，使评价体系可以更容易操作，便于评价。一方面，要求指标具有较高的概括性和可比性，能够直观、简要地显示规划方案的内涵和重要特征；另一方面，指标要尽量可评价、可测量，便于后期的统计分析。

4. 适用性原则

评价体系具有开发性，要求评价指标的选择要符合适用性原则，不仅要适用于目前的城市运营规划方案的评价，而且对未来规划实施效果也具有适用性，或者经过修正，可以适用于未来的规划方案评价以及规划实施效果的评价。

（二）指标的选取方法

选择评价因子是确立整个评价体系的前提和基础，评价因子选择恰当与否对整个评价体系的科学性和规范性有着决定性的影响。评价因子要经过筛选、调查、分析处理，最后形成一个系统的结构体系。

目前在规划评价研究方面，评价因子指标的选取往往是采用文献综述法、层次分析法、频度统计法、专家调查法等形成初步的指标体系。文献综述法可以获取最主要的评价指标，确立基本的框架；层次分析法可以确保指标框架的层次分明与结构完整；频度统计法可以归纳出最重要的评价因子；专家调查法和社会调查法则可在初步的评价指标体系基础上，通过征求专家和公众意见，对指标体系进行进一步修正和完善。

本书采用理论分析法，首先通过分析与城市运营有关联的内容和影响因素，得出初步评价指标，然后采用专家调查法，进一步修正和完善，并最终确立因子的评价体系。

综上所述，本书的"规划整合价值后评价"是围绕城市运营的三要素，结合"五规"的内容、城市运营规划整合评价目标、城市运营的市场机制以及城市运营三类评价主体，针对"概念规划—控制性规划"两阶段规划成果对当地综合影响做出的评价。基于以上内容，笔者提取了社会经济、土地、空间、交通、生态、市场和投资等7个方面，共36个关于城市运营的影响因子，如表8－1所示。

表8-1 城市运营的影响因子

目标层	因子层
社会经济	GDP 增幅
	固定资产投资增幅
	城市人口规模增幅
	产业结构的变化
	城镇化发展水平增幅
空间	城市规划结构
	重大市政基础设施的规划
	市区级行政中心、文化、教育、卫生、体育等方面主要公共服务设施的规划
	城市重点建设项目用地空间的布局
交通	城市交通设施发展的规划
	综合交通系统网络布局
	重大交通设施的布局与建设规划
	应用 TOD 理念
	公共交通的比重
生态	城市以保护为主的重点生态要素与地带的规划
	环保分区的规划
	生态环境保护在规划中的体现
	污染控制与治理措施的规划
	环保设施布局
	国家级、省级和市级风景区新增数量（或 3A 级以上风景区）
	公共绿地水平
土地	规划城市用地结构
	各类用地规划布局
	产业用地空间布局
	城市建设用地规模和建设用地控制范围的规划

（续表）

目标层	因子层
土地	基本农田保护区和其他保护用地等禁建区的规划及空间管制要求
	土地利用率
	经营性用地比例（得地率）
	公共管理与公共服务设施用地面积
	土地开发强度
市场	客群定位
	市场容量分析
	项目总体定位
	产业定位
投资	土地溢价
	资本使用效率

四、规划整合价值后评价体系的构建

本书构建的后评价体系包括5个关键步骤：（1）确定评价因子；（2）建立评价体系的层次结构；（3）确定评价因子的权重；（4）制定评分标准；（5）评价体系的操作。

（一）评价层次的设置

区别于政府主导下编制的规划，城市运营商组织编制的两阶段规划成果，经过市场校正机制和投资平衡机制的筛选和校正，正是政府主导下规划编制过程中所缺失的重要环节。同时，鉴于城市运营的规划整合目标是"五规合一"，其整合结果最终要对应落实到"五位一体"的系统目标范围，即产业、生态、文化、交通、人居环境的整体功能，都必须结合城市运营的系统目标进行修正。

根据城市运营规划整合的评价目标、"五规"的主要内容要素、城市运营规划整合评价的对象、城市运营"三因子"和"三要素"理论，以及城市运营的市场校正机制，可以初步归纳出规划整合评价的一级指标包括社会经济、土地利用、空间布局、交通规划、生态环境、市场定位和投资效应等7个方面（如图8－1所示）。

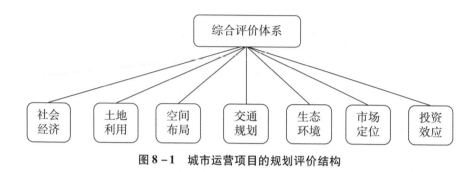

图8－1　城市运营项目的规划评价结构

（二）评价体系的构建

规划整合价值后评价体系如表8－2所示。

表8－2　规划整合价值后评价体系

目标层	因子层
社会经济	GDP 增幅
	固定资产投资增幅
	产业发展的定位、发展规划
	城市人口规模增幅
空间布局	城市规划结构
	城市重点建设项目空间的布点
	重大市政基础设施的规划
	市区级行政中心、文化、教育、卫生、体育等方面主要公共服务设施的规划

（续表）

目标层	因子层
交通规划	城市交通设施发展的规划
	综合交通系统网络布局
	重大交通设施的布局与建设规划
	TOD 理念的应用
生态环境	城市以保护为主的重点生态要素与地带的规划
	环保规划
	生态环境保护在规划中的体现
土地利用	规划城市用地结构
	城市建设用地规模和建设用地控制范围的规划
	城市空间拓展和建设用地发展方向的规划
	各类用地规划布局
	产业用地空间布局
	基本农田保护区和其他保护用地等禁建区的规划及空间管制要求
	经营性用地比例（得地率）
	各类建设用地指标控制体系
	土地开发强度
市场	客群定位
	市场容量分析
	项目总体定位
投资效益	土地溢价
	资本使用效率
	现金流

（三）指标权重的确定

回顾文献，我们可知，目前常见的确定评价指标权重的方法主要有四种：一是直观经验法，即凭借评价者的经验直接赋权；二是专家调查法，邀请专家对评价指标单独赋权，最后取得加权平均值；三是德尔菲法（Delphi Method），通过对专家发放赋权咨询表，并对评价指标的权重系数进行多轮核算；四是层次分析法（AHP），通过两两比较判断矩阵及数学运算，确立各评价指标的权重值。这四种方法具有从简单到复杂，从主观到客观的演变特征。

通过对科学性和可行性的综合考察，笔者采用德尔菲法对因子权重进行赋值。德尔菲法是依据系统的程序，采用匿名发表意见的方式进行的一种结构化的决策支持方式。

我们邀请了多位对"五规合一"有比较深刻认知的规划专家进行打分。首先，专家对目标层因子按重要性进行降序排列，经过反复斟酌和讨论，得出7个目标层因子的重要性排序依次为：土地利用、投资效益、市场定位、空间布局、交通规划、社会经济、生态环境。其次，专家对目标层因子权重进行赋值打分，并进行逐步修正，最终确定目标层的权重。最后，根据确定的目标层因子权重，确定其对应的因子层的权重，每个目标层因子对应的因子层的权重之和是1。统计得出的评价体系权重如表8-3所示。

表 8-3 评价体系权重

目标层	权重	因子层	权重
社会经济	0.09	GDP 增幅	0.22
		固定资产投资增幅	0.22
		产业发展的定位及发展规划	0.34
		城市人口规模增幅	0.22
空间布局	0.15	城市规划结构	0.27
		城市重点建设项目空间的布点	0.26
		重大市政基础设施的规划	0.20
		市区级行政中心、文化、教育、卫生、体育等方面主要公共服务设施的规划	0.27

（续表）

目标层	权重	因子层	权重
交通规划	0.10	城市交通设施发展的规划	0.30
		综合交通系统网络布局	0.20
		重大交通设施的布局与建设规划	0.30
		TOD 理念的应用	0.20
生态环境	0.06	城市以保护为主的重点生态要素与地带的规划	0.17
		环保规划	0.50
		生态环境保护在规划中的体现	0.33
土地利用	0.22	规划城市用地结构	0.17
		城市建设用地规模和建设用地控制范围的规划	0.09
		城市空间拓展和建设用地发展方向的规划	0.09
		各类用地规划布局	0.13
		产业用地空间布局	0.13
		基本农田保护区和其他保护用地等禁建区的规划及空间管制要求	0.13
		经营性用地比例（得地率）	0.13
		各类建设用地指标控制体系	0.04
		土地开发强度	0.09
市场定位	0.18	客群定位	0.28
		市场容量分析	0.28
		项目总体定位	0.44
投资效益	0.20	土地溢价	0.30
		资本使用效率	0.35
		现金流	0.35

五、规划整合价值后评价的实施

（一）评价的视角

基于城市运营的规划整合价值后评价的主体有政府、市场和公众，这是规划整合价值后评价的三种不同的视角，代表了三种不同的利益群体的诉求，因此，评价指标的选择要充分考虑评价的三类主体。

（二）评价的方法

1. 评价方法的选择

学者苏为华曾对比不同综合评价法的优劣，并认为与其他综合评价方法相比较，效用函数综合评价法的最大特点是结论的直观性、通俗性，评价过程各环节之间没有信息传递关系，各环节都有众多的方法可供选择，这些方法可以进行多方位的组合。

本书将采取效用函数综合评价方法进行综合评价，以使评估尽量准确。该方法主要操作步骤：第一，将每一个评价指标按照一定的方法量化；第二，按一定的合成模型加权合成计算总评价值；第三，根据确定的评价标准，对总评价值进行评判。

2. 评价单项因素的量化

使用效用函数对评价指标进行量化时，由于不同指标具有不同的量纲，必须首先进行无量纲处理，即通过一定的数学方法把不同性质、不同量纲的指标数据转化为可进行综合评价的一个相对数——单项评价值。当前主要的无量纲处理主要有直线型效用函数与非直线型效用函数。其中，直线型效用函数主要基于指标量化值，对于系统的影响是等比例的假设，一般采用线性的处理方法。然而，现实生活中许多评价对象的价值水平与评价值本身之间的关系并非线性的，线性量化的方法并不能完全反映指标数值的变化对系统产生的影响。由于指标之间存在耦合关系，而且随着指标数值的变化，单项指标在总体效能中的影响力也在变化，因此，简单地用指标量化值等比例变化来反映指标实际测量值的变化对系统的影响是不合适的。

在系统比较几种非线性模型后，指出只有对数模型符合效用评价的数学要求，这样才能完整反映指标变化对系统评价产生的影响。对数模型的效用函数如公式 1 和公式 2 所示：

$$公式 1: k_i = \frac{\ln x_i - \ln x_{i1}}{\ln x_{i2} - \ln x_{i1}} * a + b$$

$$公式 2: k_i = \frac{\ln x_i - \ln x_{i2}}{\ln x_{i1} - \ln x_{i2}} * a + b$$

公式 1 和 2 中 k_i 为第 i 个指标的评价值，x_i 为第 i 个指标的实际值，x_{i1} 为第 i 个指标对应的上限值，x_{i2} 为第 i 个指标对应的下限值。其中 a 和 b 都是常数，通常 $a=40$、$b=60$，与日常生活中的百分制考核制度一致，便于理解。

3. 综合计算模型的选择

下一个问题是如何将单项评价值合成总评价值。我们需要选择科学合理的合成模型。目前学者多借鉴决策学中关于方案合成方法的一些理论，将合成模型分为加法合成、乘法合成、加乘混合合成、代换合成等。综合评价合成值最好采用平均数的形式表现，因为采用平均数的形式可以保证单项评价的意义和总评价值的意义完全统一，从而可以得出单项评价值的评判结果。平均合成的方法一般有算术平均法、几何平均法、平方平均法、调和平均法。几何平均法相对于其他三种方法有惩罚落后指标，鼓励各单项指标均衡发展的优点。

综合分析规划整合价值后评价的内容，本书选择几何平均法作为评价合成方法，评价公式如下：

$$公式 3: F = \sqrt{w_i}, \quad 其中 \sum_{i=1}^{n} w_i = 1$$

公式 3 中：F 为城市运营规划整合价值后评价的综合评价值；w_i 为权重；k_i 为单项指标值。

（三）评价指标的量化

1. 指标的量化

在评价体系中，有些指标属于客观评价指标，可以直接量化；有些指标属于主观评价指标，不能简单地以"有"和"无"去评价，需要进一步量化，以科学地评分。

对于主观性的指标进行量化测度，可引入主观评价中的语义差别法进行评价。语义差别法是美国心理学家 C·E·奥斯古德于 1957 年提出的一种心理学研究方法，又称 SD 法。语义差别法由概念和若干量尺构成。SD 法的"量尺"，是用两个意义相反的形容词作为两极而构成的，例如"好—坏"称为一个量尺：

量尺一般分 7 个等级，如：① "非常好" ② "相当好" ③ "稍微有点好" ④ "不好不坏" ⑤ "稍微有点坏" ⑥ "相当坏" ⑦ "非常坏"。被调查者对所提出的概念，依据在感情意义上的评定，在这 7 个等级中选择最适合的一个①。

根据城市运营规划的特点，本书对规划整合的评价可以分为：很不合理、比较不合理、基本合理、比较合理、很合理等五级，如表 8－4 所示。

表 8－4　语义差别标度

标度变化	很不合理	比较不合理	基本合理	比较合理	很合理
得分	[0，2]	(2，3)	[3，4)	[4，5)	5
标度等级	1	2	3	4	5
等级	差	较差	一般	较好	好

2. 指标的赋值

对于客观评价指标的得分，由于客观评价指标本身是可量化的，因此，需要根据经验值，给出相应的取值区间，根据取值的不同，赋予不同的得分。根

---

① 资料来源：http：//www. baike. com/wiki/语义差别法

据《城市规划技术标准与规范》等相关技术标准与规范，结合专家的经验，对规划指标进行评价，给出具体的得分，得分也同理参照 SD 法的对应赋值，如表 8 - 4 所示。

对于主观评价指标的赋值，主要是根据专家的经验，对相关指标给予相应的打分，例如：很不合理、比较不合理、基本合理、比较合理、很合理可以分别对应得分，如表 8 - 4 所示。

本书评价体系中的单项因子将采取 5 分制进行打分。5 分表示单项值最高；4 ~ 5 分表示单项满意度较高；3 ~ 4 分表示单项满意度为基本满意；2 ~ 3 分表示单项满意度较差；0 ~ 2 分表示单项满意度差。

（四）评价结果分析

通过算术平均法计算出的结果，将根据以下标准进行评判：

当 $F \geqslant 90$ 时，说明规划方案非常合理，各种目标得到很好实现，应评为优秀。

当 $80 \leqslant F < 90$ 时，说明规划方案很合理，各种目标得到实现，应评为良好。

当 $70 \leqslant F < 80$ 时，说明规划方案比较合理，目标勉强体现，应评为较好。

当 $60 \leqslant F < 70$ 时，说明规划方案基本合理，目标勉强体现，应评为一般。

当 $F < 60$ 时，说明规划方案不合理，很多目标没有体现，应评为差。

六、规划整合价值后评价的应用

（一）指标搭建

本书评价体系中的单项因子采取 5 分制进行打分。如前所述，5 分表示单项值最高；4 ~ 5 分表示单项满意度较高；3 ~ 4 分表示单项满意度为基本满意；2 ~ 3 分表示单项满意度较差；0 ~ 2 分表示单项满意度差，0 分表示无此单项。

笔者在评价体系建立后，邀请了 10 位相关领域的专家学者，针对中信城市运营项目的"概念规划—控制性规划"两阶段的规划进行评价。各位专家根据各自的专业经验，对评价体系的评价指标给出各自的打分，然后根据

10 位专家的打分，计算得出各项打分的平均数，即为单项分值，如表 8 - 5 所示。

表 8 - 5   城市运营规划整合价值后评价体系

一级指标	权重	二级指标	权重	指标解释	单项分值	评价分值	单项指标值
社会经济	0.09	GDP 增幅	0.22	近三年 GDP 平均增幅	2.5	3.38	89.99
		固定资产投资增幅	0.22	近三年固定资产投资平均增幅	3.25		
		产业发展的定位及发展规划	0.34	产业发展的定位及发展规划是否合理	4.13		
		城市人口规模增幅	0.22	近三年城市人口规模平均增幅	3.25		
空间布局	0.15	城市规划结构	0.27	城市规划结构是否合理	4.13	3.85	93.42
		城市重点建设项目用地空间的布局	0.26	城市重点建设项目空间的布局是否合理	4.13		
		重大市政基础设施的规划	0.2	重大市政基础设施的规划是否合理	3.25		
		市区级行政中心、文化、教育、卫生、体育等方面主要公共服务设施的规划	0.27	市区级行政中心、文化、教育、卫生、体育等方面主要公共服务设施的规划是否合理	3.75		
交通规划	0.1	城市交通设施发展的规划	0.3	城市交通设施发展的规划是否合理	4.13	3.84	93.23
		综合交通系统网络布局	0.2	综合交通系统网络布局是否合理	4.15		
		重大交通设施的布局与建设规划	0.3	重大交通设施的布局与建设规划是否合理	4.08		
		TOD 理念的应用	0.2	轨道交通，体现开发建设的系统化与效率	2.75		

（续表）

一级指标	权重	二级指标	权重	指标解释	单项分值	评价分值	单项指标值
生态环境	0.06	城市以保护为主的重点生态要素与地带的规划	0.17	是否覆盖了全部要保护的地带	4.33	4.12	95.19
		环保规划	0.5	是否尊重了现状生态要素	4.38		
				污染控制与治理措施的规划是否合理	4.25		
				重大环保设施布局是否合理	4.15		
		生态环境保护在规划中的体现	0.33	规划是否体现生态环境保护的目标	4.2		
土地利用	0.22	规划城市用地结构	0.17	居住用地、公共管理与公共服务用地、工业用地、交通设施用地和绿地五大类主要用地规划占城市建设用地的比例	3.98	4.11	95.11
		城市建设用地规模和建设用地控制范围的规划	0.09	城市建设用地规模和建设用地控制范围的规划是否合理	4.13		
		城市空间拓展和建设用地发展方向的规划	0.09	城市空间拓展和建设用地发展方向的规划是否契合实际	4.35		
		各类用地规划布局	0.13	各类用地规划布局是否合理	4		
		产业用地空间布局	0.13	产业用地空间布局是否合理	4.2		
		基本农田保护区和其他保护用地等禁建区的规划及空间管制要求	0.13	基本农田保护区和其他保护用地等禁建区的规划及空间管制是否合理	4.2		

（续表）

一级指标	权重	二级指标	权重	指标解释	单项分值	评价分值	单项指标值
土地利用	0.22	经营性用地比例（得地率）	0.13	人均居住用地面积的比例	4.13	4.11	95.11
				人均商业服务设施用地面积的比例	3.75		
		各类建设用地指标控制体系	0.04	各类建设用地指标控制体系是否完善	4.45		
		土地开发强度	0.09	平均容积率	4.05		
				平均建筑密度	4.13		
市场定位	0.18	客群定位	0.28	项目客群定位的精确度	4.28	4	94.41
		市场容量分析	0.28	市场容量的分析是否准确	4.125		
		项目总体定位	0.44	项目功能定位分析准确度	4.23		
				项目功能定位与上位规划的匹配度	3.25		
投资效益	0.2	土地溢价	0.3	预计土地溢价	4.43	4	94.40
		资本使用效率	0.35	投资回报率	4.38		
				销售利润率	3.75		
				净现值（NPV）	3.75		
		现金流	0.35	内部收益率（IRR）	3.75		
				资金峰值	3.75		
				开发周期	3.25		

（二）评价得分计算

1. 评价单项指标值

按照公式2进行计算单项因子的评价得分，这里专家对某项因子的打分视

为 x_i，为第 i 个指标的实际值。根据公式 2 进行计算，计算得出第 i 个指标的评价值，可以计算得出社会经济、空间布局、交通规划、生态环境、土地利用、市场定位和投资效应等 7 个大类的评价分值和单项指标值，具体如表 8 – 5 所示。

$$公式 2 : ki = \frac{\ln x_i - \ln x_{i2}}{\ln x_{i1} - \ln x_{i2}} * a + b$$

公式 2 中 k_i 为第 i 个指标的评价值，x_i 为第 i 个指标的实际值，x_{i1} 为第 i 个指标对应的上限值，x_{i2} 为第 i 个指标对应的下限值。其中 a 和 b 都是常数，通常 $a = 40$、$b = 60$。这里对应的上限值取 5，下限值取 1。

2. 评价综合分值

本书选择几何平均法（如公式 3 所示）作为评价综合合成的方法，对评价综合结果进行计算，计算结果如表 8 – 6 所示。

$$公式 3 : F = \sqrt{w_i}, 其中 \sum_{i=1}^{n} w_i = 1$$

其中：F 为城市运营规划整合价值后评价的综合评价值；w_i 为权重；k_i 为单项指标值。

（三） 实证案例总体评价

根据表 8 – 6 所得数据，可知中信城市运营项目规划整合评价的综合得分。

表 8 – 6 中信城市运营项目规划整合评价综合分值

标价维度	权重	评价分值	单项指标值	综合分值
社会经济	0.09	3.38	89.99	
空间布局	0.15	3.85	93.42	
交通规划	0.10	3.84	93.23	
生态环境	0.06	4.12	95.19	93.95
土地利用	0.22	4.11	95.11	
市场定位	0.18	4.00	94.41	
投资效应	0.20	4.00	94.40	

根据公式，计算可得 $F = 93.95$。

因此，根据合成模式的判断标准；当 $F \geqslant 90$，说明规划方案质量好，总体评价为优秀。具体而言，中信城市运营项目"概念性规划—控制性规划"两阶段的规划方案中，生态环境因子得分最高，显示出中信城市运营项目在两阶段规划编制中充分考虑了生态要素，规划对生态环保给予了相当的重视；土地利用、市场定位和投资效应等三方面因子得分较高，显示了在项目规划编制中充分发挥和利用了市场因素的作用，反映了在城市运营实践中，市场机制具有不可忽视的重要作用，这也客观上呼应了《国家新型城镇化规划（2014—2020年）》提出的市场在资源配置中起决定性作用的重要论断。此外，土地利用主要是通过一定的规划指标确定各类城市建设用地的规划结构及空间分布，客观上反映了城市总体功能的规划，此项因子得分较高，说明中信城市运营项目的规划实践中，运营商对城市总体功能价值的考虑，再一次表明城市运营是以构建城市整体功能价值为核心的五位一体的系统工程。社会经济、空间布局和交通规划等因子得分较低，反映了在中信城市运营项目规划实践中，这几项相对而言是短板，需要在今后的城市运营实践中予以重视和强化。

（四）不足分析

1. 产业发展定位

根据评价结果，中信城市运营案例中"产业发展的定位及发展规划"的得分适中（4.13/5），这从科学、量化的角度，对中信城市运营团队以及英国某策划顾问公司所操作的前期策划定位成果做出了较高的肯定。然而从具体操作上看，区域产业定位的方法和过程仍然存在着一定的不足。

产业发展定位运用类似于起源于西方国家的"Industrial Targeting"概念，即根据当地的经济结构、劳动力特征、现有产业资源等因素，找出适合于当地发展的一项或者多项产业。常用的操作方法有区位商法（Location Quotient）、IMPLAN模型分析法等。在国内数据不完善的情况下，通常采用简化方法，选取各产业区位商、各产业近期固定资产投资额、税收、雇员工资，地区内各相关专业毕业生数量等关键指标，结合外部市场需求得出区域内的目标。

本案例主要是以市场需求和市场环境为依据，着重考虑了政策导向、粤东地区竞争差异化、潮汕文化特质、区域内生态环境等宏观要素，最终得出项目所在区"现代服务业"的产业发展定位。然而囿于项目所在区经济、产业数据的不足，中信城市运营团队及英国某策划顾问公司未进行相应的量化分析，对当地经济和产业特质研究不够深入。

2. 规划城市用地结构

城市用地结果具体来说包括居住用地、公共管理与公共服务用地、工业用地、交通设施用地和绿地等五大类主要用地规划占城市建设用地的比例。该项评价指标得分为 3.98/5，较整体得分略低。笔者认为可以用以下两方面原因来解释此得分情况：

（1）上述五大类用地的配比直接影响到城市整体功能的表现，同时更是各方利益争夺的焦点。中信城市运营团队权衡各方利益的过程实质上类似于"零和游戏"，在一方利益得以体现的同时不可避免地将触碰另一方利益。

（2）以市场为导向对五类资源进行整合具有较强的客观性与合理性，但是对市场的判断往往是"预判"多于"实证"：市场预判一方面存在信息缺失，另一方面也不可避免经济规律的不确定因素。所以，以市场为导向的规划整合并不存在绝对意义上的正确性，滨海新城项目的运营成效还有待后期的评判。

第二节　规划整合模式的理论及其适用性

一、基于城市运营的规划整合模式理论

本书论述的规划整合理念和工作方法、流程模式以及规划整合价值后评价体系共同构成了基于城市运营的"四阶段"规划整合模式理论体系，这是一个存在内在逻辑关系的系统工程。本书关于规划整合模式的理论体系，要点如下：

（1）规划整合的理念：市场导向，非强制性，有机多元。

（2）规划整合的原则：利益平衡，市场导向，整体价值，远近结合。

（3）规划整合的核心：以"五规合一"为核心。

（4）规划整合的机制："市场校正机制"，"投资平衡机制"。

（5）整合的构成："四阶段"模式，包括：第一阶段："五规"的比较分析；第二阶段：战略发展概念规划组织整合；第三阶段：控制性详细规划组织整合；第四阶段：规划整合价值后评价。

二、适用性分析

谢尔本努（Sherbenou）通过统计对城市经理制适用性问题的研究，指出能够体现城市经理制效用的地区通常具有高度民主化、市场化背景，且拥有足够数量的有参与意愿的管理精英等共同点。同样，上述"四阶段"的规划整合模式理论体系也有其适用前提和条件，具体如下：

（1）战略前提：以新型城镇化战略为目标，以"市场主导、政府引导"为战略前提。

（2）模式前提：运用创新型城市运营模式实现区域的新型城镇化目标，追求"五位一体"的系统目标，基本具备本书所描述的城市运营模式特征，具体包括 PPP 合作模式特征，即政府具有战略前瞻性和社会责任感，有意愿实现城市发展方式及规划管理方式的变革；城市运营商具有社会责任感和资源整合的能力。

（3）区位前提：区域城镇化率接近或超过区域的平均水平，具有市场化的背景和可利用的现状资源条件，包括良好的土地资源、产业资源、人口资源等可以引导外部资本进入的基础条件。

在基本接近或满足上述各个前提条件的情况下，本书所论述的以城市运营模式为前提、以"五规合一"为核心的规划整合模式是具有异地参考、借鉴意义的。从本书分析论述中可以进一步发现，规划整合"四阶段"均具有相对独立的整合目标、路径、方法和成果，因此，在实际运用过程中，既可以按照本书阐述的过程分阶段逐步实施，也可以根据具体区域、具体城市的实际情况独立使用其中的某一个或某几个特定阶段的工作方法、流程模式。但是，由于各阶段之间存在内在的逻辑关系，因此，在选用一个以上阶段的工作方法进行规划整合时，应该保证顺序的合理性，不推荐调整、颠倒整合顺序和流程。

第三节 启示

规划整合价值的后评价体系，是在规划整合实证过程中探索出来的，基本观点是，城市运营的规划整合的价值评价不等同于对"五规"要素的简单叠加的评价，其评价的核心是"五规"要素整合、市场定位校正、概念规划编制组织和控制性详细规划编制组织等全过程的创新集成和有机整合，评价对象主要集中针对阶段性整合成果和结论，重点体现在两个阶段，即战略发展概念规划和控制性详细规划的成果。

本章提出的规划整合价值的后评价体系模式主要以"两个目标、三个维度"为原则，即要以城市整体功能和项目投资平衡的综合考量为目标，从政府维度、公众维度和市场维度出发作为评价视角。

在综合分析"五规"内容、城市运营的三要素和市场机制等城市运营影响因素的基础上，构建城市运营的规划整合价值的评价体系，提出采用效用函数法作为规划整合价值后评价的具体计算方法。

总结

CREATION OF CITY VALUE • A Planning Integration Method based on Urban Operation • • •

附表-1 重点 RBD 区域城市设计

城市 RBD	临港 RBD	生态居住 RBD

附表-2 调整前后规划范围对比表

	城市设计范围	原控制性详细规划范围	调整后控制性详细规划范围
土地利用图			
面积	11.89 平方公里	11.89 平方公里	12.4 平方公里

附表 −3 南滨片区规划结构

南滨片区城市设计规划结构	南滨片区控制性详细结构
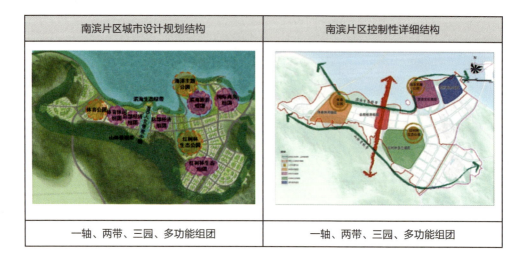	
一轴、两带、三园、多功能组团	一轴、两带、三园、多功能组团

附表 −4 南滨片区城市设计与控制性详细规划土地分类结构对比表

南滨片区城市设计土地分类结构	南滨片区控制性详细规划土地分类结构
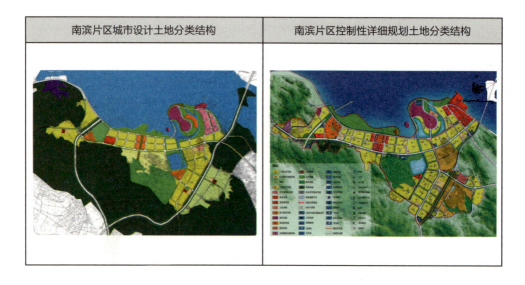	

附表 −5　南滨控制性详细规划与上层次及相关规划的协调一览表

	规划名称	主要图纸	与此次控制性详细规划关系	规划名称	主要图纸	与此次控制性详细规划关系
上层次规划	粤东城镇群协调发展规划		重要基础和依据	汕头市城市总体规划（2002-2020）		重要基础和依据，定位基本一致
	汕头城市发展概念规划		重要基础和依据	汕头市城市发展战略规划		重要基础和依据，定位基本一致
	汕头濠江区分区规划		重要基础和依据，定位基本一致	汕头珠港新城控制性详细规划		重要基础和依据，统筹协调发展，共同组成内海湾粤东区域中心区
	汕头市"一湾两岸"概念设计		重要基础和依据，协调设计方案	南滨中信湾城市设计		重要基础和依据，部分落实规划
其他相关规划	汕头市中信滨海新城战略概念规划		重要基础和依据，部分落实规划	礐石风景名胜区详细规划		基础资料，统筹协调边界问题
	南滨一葛洲片区控制性详细规划		基础资料	苏埃湾红树林公园修建性详细规划		协调边界，基本落实
	红星村整治规划		以此次控制性详细规划为依据	澳头村整治规划		部分落实，结合此次控制性详细规划

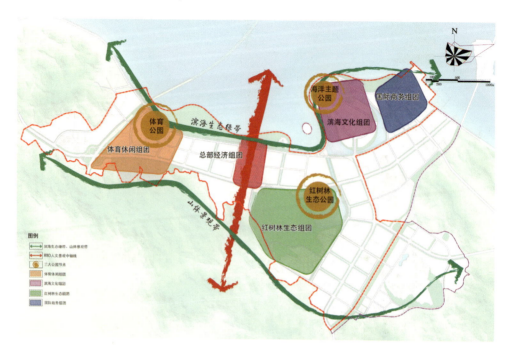

附图-1 南滨片区功能结构图

附图-2 南滨片区建设高度分区图

附图 -3　南滨片区开发强度分区图

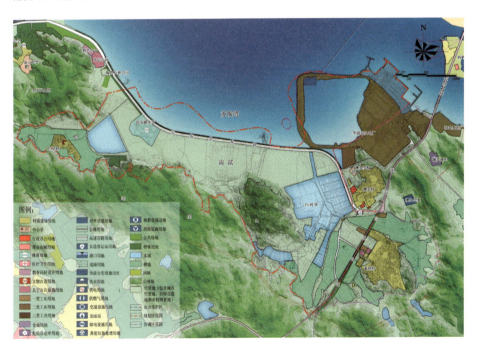

附图 -4　南滨片区土地利用现状图

附图 -5　南滨片区土地利用规划图

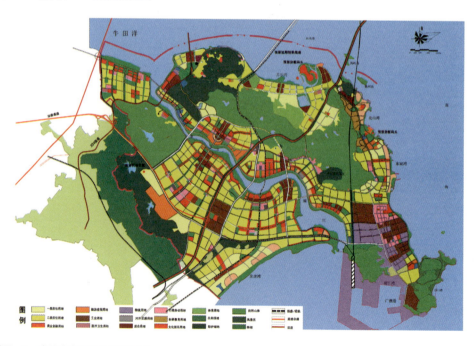

附图 -6　中信滨海新城概念规划图

附图 -7　中信滨海新城南滨片区中轴线

附图 -8　中信滨海新城南滨片区夜景

附图 -9 潮汕历史文化博览园 A 区潮汕历史文化博览中心

附图 -10 潮汕历史文化博览园 B 区潮汕历史风情商业街

附图 -11 潮汕历史文化博览园 C 区潮汕文化公园